格致方法·社会科学研究方法译丛

社会科学集合论方法

定性比较分析指南

[德] 卡斯滕·Q. 施奈德　　Carsten Q. Schneider

克劳迪乌斯·瓦格曼 / 著　　Claudius Wagemann

刘丽娜 / 译

Set-Theoretic Methods for the Social Sciences

A Guide to Qualitative Comparative Analysis

格致出版社　上海人民出版社

献给菲利普·施密特(Philippe Schmitter)，一位睿智的顾问、慷慨的同事和好朋友。

献给希拉(Sheila)、朱莉亚(Giulia)和利奥(Leo)，如果没有他们，这本书可能会更早完成。

致　谢

这本书写了很久。在写作的过程中,我们得到了很多朋友和同事的帮助。最先要感谢的是查尔斯·拉金(Charles Ragin)。他是这本书得以成形的"必要条件",因为他是最早提出定性比较分析(Qualitative Comparative Analysis,QCA)的人,也因此是将集合论研究方法推上研究议程最重要的人。在过去的十年里,他不断向我们提供支持和帮助,慷慨地向我们分享他的见解和想法。

我们也非常感谢给予我们很多帮助的同事们。达米安·博尔(Damien Bol)、帕特里克·艾明内格尔(Patrick Emmenegger)、森大佐(Daisuke Mori)、贝努瓦·厚克斯(Benoît Rihoux)和英戈·罗尔芬(Ingo Rohlfing)阅读了我们书稿的全文,并给出了很多优秀的评论。丹尼尔·博克施勒(Daniel Bochsler)、维布克·布罗斯泰特(Wiebke Breustedt)、约翰·耶林(John Gerring)、加里·格尔茨(Gary Goertz)、伯纳德·格罗夫曼(Bernard Grofman)、詹姆斯·马奥尼(James Mahoney)、多萝西·麦克布赖德(Dorothee McBride)、莱昂纳多·莫利诺(Leonardo Morlino)、斯文德里克·斯卡(Svend-Erik Skaaning)和阿尔里克·蒂姆(Alrik Thiem)读了部分章节,并与我们展开了激烈而有用的讨论。参加集合论研究方法课程的学生在课堂上提出了很多发人深省的提问(通常带来非常有趣的答案),让我们学到了很多。

我们感谢阿德里安·杜萨(Adrian Dusa)、黄荣贵(Ronggui Huang)、凯尔·朗杰斯特(Kyle C. Longest)、阿尔里克·蒂姆(Alrik Thiem)、斯蒂芬·瓦赛(Stephen Vaisey)和马里奥·夸兰塔(Mario Quaranta)在软件开发上提供的技术支持。此外,马里奥在书稿最终版本的编辑过程中给予了我们很大的帮助。我们还想特别感谢科林·布朗(Colin Brown)，他在过去一年半的时间里不止一次对我们多个版本的英文手稿进行了反复的检查。

我们要感谢"社会调查策略"系列的编辑科林·埃尔曼(Colin El-man)、约翰·耶林和詹姆斯·马奥尼，感谢他们的投入和对这个项目可行性的信任，还要感谢剑桥大学出版社的约翰·哈斯拉姆(John Haslam)和他团队的专业支持。我们已经尽了最大努力来充分利用这一切帮助。当然，所有剩下的遗漏和错误都是我们的责任。

目　录

1

引　言

● 导　读

　　引言将会对本书进行一个概述。我们会详细介绍本书包含什么内容，它是用来做什么的，不是用来做什么的。在引言部分，我们先抛开集合论方法的技术细节，从方法论辩论这个更宽泛的视角来分析。引言可以让读者发现这本书是否有趣，特别是哪些内容与其相关。

　　在这一部分，我们首先会向读者展示集合以及集合关系的概念在社会科学中比想象中更加常见。我们随后将定性比较分析（Qualitative Comparative Analysis，QCA）描述为集合论方法的最高级形式。我们将介绍 QCA 的定义特征以及 QCA 与其他集合论方法的区别。在此基础上，我们将解释各种形式的 QCA 之间的差异和相似之处。最后，我们将不仅解释本书的整体结构，还会提供如何使用本书的一些具体操作方法，比如如何利用每章节的导读部分，如何利用概览、术语表以及线上材料。本书提供的线上材料包含逐章的使用指南和练习资料。

　　简而言之，通过阅读这篇引言，读者应该会更好地理解能从这本书学到什么，以及如何使用它，以使其效用最大化。

社会科学中的集合论方法

关于集合关系的争论在社会科学中普遍存在，但人们有时候并没有轻易认识到。我们来举个例子。洛特（Lott，2000）利用双重差分模型的回归分析方法评估了美国总统选举中，乔治·布什（George Bush）最终因为阿尔·戈尔（Al Gore）在佛罗里达州西部地区（这些地区被称为"狭长地带"，使用的是中央标准时间）关闭投票站之前被宣布为获胜者而损失了大概 1 万张选票。布雷迪（Brady，2010）做了一个非常有趣的研究来反驳这样的论断。利用因果推论方法，布雷迪认为所谓乔治·布什会损失大约 1 万张选票这一论断是非常不可信的，按照他的推论，乔治·布什损失的选民最多是 224 个，或者更现实地说，是 28—56 个选民。布雷迪的这一研究可以说是为因果推论方法打了一个翻身仗，证明了因果推论方法在诊断数据逻辑错误上的贡献。

布雷迪的论点本质上是基于集合论的方法（Goertz and Mahoney，2012）。让我们用集合论的方法来分析乔治·布什到底因为阿尔·戈尔提前被宣布为获胜者而损失了多少选民。我们设定乔治·布什因阿尔·戈尔提前被宣布为获胜者而损失的选民集合为 Y。Y 的数量非常小，而非所谓的 1 万张选票，这是因为 Y 的成员需要同时满足其他几个集合条件。Y 的成员首选是狭长地带登记的选民集合（P），而且是还未去投票的选民集合（V），以及那些已经接收到"阿尔·戈尔是获胜者"的媒体信息的选民集合（M）。符合 P、V、M 每个集合条件的选民的比例都很小，如此一来，符合 Y 集合的选民只会更少，因为集合 P、V、M 都是集合 Y 的必要条件（Goertz and Mahoney，2012）。

这个例子说明，社会科学中的许多论点可以根据集合之间的关系来（重新）构建。布雷迪最初的分析并没有明确引用集合的概念。但是我们可以看到，一旦运用集合论方法的明确框架，调用集合关系进行分析的时候，集合论方法就会成为一个强大的分析工具。

不同的数学分支学科为绝大多数的社会科学方法和技术提供了基

础。社会科学中最著名和最常用的统计方法是概率论演算或矩阵代数。我们虽然依然记得在学校学到的这些数学分支学科，但是大多数人可能对集合理论并不太熟悉。尽管形式逻辑是集合论的近亲，是哲学和数学等学科中研究得非常好的思想系统，但它目前在世界上许多地区的学校教育以及社会科学方法训练中只起到边缘作用。我们只能说这是一件非常遗憾的事情。因为就如我们前面举的例子一样，集合论的概念在社会科学研究中被引用的次数比通常承认的要多。在我们形成概念或口头表述社会现象之间的（因果）关系时，总是无意识地调用集合的概念。我们写本书的出发点是相信集合论可以为解释社会科学研究问题提供一个重要的分析视角，从而丰富社会科学的研究思路和方法。

什么是集合论方法？集合论方法应具备以下三个特点：第一，它们处理集合中案例成员的隶属值；第二，它们将社会现象中的关系看作集合关系；第三，这些集合关系被解释为充分性和必要性，以及从这些充分性和必要性中可以推导出的各种形式的因果关系，例如我们在第 3.3.2 节中介绍的 INUS 和 SUIN 条件。下面我们将详细介绍集合论方法的这三个特点。

首先，集合论方法处理的数据是代表社会科学概念的集合中案例成员的隶属值。比如说，法国是欧洲国家的一个组成部分，而美国不是。因此，法国在欧洲国家这个集合中的隶属值是 1，而美国在欧洲国家这个集合中的隶属值为 0。可能我们觉得在调用集合的概念时似乎不可避免地会将它们视为二分类，但事实并非如此。因为即便是一个明显直截了当的二分法概念，也可能根本就不是二分法。就拿欧洲国家这个集合概念来说，土耳其到底是属于这个集合还是不属于这个集合呢？我们需要从地理、文化、经济、军事等方面的欧洲国家边界以及针对土耳其问题的相关争论来考虑这个问题。①事实上，对于许多社会

————————

①　即便是最明显的二分法概念也可能是有问题的。就拿欧盟成员国身份来说，我们可能很明显认为这是二分的，要么属于欧盟成员国，要么不属于欧盟成员国。然而，如果我们仔细研究的话就会发现，模糊集的概念更能解释集合成员与集合间的复杂关系。例如，英国既不是申根协议成员国，也不使用欧元。因此，我们可能希望将英国视（转下页）

科学概念来说，我们很难将它们理解为清晰的二分法或清晰的集合，给予一个案例全部的（非）隶属值，也就是 0 或 1。幸运的是，在集合论方法中，我们可以超越二分法的清晰集概念，提出模糊集的概念。模糊集允许案例作为部分成员存在于某个集合中。一个国家可以不被迫成为欧洲国家的完全成员，也不被迫成为完全的非成员，而是可以被定义为部分成员。像土耳其这样的国家就可以在欧洲国家这个集合中得到部分隶属值，这个分数低于 1，但是高于 0。当然，这里对成员的模糊性赋值并不是不可操作化，全凭着来自关于土耳其案例的不精确的经验信息来进行判定的，我们依然可以借助所收集的关于地理位置、经济结构等详细信息来进行赋值判断。模糊性本质是源于一个集合本身没有非常明确的概念边界。正如我们谈到的欧洲国家这个集合，其概念本身就是模糊的。我们仔细观察后会发现，几乎所有的社会科学概念都有模糊的边界，而模糊集就是用数字表达这种边界的工具。

社会科学中所有集合论方法共有的第二个特点是：将社会现象之间的关系视为几何关系。比如根据经验观察我们得出这样一个判断：所有的北约成员国都是民主国家。我们可能没有意识到，这其实是一个非常明显的集合论的例子。在这个表述中，"北约成员国"和"民主国家"都是不同定义的国家集合。我们再深入一步：可以承认所有北约成员国都是民主国家，但是并非所有民主国家都是北约成员国（比如瑞典、日本等），所以我们可以判定北约成员国集合是民主国家集合的子集。这反过来意味着民主国家的集合是北约成员国集合的超集。

你可能觉得将社会学科现象用集合关系进行重铸看起来不太鼓舞人心，而且感觉像是一个简单的文字游戏。其实不然。我们一旦理解子集关系与充分性和必要性的概念是密切相关的，就会发现用集合关系对社会科学现象进行重铸具有很大的分析潜力。这也就是我们要说

（接上页）为与卢森堡或德国等成员国不同的欧盟成员国。（需要补充说明的是，作者在举这个例子的时候，英国还未脱欧。——译者注）同样，瑞士虽然并不是欧盟的正式成员，但是瑞士采纳了欧盟立法的很大一部分，而且这些法条经常是逐字逐条地采纳欧盟法（Kux and Sverdrup, 2000）。所以瑞士与欧盟国家这个集合的关系又是不同于其他非欧盟成员国（比如印度、缅甸等国家）的。

的集合论方法的第三个特点:集合关系通常用充分条件和必要条件或者更复杂的 INUS 和 SUIN① 来描述社会现象和解释因果关系。再回到我们前面提到的北约成员国的例子,我们可以说成为一个民主国家是成为北约成员国的必要条件,因为后者是前者的一个子集。关于充分条件和必要条件的判定在社会科学中可以说比比皆是。加里·格尔茨是进行必要条件实证研究的先驱之一。他本人就在国际关系领域贡献了超过 150 个关于必要条件的假设(Goertz,2003)。关于充分条件的假设也同样广泛(Ragin,2000)。只是我们往往不能立刻把这些假设和充分条件、必要条件联系起来,因为这些假设论述通常是把充分条件、必要条件隐藏在其口头表述之中(Mahoney,2004)。

假设我们声称"美国乡村小镇的选民投票支持共和党"。这个论述表示一个子集关系,也就是所有乡村小镇选民(X)的集合是所有共和党选民(Y)的子集,即 X 集合中的所有成员(也就是乡村小镇选民)也是 Y 集合(投票给共和党)的成员。就如图 0.1 所示,X 与 Y 的关系就

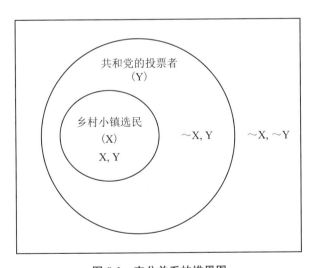

图 0.1　充分关系的维恩图

---

①　INUS 是指结果的一个不必要但是充分的条件中,一个不充分但是必要的组成部分(Mackie,1965)。相反,SUIN 是指一个因素中充分但不必要的部分,这部分对于结果来说是必要的,但本身是不充分的(Mahoney,Kimball and Koivu,2009)。

是图中最里面的圆。

也可以将集合 X 与 Y 的关系理解为 X 是 Y 的充分条件。需要注意的是，我们在这里并没有讨论那些不住在美国乡村小镇的选民。他们可能投票给了共和党（用～X，Y 表示），也可能没有投票给共和党（用～X，～Y 表示）。换句话说，X 是 Y 的充分条件并不意味着所有投票给共和党的选民都来自美国乡村小镇，因为 Y 集合中还包含着很多（～X，Y）集合的选民（参见图 0.1），而且这些（～X，Y）集合中的选民与(X，Y)集合的选民是无关的，他们是构成集合 Y 的其他充分条件。

集合关系以及充分性和必要性概念可以为社会科学研究带来很多启发。比如当我们说一个条件是充分非必要条件时，是认定存在其他的充分条件可以得到同样的结果。这反过来也意味着，通过接收社会科学现象的集合论视角，我们不可避免地承认了对等性的存在，也就是存在替代的条件因素可以产生相同的结果。除了对等性外，集合论还具有联合因果性。通常情况下，为了寻找到完美的集合关系，人们可能会寻找条件组合而不是单个条件来呈现因果效果。例如，可能只有美国乡村小镇的年轻男性选民投票给共和党。集合论强调的对等性和联合因果性因此自动暗示了被广泛讨论的 INUS 和 SUIN 条件以及因果关系。

集合论还强调在因果关系中的非对称性。集合论在定义概念的时候会把两个相反的概念看作独立的概念，并对它们进行分别操作。而在非集合论方法中，这些定义和操作化往往是没有区别的（Goertz and Mahoney，2012）。比如独裁政体并不仅仅是民主政体的对立面。富裕不仅仅是贫穷的对立面。大学生往往在物质上并不"富有"，但是他们不属于富人群体并不意味着他们物质上"贫穷"。由此可以得出，我们需要两种不同的集合来定义本质上并不相同的富裕和贫穷状态。然而，大多数的社会科学方法中，只有一个指标——比如每月可支配收入——被用于推断富裕程度（高或低，富裕程度上的低值等于贫穷）。但是集合论强调的非对称性认为，对结果不发生的解释并不能从对结果发生的解释中自动推导出来。例如，当试图解释民主化成功的条件时，我们可能需要考虑与试图理解民主化失败的研究完全不同的条件。在集合论方法中，结果发生的条件组合与结果不发生的条件组合之间通常是不对称的。这也是集合论方法与标准的相关性因果推论方法的主要区别(另见第 3.3.3 节)。因此,我们对集合论方法的定义如下:

> 集合论是分析社会现实的方法,其中:(1)数据由成员在集合中的隶属值组成;(2)社会现象之间的关系以集合关系解读;(3)结果是由充分条件和必要条件导致的,并且这种因果关系以 INUS 和 SUIN 条件的复杂关系呈现。

集合论方法常常有不同的标签。它们有时被称为"布尔方法"(Boolean methods)(Caramani,2009)或"逻辑方法"(logical methods)(Mill,1843)。里豪克斯和拉金创造了一个术语"构型比较方法"(Configurational Comparative Methods, CCM),试图为这类集合论方法找到一个统一的名字。CCM 强调集合论方法有一个共同的特点,就是它们都是根据条件的结构来理解世界的。在本书中,我们倾向于使用"集合论方法"这个术语,因为它更包容和强调的核心分析事实是,所有的社会现实都以集合关系存在。这种集合关系是集合论的基础,其他的集合论特征都是从集合关系派生出来的。

集合论方法在社会科学中的应用其实非常常见。如果我们仔细观察就会发现,它为社会科学中的许多方法(主要是定性方法)提供了潜在的逻辑。正如马奥尼(Mahoney,2007)指出的,许多比较案例研究方法以非正式和直观的方式应用集合论推理。对一些社会现象进行的概念定义就是这样的例子。我们将一个概念定义为几个现象同时出现,比如民主的概念被定义为同时出现自由选举和公民自由,这里面就利用了集合论的逻辑:所有民主国家的集合是进行自由公正选举的国家集合和尊重公民自由的国家集合的交集。换句话说,自由选举和公民自由各自是民主的必要条件而且它们二者的组合是民主的充分条件。正如格尔茨(Goertz,2006a)所说,采用集合论的观点来定义概念通常更符合这些定义所传达的潜在语言意义,也会对数据聚合过程产生重要的影响。集合论的观点不是在概念的不同维度上添加或平均信息,而是着眼于一个概念的必要和充分成分,以便在概念的口头意义和数字表征之间保持强有力的联系。忽视这一点可能会导致概念的意义和操作化之间严重的不匹配。在我们的例子中,如果对自由选举和公民自由这两个民主指标进行平均就意味着，一个完全不自由的国家，如果碰巧举行了自由选举，将被视为半民主国家，而集合论方法其实将其归类为非民主国家。

集合论也为类型学的创造提供了一个非常有用的视角（Elman，2005；George and Bennett，2005：ch.11）。类型学在定义概念时不是就某个单一维度上的集合隶属值赋值（就比如所有国家以其在民主维度上的程度进行排名），而是把案例在多个维度上进行分类。我们用"福利国家"这个概念来解释这个问题：各国不仅在向其公民提供福利的（单一维度）程度上不同，而且在为了向公民提供福利的目的而发展的（多维度）福利国家类型上也不同。我们假设福利国家沿着两个维度变化：一个是劳动力市场保护维度，一个是转移支付维度。那么福利国家就有四种不同的典型形式：高劳动力市场保护和高转移支付型福利国家、高劳动力市场保护和低转移支付型福利国家、低劳动力市场保护和高转移支付型福利国家、低劳动力市场保护和低转移支付型福利国家。正如奎斯特（Kvist，2006）所说，集合论方法对类型学的形成和争论非常有帮助，特别是我们超越清晰集的二分法而采用模糊集来定义在每个维度上不同程度的成员关系的时候。

集合论的概念对于那些更雄心勃勃的社会科学实践也非常有用，这些实践旨在为数据中发现的模式提供因果解释。这其中最著名的例子是约翰·斯图亚特·穆勒（John Stuart Mill）的研究（Mahoney，2003）。正如前文反复提到的，用集合论的方式解释社会现象迄今为止还没有得到足够的重视，但是集合论的逻辑无处不在，一直潜藏在许多研究论述和假设当中（Mahoney，2007）。

概览：社会科学中的集合论方法

集合论方法用于设定元素在集合中的隶属值；因果关系以子集关系或超集关系来表现；**必要条件**[1]和**充分条件**，或 **INUS** 和 **SUIN** 条件是集合论方法关注的重点。

---

[1] 概览中用粗体标注的内容为专有名词，具体解释可以参见本书末尾的术语表。

集合论揭示了因果复杂模式的**对等性**、**联合因果性**和**非对称性**。集合论在概念定义、类型学和因果分析上非常有用。

作为一种集合论方法和技术的定性比较分析

定性比较分析,通常以其英文缩写名字 QCA 而为人所知,是一种与集合论最直接相关的方法论工具。QCA 与其他集合论方法的区别在于,它结合了以下几个特征。第一,QCA 的目的是因果解释。对于其他集合论方法来说,这并不一定是正确的,比如概念定义或类型学的创建,它们通常不包括任何对结果的考虑(当然也有例外的情况,参见 Elman,2005;George and Bennett,2005)。第二,QCA 使用所谓的真值表。真值表可以可视化和分析复杂因果关系的一些核心特征,比如对等性、联合因果性等,并且发现 INUS 或 SUIN 条件的存在。其他的集合论方法,比如穆勒的方法或基于集合论理论的历史解释(Mahoney,Kimball and Koivu,2009)都不使用真值表。第三,QCA 方法利用了逻辑最小化原则,在这个过程中,通过寻找共享相同结果的案例之间的共性和差异,发现更简洁但逻辑等效的表达方式。除了少数例外的情况(参见 Elman,2005),逻辑最小化原则在类型学的集合论文献中并没有发挥作用(George and Bennett,2005)。

本书大部分的章节都在致力于解释 QCA,因为它是最形式化和完整的集合论方法。QCA 比其他集合论方法更需要正规和系统地了解形式逻辑、集合论和布尔代数的基本概念。此外,QCA 可以而且也需要借助专业计算机软件的帮助来实现运算。其他大多数(如果不是全部的话)集合论方法都可以被解释为 QCA 特定元素的专门化或扩展化。举例来说,运用集合论方法对案例进行多维度分类的类型学,可以被解读为不考虑结果和因果关系解读的特殊 QCA 形式。当然也有一些集合论方法是对 QCA 的扩展。比如,标准的 QCA 只有间接的方法将时间作为一个因果相关的维度纳入分析。马奥尼、金伯尔和科伊武（Mahoney，Kimball and Koivu，2009）对此做出了部分回应，阐述了将历史解释和集合论推理相结合的概念基础。类似地，卡伦和帕诺夫斯基（Caren and Panofsky，2005）以及拉金和斯特兰德（Ragin and Strand，2008）提出了扩展 QCA 算法的具体建议，允许事件的顺序产生因果关系。总之，通过学习 QCA 的原理和实践，读者将对集合论方法有更全面的了解。

图 0.2 以图形的形式概述了社会科学中不同的集合论方法以及它们与其他比较方法的关系。这个图表明，集合论方法涵盖了社会科学研究的几个突出和不突出的方法，QCA 只是其中一种。

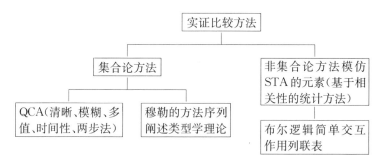

图 0.2　社会科学中的集合论方法

美国社会科学家查尔斯·拉金（Ragin，1987，2000，2008）最早提出了利用集合论的 QCA 方法来解释和分析社会科学数据的想法。近年来，随着比较社会科学重新引发关于实证社会科学方法论的基本辩论，人们对 QCA 也越来越感兴趣（例如，King，Keohane and Verba，1994；Gerring，2001，2007；Brady and Collier，2004，2010；或者 George and Bennett，2005；Gerring，2012；Goertz and Mahoney，2012）。在这场辩论中，QCA 通常被认为是定量统计技术和案例研究方法之间的第三种方法。作为定量与定性混合式的研究方法，QCA 非常适用于分析中等规模（即中等 N）的数据集，这是集合论独特但又未被广泛意识到的方法特征。事实上，在早期，集合论作为 QCA 的理论基础，甚至被它的发明者自己低估了：拉金 1987 年的书被公认为是

QCA的奠基之作,但是这本书根本没有提到集合论。不过,他后来出版的所有作品的标题中都有"集合"这个词。从集合论的角度理解QCA具有双重优势:一方面能够以更加简洁的思维逻辑解释QCA的分析功能,另一方面也证明QCA的提出并不是毫无根基,而是运用了成熟且众所周知的数学原理和社会科学方法。

　　集合论方法与以案例为导向的比较方法有密切的联系。因此,集合论方法不能仅仅被视为数据分析技术。相反,数据收集和生成的过程是集合论方法的一个重要组成部分。对于QCA这个集合论方法也是如此:它不仅是一种数据分析技术,也是一种研究方法(Rihoux and Ragin,2009)[①]。作为一种研究方法,QCA指的是数据分析前后的过程,例如(重新)收集数据,(重新)定义案例选择标准,或(重新)规范概念,这些过程通常基于对QCA数据分析获得的初步见解。拉金(Ragin,1987)将这个过程称为思想和证据之间的反复交互过程(另见Rihoux and Lobe,2009)。事实上,在基于QCA的良好研究中,大部分时间和精力都花在了与QCA相关的问题上。相比之下,QCA是一种数据分析技术——有时也被标记为"分析时刻"(Ragin,2000)——耗时要少得多。作为一种数据分析技术,QCA是指基于标准化算法和相应软件的数据分析。从本质上讲,这种分析包括找到作为结果子集或超集的(组合)条件,从而最终得到充分和必要(或INUS或SUIN)条件。为了找到这样的集合关系,QCA依赖于所谓的真值表和简单的逻辑最小化规则。

　　强调社会科学方法的能力应该不仅仅意味着知道需要按计算机键盘上的哪些按钮才能产生"结果"。这听起来可能是显而易见的,甚至是微不足道的。然而对于QCA(以及一般的集合论方法)来说,这种数据分析技术以外更深层次的方法学意识变得特别重要,这主要是因为这些方法在很大程度上超出了传统统计模板的范畴。和统计方法相比,QCA等集合论方法对于不确定性的衡量和操作往往不是那么标准化,而是与单个研究人员的判断密切相关。因此,研究人员的洞察力,以及他们在分析时刻前后获得的知识,对于确保分析结果的可靠性和

　　[①]　关于研究设计和数据分析概念的区别,参见Gerring,2012。

可信性至关重要。如果研究目的是进行因果推理的话，这种知识和洞察力就变得更加重要。

我们非常相信将 QCA 视为一种研究方法和一种数据分析技术的重要性，并在整本书中强调了这一重要性。然而，作为一本 QCA 的教科书，我们不可避免将更多地关注 QCA 的技术方面。除了作为一种数据分析工具，强调 QCA 作为一种研究方法的重要性并不是 QCA 特有的，而是在很大程度上与以案例为导向的比较方法所宣扬（和实践）深入研究与洞察相一致（Mahoney，Rueschemeyer，2003；George，Bennett，2005；Gerring，2007；Rohlfing，2012）。我们将在第 11 章详细讨论如何平衡 QCA 作为一种数据分析技术和一种研究方法的关系。比如如何在 QCA 数据分析之后选择案例，以及如何运用现有的理论知识评估 QCA 的实证结果等。

现在我们对 QCA 有了一个基本的了解，那么我们如何决定什么时候使用 QCA 呢？简而言之，我们认为，在决定使用集合论或其他方法时，一方面应以实现理论和研究目标之间的良好匹配为目标，另一方面应以特定方法的假设为指导。或者，正如霍尔（Hall，2003）所说，应该是实现本体论和方法论之间的良好匹配。如果我们有很好的理由相信感兴趣的现象可以通过集合关系得到最好的解答，那么这就为使用集合论方法（如 QCA）提供了有力的论据。如果不存在这样的原因，那么集合论以外的其他方法更合适。然而，有点令人惊讶的是，在使用 QCA 的过程中，研究人员通常使用实证论证来证明为什么选择使用 QCA，比如指出 QCA 比标准统计方法或比较案例研究更适合具有中等规模案例的数据集。这种中等规模的 N 通常被定义为介于 10—50 个案例之间（Ragin，2000）。的确，在比较社会科学中，N 在 10—50 之间的案例非常普遍[1]，

---

① 例如，经济合作与发展组织（Organization for Economic Co-operation and Development，OECD）有 30 多个成员国，美国有 50 个州，北约（North Atlantic Treaty Organization，NATO）有 28 个成员国，欧盟（European Union，EU）有 27 个成员国。如果抛开国家单元而考虑其他的比较单位的话，还可以是 12 个内战案例、美国中西部 20 所大学的社会科学学院、25 个反对伊拉克战争的城市基层组织、10 个欧洲左翼政党、30 个得克萨斯州共和党人、25 个中国村庄、40 个英国议会成员，等等。

而且 QCA 确实适合这种中等规模案例的研究。然而,经验论证必须服从于理论论证。即使研究人员面对的是一个中等 N 的数据集,但如果对集合关系没有明确的期望,那么使用 QCA 也不合适。同样,如果且仅当研究人员对集合关系而不是相关性感兴趣时,即便 N 很大,使用 QCA 也是适当的。

概览:作为一种集合论方法和技术的定性比较分析

QCA 既是一种研究方法,也是一种数据分析技术。作为一种**分析技术**,QCA 结果的合理性很大程度上取决于数据分析之前和之后所做工作的质量:也就是将 QCA 作为一种**研究方法**而做出的思考和论证。

QCA 旨在进行因果分析。操作过程是遵从逻辑最小化原则,运用真值表进行操作。这种操作方法是 QCA 区别于其他集合论方法的特征。其他集合论方法有的只使用了部分而非全部的这类方法。

研究人员使用 QCA 的动机是出于对集合关系的兴趣,而非出于研究案例的数量。

QCA 最常被用于中等规模案例的研究。但是同样也可以应用于大数据量的研究。

QCA 的变体

拉金的作品,以及其他几部著作(De Meur and Rihoux,2002;Goertz and Starr 2003;Rihoux and Grimm 2006,Schneider and Wagemann,2007;Rihoux and Ragin,2009)和许多研究文章(全面的列表,请参见 www.compasss.org)与其他贡献(例如适当的软件)都有助于将 QCA 视为具有潜在附加价值的方法工具。[1]然而,尽管如此,关于

---

① 有关过去 25 年对 QCA 应用的详情,请参见 Rihoux et al., in press。

QCA 到底是什么以及它能做什么的困惑仍然存在。对于很多人来说，这个困惑始于 QCA 的名字：QCA 代表什么？大多数人都知道它是定性比较分析（Qualitative Comparative Analysis）的首字母缩写［尽管本书的作者也反复遇到过它代表定量比较分析（Quantitative Comparative Analysis）的说法］。不太为人所知的是，QCA 其实代表了一系列的数据分析技术，或者更准确地说，QCA 有许多不同的版本。

QCA 的两个主要变体是清晰集 QCA（csQCA）和模糊集 QCA（fsQCA）。它们的主要区别是操作的集合类型不同。清晰集 QCA 操作的集合是二分的，案例要么是集合的成员，要么不是集合的成员。集合成员的隶属值为 0 或 1。相反，模糊集 QCA 允许有其集合成员关系的分级。案例不一定是集合的完全成员或完全非成员，但也可以是部分成员。成员隶属值可以为介于完全成员隶属值 1 和完全非成员隶属值 0 之间的任意值。通过一个模糊的隶属值，比如 0.8，一个国家可以被定义为是民主国家集合的部分成员。在这里，数值 0.8 表示这个国家可以被视为民主而不是非民主，但它还没有达到全面民主的所有标准。这种赋值方法对于许多（如果不是大多数的话）社会科学概念的操作化是有用的。

模糊集既不是拉金提出的，也不局限于社会科学。恰恰相反。模糊集是由阿塞拜疆出生的数学家洛特菲·扎德（Lotfi Zadeh）在 20 世纪 60 年代（Zadeh，1965，1968）提出的。从那时起，在这一思想体系下涌现了数学、哲学、工程和计算机科学等不同学科的大量文献（参见 Kosko，1993，1996；Zimmermann，2001；Zadeh，2002；Seising，2007）。现代电梯和洗衣机的程序设计都使用了模糊集的思维。社会科学研究也很早就开始尝试使用这个创新和富有成效的研究工具来分析社会科学数据（Smithson，1987）。从市场营销的角度来看，用形容词"模糊"来标记这种类型的集合可能不是最成功的策略，因为这个词太容易引起负面的含义，比如让人们认为"模糊"意味着不精确、肤浅、不清楚或类似的内容。不过很明显，模糊集其实并不包含这些负面含义。虽然可能会找到更好的名称，但在本书中，我们坚持使用模糊集这个名称，因为它源于广泛的文献，并且具有明确的含义。

　　显然,模糊集 QCA 的引入缓解了许多关于清晰集 QCA 坚持将世界进行非黑即白二分划分的问题和担忧。使用模糊集可以对介于黑色与白色之间不同的灰色程度进行捕捉并为分析和解释结果提供信息。模糊集 QCA 的操作灵活性更大,因为它既可以使用模糊集,也可以使用清晰集。但是,需要记住的重要一点是,模糊集对案例进行了定性上的区别。换句话说,模糊集和清晰集一样,都定义了案例在性质上的差异。和清晰集不一样的是,模糊集增加了性质程度上的差异。事实上,模糊集表达了这样一种见解:许多社会科学概念在原则上是二分的,但它们的经验表现是以程度的方式出现的。例如,我们可能对一个完全民主的国家是什么样子以及它与一个完全不民主的国家有什么不同有一个想法或定义,但是经验上,国家可能在不同程度上符合这种理想典型的民主。所以说,模糊集仍然致力于在定性上区分不同类型的案例(例如,民主与非民主),这是只进行区间尺度测量的定量方法并不具备的功能。研究人员如果只想关注案例在程度上的差异,并不在乎性质上的差别,那么仅使用区间尺度测量是完全没问题的。但是一旦研究人员想要探究的是集合关系,那么对案例进行性质上的区分就变得十分必要。具体来说,假设提出这样一个论断——"成为富裕国家是避免不平等的充分条件"。在论证这个论断时,我们需要对富裕程度和不平等程度两个变量进行衡量。哪些国家被视为富裕?哪些国家被视为严重不平等?这时候我们就需要在富裕程度和不平等程度的衡量尺度上加上一个门槛——也就是集合论方法术语中的一个定性锚点——从而将像 GDP 这样的变量转化为一组富裕国家,这些国家拥有(模糊的或清晰的)隶属值。除非将原始数据转换为集合隶属值,否则要对社会现象的集合关系进行表述,即使不是不可能,也似乎是困难的。

　　人们常常会认为模糊集 QCA 是清晰集 QCA 的扩展,这可能是因为后者是先于前者而引入的。然而,我们认为,把清晰集 QCA 看作模糊集 QCA 的扩展反而更恰当些。清晰集只不过是模糊集的一种非常特殊的情况,也就是当模糊集只允许完全成员和完全非成员两种形式时,就变成了清晰集。你们对这种论述可能还有些困惑。不过不必担心,因为一旦我们介绍了指导模糊集 QCA 和清晰集 QCA 的操作、算法和原则，它们之间的密切相似性就会变得更加明显。由于模糊集QCA 具有更大的通用性，我们认为应该尽可能使用模糊集 QCA。当然这并不意味着应该或需要完全避免使用清晰集。不过即便一个概念恰好以纯二分法的形式出现，它也可以毫无疑问地集成到模糊集QCA 中。

由于清晰集 QCA 和模糊集 QCA 之间的共同分析特征，我们认为现有文献将清晰集 QCA 和模糊集 QCA 作为两种非常独立的社会科学数据分析形式是不准确和无效的。清晰集 QCA 和模糊集 QCA 在原则和实践上存在巨大相似之处，这也是本书总是将它们放在一起讨论的原因。然而由于清晰集 QCA 比模糊集 QCA 更符合日常思维，大多数方法学上的争论习惯于首先引入清晰集 QCA，然后再推广到介绍模糊集 QCA。

QCA 除了清晰集 QCA 和模糊集 QCA 这两个主要版本之外，还有其他变体。QCA 的一个重要变体是多值 QCA(mvQCA：Cronqvist and Berg-Schlosser，2008)，它可以处理多项分类数据。例如，多值QCA 不是将国家分为两党制(1)或非两党制(0)，而是允许在"党制类型"类别中有多个值，例如一党制(1)、两党制(2)、多党制(3)和占主导地位的政党系统(4)。多值 QCA 的目标仍然是分析集合关系并发现必要和/或充分条件，而且多值 QCA 也有基于类似真值表的分析工具。然而由于多值 QCA 允许多个类别的存在，其集合论基础就不那么简单了，比如多值 QCA 不需要利用数据来表示设置的成员分数。关于多值 QCA 的具体分析，我们将在第 10.2 节中讨论。

QCA 的另一种子类型是时间 QCA(tQCA：Caren and Panofsky，2005；Ragin and Strand，2008)。时间 QCA 也建立在集合论的基础上，对集合进行操作，并使用真值表作为分析工具，旨在分析集合关系并发现必然和/或充分条件。时间 QCA 甚至可以应用于清晰集和模糊集的数据。时间 QCA 是 QCA 的一种独特形式，不过它允许以特定的方式将条件的时间顺序整合到因果分析的考虑因素当中。由于时间QCA 与清晰集 QCA 和模糊集 QCA 共享大部分特性，本书将重点放在详细介绍清晰集 QCA 和模糊集 QCA。我们首先需要了解 QCA 的一般特性,然后将重点关注清晰集 QCA 和模糊集 QCA。本书中,我们将使用 QCA 这个缩写名词来讨论 QCA 方法论家族所有成员的共同特征。当给定的参数仅适用于特定类型的 QCA 时,我们将其称为清晰集 QCA、模糊集 QCA、多值 QCA 或时间 QCA。

概览：QCA 的变体

清晰集 QCA 只使用隶属值为 1 和 0 的值。1 表示案例完全隶属于一个集合,0 表示案例完全不隶属于一个集合。**模糊集 QCA**(fsQCA)使用隶属值为 1 和 0 的值以及它们之间的区间值,表示案例隶属于一个集合的程度。**模糊集**其实表达了这样一个事实:许多社会科学概念在原则上是二分的,但它们的经验表现是以程度的形式出现的。

QCA 还有其他变体类型。**多值 QCA** 处理多项条件。**时间 QCA** 把条件发生的时间顺序作为因果关系的潜在因素。这些变体类型和清晰集 QCA 以及模糊集 QCA 在许多方面有共同之处。

本书的框架

理解集合论方法的挑战并不在于掌握它们背后的数学原理。事实上,我们只需要运用简单的减法和除法运算,甚至不需要深入钻研更复杂的形式逻辑和集合理论。三个相当简单的逻辑运算符(AND、OR 和 NOT)以及子集和超集的概念就足以表示使用 QCA 可以获得的任何可能的结果。然而,理解和正确使用集合论方法是具有挑战性的。我们教授具有不同学科和方法论背景的学生的经验表明,最大的挑战在于当社会研究的目标转变为确定集合关系而不是相关性时所引发的深远影响。

本书主要由四个部分组成,每个部分又分为几个章节。在第一部分中，我们列出了理解 QCA 所需要的基本原则。在第二部分中，我们将介绍如何处理嘈杂的社会科学数据，寻求简化的形式逻辑关系。在第三部分中，我们对现有的 QCA 标准提出了几点批评，并提供了改进建议。第四部分致力于对 QCA 家族进行扩展，并在集合论术语中构建比较社会科学方法论的一般问题，比如稳健性检验和案例选择原则。因此，本书将沿着这样的顺序进行：第一部分介绍基础性原则，第二部分给出良好的 QCA 实践应遵循的标准，第三部分超越这些实践标准并提出改进建议，第四部分讨论如何将集合论概念推广到比较社会科学更广泛的方法问题当中。

更具体地说，本书的章节处理以下主题：在第 1 章中，我们进一步详细说明了什么是集合，如何将集合隶属值归因于单一情况，用集合论方法术语讲就是如何校准隶属值。在第 2 章中，我们会简要介绍集合论、布尔代数和模糊代数以及命题逻辑。这些内容提供了集合论分析所需的符号、主要术语和运算方法，因此也是我们理解集合论方法运行原理所必须了解的基本概念。在第 3 章中，我们应用集合论原理来分析条件与结果之间的充要性关系，进而引出因果复杂性的讨论。在第 4 章中，我们进一步拓展了充分性和必要性的分析，并引入了真值表的概念，这是基于 QCA 研究的核心的形式逻辑概念。

在第 5 章和第 6 章中，我们讨论了将 QCA 应用于真实社会科学数据时可能出现的问题。这些问题的出现主要是由于真值表不完整。本质上，真值表有两种不完整的形式，我们会在第 5 章和第 6 章分别进行介绍。在第 5 章中，我们处理矛盾或不一致的真值表行，即不清楚给定的真值表行是否足以得到结果。由此，我们给出一致性参数，衡量给定条件在多大程度上是结果的子集或超集。由于一致性参数仅度量子集关系的一个特征，我们又引入了覆盖率参数，用数据参数来衡量条件或条件组合对于产生结果的重要程度。一致性和覆盖率这两个参数除了对分析结果的充分条件有用外，对分析结果的必要条件也很有帮助。第 6 章讨论了不完整真值表的第二个问题：逻辑余数行，即真值表行只存在于逻辑设计当中，但在现实中并不存在。出现这种情况是因为现实社会呈现的多样性是有限的，仅限于一些特定的经验情况。在这一章中我们将讨论如何处理好这些逻辑余数。第 7 章是对前面所学内容的归纳总结。我们将第 1—6 章的所有内容整合到真值表算法和标准分析程序中,作为目前 QCA 分析数据的主要形式。

在第 8 章中,我们展示了标准分析程序尚未完全解决的有限多样性缺陷,并提出我们称作增强标准分析程序的解决建议。在第 9 章中,我们讨论了必要性分析和充分性分析相结合时所产生的各种问题,同时提供了一些解决方案来避免虚假必要条件的出现和真实必要条件的消失问题。沿着这些思路,我们提出了一种识别所谓微不足道必要条件的新方法。我们还注意到,在集合论方法中更普遍的偏斜集隶属值评分问题及其对推理的影响,例如,一个集合是另一个集合及其补集的同时子集的现象。

第 10 章讨论了 QCA 的进一步变体和扩展形式。我们讨论了两步 QCA(two-step QCA)作为一种更好地区分与结果不同距离的条件的方法;多值 QCA 对处理多项类别内容的尝试;时间 QCA 则将时间概念集成到 QCA 中。在这一章中,我们从集合论的角度探讨比较方法论的一般问题。我们首先列出了评判良好 QCA 实践的一系列标准,概述了当前可用于执行 QCA 的软件包。随后,我们讨论了什么是针对 QCA 结果的"稳健性检验",以及应该如何进行稳健性检验,阐明集合论方法的评估方法与统计方法的假设检验有何不同,并提出在完成QCA 分析之后进行具体案例研究时的案例选择原则。

在最后的结论部分,本书对 QCA 作为一种社会科学方法进行总体评价,并对集合论方法的进一步发展提出了展望。

如何使用这本书

下面我们就如何阅读这本书给出一些有用的提示。首先我们建议从头开始读这本书。虽然在后面的章节中,我们至少会简要地重申一些前面的关键点,但在后面的章节中提出的问题,最好是通过认真阅读前几章来理解。

这本书设计的初衷是对 QCA 的初学者和有经验的读者都有用。为了让所有读者都能更好地浏览这本书，并轻易地识别出与他们当前需求和兴趣最相关的章节，我们采用了几种方法。首先，每个主要章节都以"导读"开始。这就给出了所讨论章节的内容和要点。导读可以帮助更高阶的读者直接跳至特定的部分，并让初学者识别哪些部分是理解 QCA 方法的基础、哪些内容是额外的论点和辩论。其次，在大多数章节末尾的"概览"框。概览总结了本章节的要点，并直接与我们书末尾的"术语表"相连。它包含了在本书中使用和介绍的集合论方法中所有关键术语的定义。"概览"框中的粗体字是术语表中包含的术语。最后，我们为每一章提供了在线学习材料。"使用指南"部分包含了如何使用当前可用的软件包（fsQCA 2.5，Tosmana 1.3.2，Stata 和 R）以执行各个章节中描述的分析操作的实用指南。在线资料提供的练习题和答案被细分为概念性问题、需要动手计算的练习以及用 QCA 软件来计算的练习。

在整本书中，我们尽量使用已出版的集合论的例子来进行分析。不过在前面的章节中，我们也做了一些自拟的数据，以便于我们把特定的方法问题与应用集合论方法中经常出现的其他问题区分开来，从而澄清我们的观点。另外，虽然我们选择的例子可能有一点偏向政治学（基于两位作者的背景），但这并不意味着集合论方法仅限于这门学科。现在集合论方法在社会学、心理学、人类学、管理学和比较文学等领域也越来越受欢迎（参见 www.compass.org 以获得更多有关信息）。

第一部分　集合论方法：基础

1

集合、集合成员和校准

　　这本书是基于这样的信念,即集合论作为研究工具可以为社会科学数据的分析提供一个独特的和富有成效的视角。为了证实这个论点,并展示当聚焦于集合关系时实证数据的分析是如何工作的,我们首先在第 1.1 节澄清了集合的概念,然后在第 1.2 节讨论了如何从经验和概念知识中获得集合隶属值,也就是校准的过程。通过对集合的校准,用模糊集建立案例之间的定性和定量差异,并以 0 和 1 之间的集合隶属值来表示。集合论方法的有效性取决于集合的正确校准。初学者应该仔细阅读整章,而更高阶的读者如果已经很清楚校准的原则和实践的话,可以略过本章。

　　在上一部分我们已经提到了 QCA 的两种主要变体,即清晰集QCA(案例要么是一个集合的成员,要么不是)和模糊集 QCA(可以捕捉集合隶属程度的差异)。这两种变体都有一个基本特征:它们都确立了案例的定性差异——案例到底是(更多)属于某个集合还是(更多)不属于某个集合。除了这一特征外,我们认为这两种 QCA变体其实比有些文献所认为的存在更多的共同之处。因此,在本书中,我们强调清晰集 QCA 与模糊集 QCA 的共性。它们都旨在识别子集关系,而子集关系又取决于不同案例之间的性质差异。事实上,清晰集应该被视为模糊集的最严格形式,清晰集只允许完全成员和完全非成员。清晰集是模糊集的一种特殊情况,所以大多数的集合操作同样适用于这两种变体。由于所有这些原因，我们将两种变体放在一起介绍。诚然，清晰集更符合我们的日常思维：这就是为什么我们引入所有重要的概念和运算时首先基于清晰集来解释。然而，本章的重点是模糊集，这是因为它们不太直观，所以需要更多的笔墨来进行具体解释。

1.1 集合的概念

1.1.1 集合概念

"集合"一词在社会科学方法中使用得并不是很广泛。然而，正如马奥尼（Mahoney，2010）所示，我们概念推理的很大一部分是基于集合的隐式思想。马奥尼（Mahoney，2010）认为，如果我们定义概念为"实证的心理表征属性"，那么我们将测量的是案例"是否或在多大程度上属于这个概念"。测量理论为我们提供了许多有用的技巧，这其中最主要的就是在定义概念时使用变量（Mahoney，2010）。如果我们将概念称为"集合"，定义概念就是在确定概念边界以及边界所包含领域和所排除领域，"案例则是根据它们在集合边界内的适合度来测量的"（Mahoney，2010）。集合可以被看作"数据容器"（Sartori，1970）。虽然这似乎是一个微妙的、经常被忽视的差异，但这两种观点的概念是根本不同的。当我们用传统的测量理论来测量一个概念时，它代表了一个或一组属性。相反，集合论的观点使用集合隶属关系来定义一个案例是否可以用一个概念来描述。因此，在集合论方法的框架下概念形成问题的内涵与传统测量理论有所不同，它关注的是一个案例是否属于一个概念（集合）。这个分配集合隶属值的过程也被称为"校准"（参见第1.2节）。

1.1.2 清晰集的利与弊

在 20 世纪 80 年代和 90 年代被首次提出时,QCA 仅限于清晰集,也就是判断案例是完全属于还是完全不属于集合的成员。这也与集合通常被感知的方式相对应,即哪些元素在集合框内,哪些不在集合框内。然而,正如引言中所指出的,对案例进行一分为二的划分并不总是容易的,因为社会科学的概念非常精细,每个概念背后都含有详细和微妙的信息。毫不奇怪,清晰集 QCA 对案例的"二分法"遭到了很多严厉的批评(Bollen, Entwisle and Alderson, 1993;Goldthrope, 1997;对批评详细的概述及回应,参见 De Meur, Rihoux and Yamasaki 2009),而且这些批评意见很大程度上影响了 QCA 在发展早期阶段的可用性和可接受性。大家对清晰集 QCA 二分法的两个主要保留意见是(现在仍然是):(1)二分法损失了很多经验信息;(2)二分法降低了结果的稳健性。因为 QCA 的分析结果对二分类阈值非常敏感,而阈值的确定往往具有相当大的自由裁量权。

反对二分法的核心论点是相信世界和大部分社会科学现象不是以二元形式出现的。让我们再次以民主的概念为例:如果我们以英国或美国为一方,以朝鲜或津巴布韦为另一方,那么乍一看可能觉得一个明确的二分法是恰当的。前两个国家是民主国家,而后两个国家显然不是。然而,情况往往介于这两个性质不同的端点之间。只要想想所有所谓的"选举民主制"或文献中提到的众多"形容词前缀民主制"(Collier and Levitsky,1997)。仔细看看毫无疑问属于民主国家的北美和西欧国家案例,它们的民主性也存在时间维度和空间维度上的差异,比如对政治阶层的信任下降或上升的极右运动可能会破坏民主,因此也不是一个简单的民主国家与非民主国家的二分可以说清楚的。我们可能不想说这些国家中的任何一个已经变得不民主。虽然有些国家有时与完全民主有强烈的背离,但与非民主仍有本质上的区别。正如我们将看到的,模糊集便提供了同时考虑质量和数量差异的可能性。

我们强调性质的差异而不仅仅是数量上的差异动态变化在这里很

重要。在统计学中，区间尺度变量通常被认为优于二分类（和顺序）变量，因为它们的高测量级别捕获了更精确的数量差异，然而，前面提到的二分变量的局限性自动意味着区间量表测量具有更高的效度水平。当基本概念在不同案例之间建立了明确的定性区别时，例如"民主"的概念，完全抛弃二分类就是值得怀疑的。这意味着，尽管人们普遍关注二分法的使用，但完全不使用它们也存在问题。事实上，即便应用定量研究对二分法的批评最多，但像逻辑回归这样需要二分类因变量的技术仍然广泛流行。更重要的是，随着实验设计在统计分析上的流行，二分法也重新得到赏识，甚至在高级定量方法的支持者中也是如此①。

对二分法的第二个批评指向了二分法的技术操作问题。二分法需要确定二分的阈值，而将阈值放在哪里不仅在相当大的程度上是任意的，而且还会对所获得的结果产生关键影响。这种情况似乎确实存在。因为在研究实践中，研究人员经常使用不那么令人信服的标准来将原始数据转化为清晰集成员隶属值的评判标准。正如我们将在第 1.2.2 节中解释的那样，一个非常常见的错误是仅凭手头数据的特征，如平均值或中值，来设置阈值。

对二分法的一项核心批评是阈值的任意性，仅仅是一个不完全准确的定义，就可能导致一个案例站在阈值的"错误"一边，而且研究结果可能会通过不同的案例分配而显著改变。虽然这是真的，但是所谓通过有目的地设置阈值（也就是作弊）来操纵集合论结果的主张在很大程度上被夸大了。首先，对于每个概念，只有一个确定的、通常很小的范围可以合理地设置阈值。通常，对阈值进行微小的调整并不会导致结果出现巨大的差异②。如果设定门槛的标准既透明又可信，那么潜在的作弊机会就几乎不存在。最后，不同阈值对所得结果的影响往往如此复杂，以至于为创造预期结果而设置阈值对研究人员来说是一种耗时且徒劳的实践。

总之，使用清晰集确实会产生一些问题。但是当试图调查集合之

---

① 我们感谢约翰·耶林提出这一点（源自作者与耶林在 2010 年春的私人交流）。

② 参见第 11.2 节关于 QCA 的稳健性检验。

间的关系时,我们必须确立案例之间的定性差异,判定哪些案例在集合里,哪些不在集合里。所以我们如何做才能既区分社会现象的性质差异,又能捕捉二分概念的定性端点之间的程度差异? 在这种情况下,无论是区间尺度变量还是二分清晰集都是不理想的。前者缺乏明确的定性差别的能力,后者缺乏在同一种情况下做出程度差别的能力。因此,我们需要一种工具来克服二分法的明显限制特征,同时,该工具继续具有显示性质差异的潜力。为此,拉金提出了使用模糊集的概念(Ragin,2000)。

1.1.3 模糊集的性质

"模糊集"这个词最早可以追溯到罗特夫·扎德(Zadeh,1965,1968)的著作。模糊集的概念引发了研究人员在数学、工程和哲学等学科的深入研究和探讨。直到最近,模糊集的工具才被引入社会科学(Smithson,1987,2005;Ragin,2000,2008a,2008b;Smithson and Verkuilen,2006)。因此,模糊集理论并不是由社会科学家发明的,而且这种理论和数学框架的复杂性远远超出了目前应用于模糊集社会科学的水平。

尽管模糊集在日常语言中有潜在的误导性解释和负面含义,但由于模糊集理论已经形成一个既定的文献体系,因此我们坚持使用"模糊集"这个术语。人们或许可以用一个不那么直白的形容词来形容模糊集,但使用任何其他术语都将导致社会科学中模糊集的使用与其数学和认识论背景分离开来的结果。正如现存文献所阐明的,"模糊"并不意味着"不清楚"或"含糊不清"。一个特定案例的模糊隶属值为 0.8,这一说法反映了有关该案例的精确经验信息。模糊性源于不精确的概念边界。例如,当我们提到"秃头的人"这个概念时,我们都同意没有头发的人肯定是秃头。然而,如果有一个满头秀发的人,我们开始一撮一撮地从这个人头上剃头发,很难精确和可量化地指出这个人所剩头发有多少的时候,这个人会突然被视为一个秃头的人。与此同时,我们也确实看到了满头秀发的人与头发稀少的人在性质上的差别。确定秃头者和非秃头者的确切差别的问题并不能通过知道剩余头发的确切数量来解决。换句话说，模糊是由于没有明确定义的概念边界，而不是不精确的经验测量。

模糊集保留了建立案例之间的类别差异的能力（性质上的差异），并在此基础上增加了在性质相同的案例之间建立程度上的差异（数量上的差异）的能力。模糊集在集合的定义上与传统集合理论中使用的集合定义有所不同。传统集合理论通过严格的隶属标准来定义集合（Klir, Clair and Yuan, 1997:48）。单个成员要么明显属于集合，要么明显不属于集合。相比之下，模糊集集合有部分隶属的成员（Klir et al., 1997）。成员即便不完全属于一个集合，也可以部分属于这个集合。同样，成员即便不是完全不属于某个集合，也可以部分不属于这个集合。例如，两国可能在民主国家集合中的隶属值分别是 0.7 和 0.8。这表明这两个国家都比非民主国家更民主（在性质上），但也表明这两个国家中的一个比另一个稍微民主（在程度上）。模糊集的特征是其隶属值和非隶属值之间的界限是模糊的。这也意味着一个案例——除非它在集合中有完全（非）的成员——实际上是集合及其否定的部分成员。在我们的例子中，每个国家在某种程度上不仅是民主模糊集合中的一员，也是相反的非民主模糊集合中的一员。一个元素只能是一个集合或它的补集的成员的"排除中间"原则（清晰集的基本规则）不适用于模糊集。

模糊集允许隶属程度的存在，也就是允许存在两个极端的隶属值 1 和 0 之间的成员（Ragin, 2000:154; Ragin, 2008b）。此外，0.5 的隶属值定位于所谓的无差异点，我们不知道一个案例更应该被认为是集合的成员还是非成员（Ragin, 2000:157）。0.5 构成了一个集合中成员和非成员之间的阈值，以保持模糊集合成员在性质上的区别，同时 0.5 也代表了一个案例处于集合成员中的最大模糊点。模糊集明确地要求集合隶属值的定义基于三个定性锚点：完全隶属值（1）、完全非隶属值（0）和无差异点（0.5）。在清晰的集合中，这三个锚点都被压缩成完全成员和完全非成员的区别。

定义 0.5 定性锚点的精确位置至关重要。不过应该避免给案例分配 0.5 的模糊集隶属值。因为 0.5 意味着我们无法确定案例是更像集合中的成员,还是更像集合中的非成员,我们因此无法对案例的定性状态做出决定。在第 4 章和第 7 章中,我们将详细解释赋值 0.5 对模糊数据的分析具有的重要后果。模糊值可以被用来量化一个案例在集合中的隶属值和非隶属值水平。如表 1.1 所示,对于每个模糊值,可以指定语言限定符(Ragin,2000:156)。

表 1.1 模糊集隶属值的口头描述

模糊值	元素是……
1	完全在内
0.9	几乎完全在内
0.8	大多在内
0.6	内多于外
0.5	交叉:既不在内也不在外
0.4	外多于内
0.2	大多在外
0.1	几乎完全在外
0	完全在外

资料来源:改编自 Ragin,2000:156。

表 1.1 列出的模糊值并不需要每个都对应实际的案例元素。比如在一个集合中可能没有一个案例的集合隶属值是 0.8。特别是,这也适用于隶属值 1 和 0。此外,模糊集隶属值之间可以采用不同的区间:如果理论考虑允许的话,一个模糊集隶属值为 0.1、0.4、0.6 和 1,那么这是完全没有问题的。

我们也可以想象,模糊集隶属值的区间尺度会有很大的差别。然而,随着分化程度的细化,基于理论和经验观察来区分每个隶属值就变得越来越困难,更不用说为每个隶属值进行具体的差别描述了,因为每个描述都暗示了一种不太可能基于经验信息或理论的精确程度。因此,我们不应该过度解释集合成员隶属值边际差异的实质意义,例如 0.62 和 0.63 之间的差异,而且如此微小的差异对分析结果的影响也是微不足道的。

请注意,原始数据中的一些变化在概念上通常是不相关的。在将原始数据转换为相应的模糊集隶属值时，必须考虑到这一点。假设我们想给模糊集合"富裕国家"中的所有国家分配隶属值。如果将人均GDP作为衡量富裕程度的指标，那么我们会发现，人均GDP最高的四个国家(国际货币基金组织2010年的数据)之间存在很大差异：卡塔尔(8.85万美元)、卢森堡(8.14万美元)、新加坡(5.65万美元)和挪威(5.2万美元)。根据"富裕国家"的许多定义(如果不是大多数的话)，这四个国家都被认为是富裕国家，它们都将在一组富裕国家集合中获得1分的隶属值。即便卡塔尔在数量上是挪威的1.7倍，这一事实在集合论研究中也被认为是与研究目的无关的(Ragin, 2008a)。

模糊量表具有明确定义的起点、终点和交叉点以及定性和定量区分的结合，这似乎违背了测量水平的标准分类(Ragin, 2008b)。模糊量表既可以被看作连续的量表(因为0到1之间的每一个可能的等级都可以得到)，又可以被看作顺序的量表(因为它们显示了一个给定概念的经验表示的有序列表)。然而，也有论点反对将模糊集解释为连续尺度，因为它低估了0.5锚点上下案例之间的定性差异，但这仍然是模糊集的基本原则。从模糊值0.4到0.6的步骤与从0.1到0.3的步骤有所不同。虽然两种案例的隶属值在数量上的差异是0.2，但性质是完全不同的：在从0.4到0.6的过程中，0.5的定性锚点是交叉的。而0.6表明案例在性质上更像是一个集合的成员，0.4则告诉我们案例在性质上更不像一个集合的成员。而模糊值0.1和0.3尽管在程度上不同，但二者都表示案例在性质上在不属于一个集合的成员一侧。然而，这种区别并不意味着模糊集将被重新解释为分析中的二分法：虽然保留了定性的差异，但定量的分级也起作用。因此，模糊量表既不是连续的，也不是有序的，因为它们的"连续性"和"等级顺序"分别在无差异锚点被打断，而且内在的性质差异在数值的定义中占主导地位。

拉金(Ragin, 2008b)指出，这种定性锚点和定量评分与主流社会科学对测量水平的分类不太协调，但在物理学、化学和天文学等通常被认为比社会科学更"科学"的学科中是标准的。拉金给出了"温度"和"摄氏度"测量的例子。有一些感觉可以定性地解释温度。当降至0摄氏度以下或上升至100摄氏度以上时，水的状态发生了质的变化，分别变成了冰和水蒸气。因此，从95摄氏度到105摄氏度的10摄氏度变化意味着性质差异，而从30摄氏度到40摄氏度的变化则没有。仅仅使用表面值的温度，而没有建立定性差异的锚，人们就会错过关于水状态的重要信息。不过到目前为止，社会科学领域很少使用原始数据之外的知识（"水结冰或沸腾的温度"）来确定如何校准刻度。

1.1.4 模糊集的不足

模糊集表示一种特定的不确定性，其值介于0和1之间。也许正是由于这两个特征，模糊集隶属值有时被解释为概率（例如，Altman and Perez-Linan，2002:91；Eliason and Stryker，2009）。然而和有些学者一样，我们并不支持这一观点。扎德的一个研究在文章标题中就抓住了这一论点的本质："概率论和模糊逻辑是互补的而不是竞争的。"（Zadeh，1995）麦克尼尔和弗赖伯格也提出了类似的观点，他们认为不确定性有很多方面，概率和模糊性捕捉了不同形式的不确定性（McNeill and Freiberger，1993）。下面的例子有助于说明概率值和模糊值之间的区别。

想象有两个玻璃杯，每个杯子里都装着不同的液体。A玻璃杯中含有的液体的有毒概率为1%（0.01）。B玻璃杯含有一种在有毒液体集合中模糊隶属值为0.01的液体。当我们被迫在这两种饮料中做出选择时（假设我们没有自杀倾向），喝哪一杯更安全？答案是B。因为我们确切地知道B玻璃杯里是什么——一种几乎完全没有有毒饮料的液体。这就跟在大学生中流行的能量饮料一样；它们当然没有毒性，但也不像一杯纯净水那样完全不含毒素。相比之下，我们不知道A玻璃杯里是什么。它要么是剧毒，要么完全无毒。我们只知道在100杯这样的液体中，有1杯含有致命的有毒液体。选择A玻璃杯完全安全的概率是99%，但有1%的概率是致命的。相比之下，B玻璃杯最多会让我们感到身体轻微浮肿和有点抽搐，但不存在死亡的风险。

概览：集合的概念

在社会科学中使用集合理论可以为概念的定义提供新的视角：案例元素以它们是否属于已经定义了的集合中的成员来进行评估。

清晰集把集合中的完全成员值设定为 1，把集合中的完全非成员值设定为 0。这样的划分要求所有的概念定义是二分类的。

模糊集有三个定性锚点——完全隶属值(1)、完全非隶属值(0)和无差异点(0.5)——定量分级代表成员隶属概念集合的程度。对这些分值的语言描述("语言限定符")有助于将定量评估与自然语言联系起来。

清晰集可以被看作模糊集的特殊情况。因此，模糊集的规则更一般化，从而也涵盖了清晰集的规则。

模糊集的隶属值并不表示案例在集合中隶属的概率。模糊值和概率表示不确定性的不同方面。模糊集表达的不确定性源于概念上的不确定性，而不是经验上的不确定性，而这种不确定性又不是大多数口头定义的概念所固有的，尤其是在社会科学中。

1.2 集合隶属值的校准

为案例分配集合隶属值对于任何集合理论方法都是至关重要的。使用案例的经验信息为它们分配集合成员的过程被称为"校准"。为了在分析上取得成果，校准需要遵循以下原则：(1)对相关案例进行审慎定义；(2)对分析中使用的所有概念(包括条件和结果)的含义做出精确的定义；(3)决定成员与非成员的最大无差异点位于何处(模糊集用 0.5 定性锚点表示，清晰集用阈值表示)；(4)定义完全成员(1)和完全非成员(0)；(5)定义定性锚点之间的分级成员。

1.2.1 校准原理

对于如何分配集合隶属值的问题，最好的（也是非常简单的）答案是要基于理论知识和经验证据的结合进行校准（Ragin，2000：150）。研究人员的责任是找到有效的规则来为案例分配集合隶属值。这一过程的首要任务是保证校准过程透明，并使其导向对所操作概念具有高质量内容有效性的集合。当将原始数据转换为集合隶属值时，研究人员一般利用了手头数据之外的知识（Ragin，2008a，2008b）。这些知识可以有不同的形式和来源。有一些是显而易见的事实。例如，一般来说，在美国读完十二年级就可以获得高中文凭。如果我们试图校准"高中教育公民"的设置，完成十一年级和完成十二年级之间就有质的区别。还有一些是在社会科学中被普遍接受的概念。此外还基于研究人员在特定研究领域或特定案例中积累的知识。这就要求在进行实际校准之前进行广泛的知识收集工作，并对一手资料和二手资料进行非常仔细的分析。因此，访谈、问卷调查、参与者观察或焦点小组获得的数据、组织分析、定量和定性内容分析等，都可以在设置校准过程中提供有用的信息来源。

1.2.2 使用定量刻度进行校准

校准通常使用多个非定量数据源。然而，有时我们遇到的数据源本身就是一个区间尺度度量。例如，如果我们想要校准一组"富裕国家"，那么人均 GDP 指标可能会提供一个相当好的信息来源。[1]当有了间隔尺度的数据时，研究人员可以有几个校准选择。在本节中，我们首先描述在基于间隔尺度校准集合时不应该做什么。然后，我们提供一个具体的例子，说明如何将案例知识和经验分布结合起来进行有意义

---

[1] 这里我们回避了关于反对用 GDP 作为"富裕"指标的实质性争论（参见，例如，Dogan，1994）。

的集合校准。最后，在一个单独的小节中，我们将介绍直接和间接的校准方法(Ragin，2008a，2008b)。

在校准模糊集时，人们可能倾向于简单地将人均 GDP 规模转换为 0—1 区间，同时保留每个案例之间的相对距离。[①]当校准一个清晰的集合时，我们甚至可能只是想使用算术平均值或中位数，并将所有高于平均值或中位数的情况定义为"在集合中"，而将其他情况定义为"不在集合中"。然而，这种纯粹的数据驱动校准策略从根本上来说是有缺陷的。选取手头数据的一些基本属性，比如平均值或中位数，是不能捕捉到我们想要获取的关于集合概念的实质意义的。如果用平均值或者中位数的话，单单删除或添加一个极值就可以改变这些参数。因此，使用诸如平均值这样的参数意味着，对一种案例的分类不仅取决于其本身的绝对值，而且还取决于其相对于其他案例的相对值。然而，数据中特定案例的存在或不存在是否应该影响富裕国家中其他案例的集合成员资格评分？答案当然是不应该。

这就是为什么校准也必须使用数据以外的标准来设定集合隶属值。当然，这并不意味着我们可以忽视案例在原始数据中的分布情况。数据可以作为校准的一个参考，但肯定不是唯一的参考。沿着这样的思路，有时出于研究背景的考虑，我们可能会将相同的原始数据转换成不同的集合隶属值。这是因为概念的意义以及它们各自的集合高度依赖于研究背景(Ragin，2008a)。例如，在对欧盟成员国的研究中，人均 GDP 为 1.9 万美元的国家(大致与匈牙利的人均 GDP 相当)并不会被看作富裕国家的正式成员。相比之下，在全球研究的背景下，匈牙利将是富裕国家的一员。集合隶属值要视研究的具体情况来定，不是一个概念的普遍指标(Collier，1998:5)，而是直接依赖于一个概念的定义，而这个定义又与研究背景密切相关。

埃芒内格尔(Emmenegger，2011)对选定的经济合作与发展组织国家的工作保障法规的研究可以作为一个很好的例子来说明基于定量数据的模糊集校准。他研究的条件之一是"许多制度否决点"的模糊集

---

① 这里最简单的方法是用每个州的 GDP 除以样本中 GDP 最高的值。

合。原始数据包括一个基于利普哈特(Lijphart，1999)关于联邦制和两院制的数据的可加性指数(表 1.2)。埃芒内格尔选择了一个四值模糊尺度(0、0.33、0.67 和 1)。在校准集合时要做的最重要的决定——定性锚点是以下列方式得出的:所有得分低于或等于英国的国家(在埃芒内格尔的研究中综合指标为 4.13)在"许多制度否决点"中获得的模糊集隶属值为 0。

表 1.2　对条件"许多制度否决点"的校准

国　　家	联邦制， 1945—1996 年	两院制， 1945—1996 年	综合指标	在"许多制度否决点" 中的模糊集隶属值
澳大利亚	5	4	10.00	1.00
奥地利	4.5	2	7.00	0.67
比利时	3.1	3	6.85	0.67
加拿大	5	3	8.75	1.00
丹麦	2	1.3	3.63	0.00
芬兰	2	1	3.25	0.00
法国	1.2	3	4.95	0.33
德国	5	4	10.00	1.00
爱尔兰	1	2	3.50	0.00
意大利	1.3	3	5.05	0.33
荷兰	3	3	6.75	0.67
新西兰	1	1.1	2.38	0.00
挪威	2	1.5	3.88	0.00
葡萄牙	1	1	2.25	0.00
西班牙	3	3	6.75	0.67
瑞典	2	2	4.50	0.33
瑞士	5	4	10.00	1.00
英国	1	2.5	4.13	0.00
美国	5	4	10.00	1.00

资料来源:Emmenegger，2011。

　　综合指标上有意义的定性锚点根据案例的背景知识来识别,从而将案例进行完全非成员和部分非成员的区分。由于综合指标的原始值 5.05 和 6.75 之间存在显著差距,这个差距被用来确定无差异点。所有低于这一差距、但高于英国的值的国家，都被赋予一个模糊值 0.33。最后，综合指标 7.00 和 8.75 之间的另一个差距被用来定义全部集合成员：超过 8.75 的国家被认为是"许多制度否决点"的全部成员。

虽然埃芒内格尔在校准上的具体策略仍然有讨论的余地（例如，指标的选择或指标的整合方式），但整个校准过程的透明度，以及结合使用的概念和案例知识来确定定性锚点，这些都是进行好的校准实践的一个参考。透明和审慎的校准过程允许读者理解校准决定背后的理由，便于在不同意此校准过程时有针对性地提出校准更改的具体建议。

1.2.3 "直接"和"间接"校准方法

拉金（Ragin，2008a）提出了所谓的"直接"和"间接"校准方法。这两种方法都只适用于模糊集而不适用于清晰集。与之前的校准例子不同，这两种方法更加形式化，并且部分依赖于统计模型。直接方法使用逻辑函数来拟合原始数据中的三个定性锚点 1（完全成员）、0.5（无关点）和 0（完全非成员）。[①]这些定性锚点的位置是由研究人员利用手头数据以外的标准确定的。相比之下，"间接方法"需要研究人员将案例进行集合隶属值的初始分组。研究人员必须指出案例可以进行怎样的大致归类，比如，赋值 0.8、0.6、0.4、0.2，等等。然后再使用分数对数模型将这些初步的集合隶属值在原始数据上进行回归。这些在模型上预测的值最后被用作模糊集隶属值。因此，如果手头有区间尺度数据，直接和间接的校准方法可以得到有效的应用，并代表了集合论方法的核心问题之一：集合的创建和校准。拉金（Ragin，2008a，2008b）详细解释了这些校准的技术细节。尽管潜在的统计模型很复杂，但从概念上讲，重要的信息是，校准和案例的集合隶属值主要是由定性锚点设定的位置驱动的。反过来，这些定性锚点的位置是由研究人员使用外部知识而不是现有数据的属性决定的。

---

① 因为使用了 logistic 函数，实际锚点是 0.95、0.5 和 0.05。

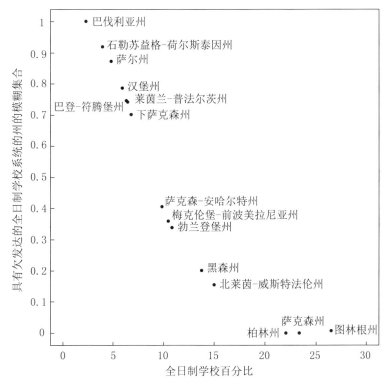

图 1.1 欠发达的全日制学校的模糊集隶属值与全日制学校百分比的关系图

弗赖塔格和施利赫特（Freitag and Schlicht，2009）提供了一个直接校准方法的例子。他们的研究比较了德国 16 个州的教育系统差异，校准的集合是"欠发达的全日制学校系统"。校准的原始数据包括在全日制学校注册的学生百分比。这些数据在 2.4%（巴伐利亚州）到 26.6%（图林根州）之间变化。因为模糊集是"欠发达的全日制学校系统"，而非"发达的全日制学校系统"，所以原始数据中的高值应该转换为低模糊集隶属值，反之亦然。0.5 定性锚点位于 8.3%，正好处于原始数据 6.8%（下萨克森州）和 9.8%（萨克森-安哈尔特州）之间显著差距的中间；1 定性锚点位于 3%（只留下巴伐利亚州得分为 1）；和 0 定性锚点位于 20%（柏林州、萨克森州和图林根州得分为 0）。

图 1.1 用图的方式表示了前面用直接校准方法分配的模糊集隶属值（详见 Ragin，2008a：84—94），我们可以清楚地看到转换的逻辑性

质。我们还看到，尽管在背景中使用了(复杂的)数学程序，但案例集合成员之间的性质差异显然是由研究人员基于理论考虑和存在于原始数据之外的知识做出的决定驱动的。

直接和间接校准方法同样面临一些批评意见。首先，部分原因是这些校准技术可以通过使用相关的软件包(fsQCA 2.5，Stata 或 R)来执行，研究人员可能被这种机械式的操作方式所诱惑，从而低估了数据属性以外的知识背景作为设立阈值标准的重要性。其次，这两种方法都会导致非常精细的模糊尺度，但这种精确度水平通常远远超出现有的经验信息和可能的差异化概念水平。换句话说，这些校准技术可能会造成错误的精确度印象。另一个问题是使用 logistic 函数来分配集合隶属值，这种选择没有充分的理由。除了使用 logistic 函数，校准程序还可以使用其他函数形式。正如蒂姆(Thiem，2010)所示，测量方式会对集合隶属值产生影响。换句话说，在某种程度上，案例的集合隶属值取决于在定标过程中所采用的函数形式的任意选择。logistic 函数是进行校准时可以选择的一种函数，我们同样可以采用其他函数。不过只要 0.5 定性锚点保持不变——而且它的位置应该由理论论证而不是由功能形式决定——那么不同功能形式对集合隶属值的影响实际上在所有情况下都是微不足道的。即使定性锚点保持不变，校准功能形式的差异也有可能会产生集合成员差异。这种情况是在集合成员高度偏斜时产生的，即当大多数情况位于 0.5 定性锚点上下时。

1.2.4 校准策略的选择重要吗？

前面提到的埃芒内格尔、弗赖塔格和施利赫特的研究要校准的数据都是有(准)区间级的。然而，前者选择定性校准，而后者采用直接校准方法。校正策略的选择是否导致成员隶属值的实质不同？一般对这个问题的回答是这样的：只要定性锚点的位置是审慎挑选的，且因此不受校准策略(理论标准、直接校准、间接校准等)或半自动程序中使用的函数形式(logistic 的、二次的、线性的，等等)的影响，那么集合成员的隶属值就不会有实质性的差异。

为了说明这一点,让我们将埃芒内格尔对许多制度否决点集的定性校准与对同一数据应用直接校准方法所得到的模糊值进行比较。在这两个过程中,我们对完全非成员(值低于 4.13)和完全成员(值高于 8.75)使用相同的定性锚点。然而,对于 0.5 的定性锚点,则不可能选择相同的值。在定性校准中,埃芒内格尔将其定位在 5.05 和 6.75 之间的任意位置。然而,直接校准方法需要精确的 0.5 定性锚点。在这里我们遇到了一个主要的差异校准策略:定性校准并不需要精确的 0.5 定性锚点,在直接校准方法中需要一个精确的值。也许更有问题的是,关于那个精确位置的不同选择会影响所有案例的固定隶属值,甚至是那些远高于或低于 0.5 定性锚点的案例。从图形上看,

表 1.3　理论导向的定性校准与"许多制度否决点"的直接校准方法

| | 原始数据 | 集合"许多制度否决点"的隶属值 | | 差异 |
		定性校准	直接校准方法	
澳大利亚	10	1	1	0
奥地利	7	0.67	0.76	−0.09
比利时	6.85	0.67	0.73	−0.06
加拿大	8.75	1	1	0
丹麦	3.63	0	0	0
芬兰	3.25	0	0	0
法国	4.95	0.33	0.17	0.16
德国	10	1	1	0
爱尔兰	3.5	0	0	0
意大利	5.05	0.33	0.19	0.14
荷兰	6.75	0.67		−0.04
新西兰	2.38	0	0	0
挪威	3.88	0	0	0
葡萄牙	2.25	0	0	0
西班牙	6.75	0.67	0.71	−0.04
瑞典	4.5	0.33	0.09	0.24
瑞士	10	1	1	0
英国	4.13	0	0	0
美国	10	1	1	0

资料来源:摘自 Emmenegger,2011。

图 1.1 所示 S 曲线的确切形状关键取决于 0.5 锚点的位置。由于对锚点的精确位置有一些自行决定权，这就导致直接校准方法具有某种程度的任意性，而这种任意性并不存在于定性校准策略中。

表 1.3 比较了埃芒内格尔的原始模糊集值与使用这种直接校准方法得到的值。正如最后一列中的值所示，大多数情况下两种校准策略显示相同的隶属值。尤其是那些位于模糊尺度的两个极端(0 或 1)的案例是完全一样的。此外，并没有案例由于从一种校准策略到另一种校准策略的变化而跨越 0.5 这个关键定性锚点。采用直接校准方法时，只有埃芒内格尔原始校准中模糊集隶属值为 0.33 或 0.67 的发生了隶属值变化。而且这些成员之间的差别通常太小，不足以导致实质性区别。两个策略校准下的模糊集值最大的差异出现在瑞典。瑞典根据直接校准方法的得分是 0.09，几乎完全超出了"许多制度否决点"的集合，而定性校准赋予它一个模糊值 0.33。导致这种差别的原因其实很简单：瑞典在原始数据中的数值仅略高于英国，因此如果采用直接校准方法时存在边际差异。然而，如果我们像埃芒内格尔所做的那样，只使用四个类别，那么瑞典则不属于 0，而属于下一个更高类别的模糊值 0.33。

当讨论纯定性校准策略和半自动化程序(如直接校准方法)的有用性时，还需要比较埃芒内格尔与弗赖塔格和施利赫特的原始数据的差别。埃芒内格尔的原始数据值更接近定性评估，所以像 logit 函数等复杂的数学变换可能并不是反映概念的合适方式。相比之下，弗赖塔格和施利赫特使用的原始数据更加适合直接校准方法。

1.2.5 校准评估

我们提出了不同的数据校准方法：从基于理论的或定性的校准策略出发，讨论了定量基础尺度的使用，最后得出了半自动的直接和间接校准方法。当然，一旦存在潜在的量化措施，我们可能会不由自主地出于对高信度和效度的期望而诉诸后一种策略(直接和间接校准方法)。相比之下，定性形式的校准因为不透明和不"科学"而往往被忽视。然而这样的想法有待商榷。但是如果定量数据本身也可能存在质量问题,比如编码者信度不高、指数聚合策略不透明、内容有效性不明确等,量化措施并不一定比定性形式更具信度和效度。比如广泛使用但也常被批评的某国际性非政府组织指数就存在这样的问题(详细评论请参阅 Munck and Verkuilen,2002)。

然而,批评更多理论指导的校准方法有点误导性的另一个原因是,从 QCA 得到的分析结果在实践中通常对校准方法的微小变化是稳健的。也就是说,如果一个案例的隶属值稍微改变,大多数结果在重要方面很少发生变化。我们将在第 11.2 节中讨论这个问题。

总而言之,并不是模糊值赋值的基本原则有问题,而是忽视校准核心原则而一味追求量化校准策略造成了麻烦。

概览:集合隶属值的校准

模糊集隶属值的校准必须基于理论知识和经验证据。显而易见的是,公认的社会科学知识,以及研究人员自己的数据收集过程都为校准过程提供了依据。

基础定量数据的统计分布和参数可以为校准提供有用的信息。然而,我们并不鼓励在校准过程中自动转换量化尺度或默认使用统计参数,因为校准需要同时考虑数据以外的信息,这种自动转换策略产生的隶属值并不能反映概念的实质意义,而且自动转换中存在的许多数学问题进一步阻止了这种程序。

当**模糊集**(相对于**清晰集**)被校准时,如果有区间尺度数据,我们可以应用**直接和间接校准方法**。这些半自动的将定量数据转换为集合隶属值的方法是对集合论方法工具集的一个有价值的补充。成员的集合隶属值取决于定性锚点的精确位置的定义,而定性锚点的精确位置又由数据之外的知识决定。因此,概念和理论知识仍然是这些半自动校准技术中最重要的特征。

2 集合论中的概念和运算

导 读

　　即便 QCA 代表定性比较分析(Qualitative Comparative Analysis),但如果认为数字和数学原理无关紧要,那就错了。集合论方法,特别是 QCA,使用集合理论、命题逻辑、布尔和模糊代数。虽然这些方法有相当多的重叠,但它们提供了关于 QCA 的不同视角,以及可以用它们解决的问题类型。要想有效应用集合论方法,就需要掌握这些数学原理。本章的主要目的是介绍这些方法。这些方法往往不像线性代数或微积分(标准统计方法背后的数学)那样为人所知。集合论的符号和运算与其他方法领域用到的数学在表面上有很多相似性,但其本质是不同的。通过介绍形式逻辑和集合理论的基础知识,我们旨在避免集合论方法的混淆和误解。

　　在本章中,我们介绍了三个基本运算:逻辑和(第 2.1 节)、逻辑或(第 2.2 节)和逻辑非(第 2.3 节),并展示了它们如何组合形成复杂集合(第 2.4 节)。在第 2.5 节中,我们解释了表示集合之间关系的运算符的原理,并从集合论、命题逻辑和布尔/模糊代数的角度讨论每一个运算符。最后一节(第 2.6 节)总结了本章应该掌握的主要知识。

　　已经熟悉这些数学分支学科的读者可能想要直接去读章节末尾的"概览"框,以确定自己的知识是否达到本章所教的水平。如果是,你们可以跳过本章。如果觉得自己不能百分之百确定逻辑和的运算符是什么,或者不能确定如何计算案例在复杂集合中的隶属值的读者,建议从头读到尾。

2.1　组合，布尔和模糊乘法，交集，逻辑和

为了更好地理解这部分内容,我们举一个假设的例子,在这个例子中,研究人员对一个国家的两个特征感兴趣:联邦制和民主。在清晰集中——以及我们将看到的模糊集中——四种类型的国家在逻辑上是可能存在的:联邦制民主国家、非联邦制民主国家、联邦制非民主国家和非联邦制非民主国家。这些类型在表 2.1 的第 1 行到第 4 行中表示。1 值表示给定的情况是集合的成员,0 值表示它不是集合的成员。

表 2.1　集合论方法中的重要操作

行	集　合		操　作			
	D	F	逻辑和/布尔乘法/交集/合取	逻辑或/布尔加法/并集/析取	否定/补集	
			D*F	D+F	~D	~F
1	1	1	1	1	0	0
2	1	0	0	1	0	1
3	0	1	0	1	1	0
4	0	0	0	0	1	1
5	0.1	0.9	0.1	0.9	0.9	0.1
6	0.8	0.7	0.7	0.8	0.2	0.3
7	0.8	0.3	0.3	0.8	0.2	0.7
8	0.4	0.3	0.3	0.4	0.6	0.7
9	0.2	0.1	0.1	0.2	0.8	0.9
10	0.1	0	0	0.1	0.9	1

在处理模糊集时,可能有更多的组合。第 5 行到第 10 行提供了其中一些示例。但是请注意,第 8 行、第 9 行和第 10 行都描述了类似的国家。所有这些国家都显示出模糊集隶属值低于 0.5 定性锚点,因此可以被描述为相当非民主和相当非联邦化的国家,尽管它们在程度上有差异。因此,它们是第 4 行中描述的案例的模糊化版本。同样,第 1 行和第 6 行描述的是性质相似但程度不同的国家。同样的情况也适用

于第 7 行(类似于第 2 行)和第 5 行(类似于第 3 行)。简而言之，即使在模糊集中，D 和 F 的隶属值可能有无限多的组合，但也只有四种性质不同的情况是可能的。

如果想要创建一组"联邦民主"集合，我们需要元素(D 和 F)同时存在。如果一个国家不是联邦制的，那么它就没有资格成为联邦制民主国家。同样，如果一个国家不是一个民主国家，它就不可能是一个联邦制民主国家。只有联邦制和民主制并存的国家才可以是联邦制民主国家。一般的观点是，对于要出现的特定集合组合，需要出现它的所有组成组件。在其他三种潜在的国家中，至少有一个组成部分缺失，因此"民主和联邦"的组合不存在。

命题逻辑使用"和"(AND)运算符来表示这样一个组合。如果我们用 D 表示"民主"，用 F 表示"联邦制"，那么 D 和 F 的组合就会被称为"D 和 F"，正式写法为"D ∧ F"。这也被称为"组合"，或"逻辑和组合"。

在布尔和模糊代数中，逻辑和的组合也被称为布尔乘法或模糊乘法。在文献中，通常使用星号(*)表示该操作的符号。这个组合是这样的：D*F。或者，我们可以找到一个点(·)，读作 D·F；或者，更常见的是，在表示条件的字母中间不加任何操作符(DF)。

最后，在集合论中，元素的组合被称为交集。这个组合的两个组成部分被理解为一个集合，其中的国家可以是成员，也可以不是。集合 D 包含所有民主国家，排除所有非民主国家；集合 F 包含所有联邦国家，排除所有非联邦国家。集合 D 和 F 重叠的区域——D 和 F 的交集——是所有那些既是民主国家又是联邦国家并满足组合要求的国家所在的区域。这个交集表示为 D∩F。

计算案例在连接中的隶属值的方法是取案例在被组合的集合中的最小隶属值。当使用清晰集时(表 2.1 中的第 1 行到第 4 行)，这是相当直观的：当两个元素都存在时，案例在这两个元素上的值都是 1，1 是这些值中的最小值，因此组合值为 1。如果只有两个元素中的一个存在，则案例在一个元素中的值为 0(在另一个元素中的值为 1)，0 是逻辑和组合的元素的最小值，因此组合值为 0。因此，当两个元素都不存在时(值都为 0),案例的组合值也是 0。

最小规则同样适用于处理模糊集。因此表 2.1 中第 5 行的案例在 D 和 F 的交集上的隶属关系(即美国是联邦制民主国家中的一员)是 0.1(在 0.1 和 0.9 中,0.1 是最小值)。第 6 行的案例集合隶属值为 0.7 (在 0.7 和 0.8 中,0.7 是最小值)。就像在清晰集中一样,在模糊集中逻辑和运算符使用所谓的"链条中的最薄弱环节"原则。

值得注意的是,集合论使用的最小聚合规则与之前大多数社会科学学科中占主导地位的数据汇总原则背道而驰。后者常用的汇总原则是算术平均(Goertz,2006b)。例如,在第 7 行中,D 中的成员为 0.8,F 中的成员为 0.3,使用平均值可以得到 0.65,而形式逻辑和集合论规定的最小规则的值是 0.3。使用平均值作为一种聚合策略时,较高的值抵消了较低的值,因此会得到更高的值。相反,当使用逻辑和运算符时,这两个构成集对于总体概念来说都是必不可少的。两种运算原则产生的结果会导致相当重要的差异。拿表 2.1 中第 7 行的案例来说,使用平均值的这些案例更多地被归类为联邦制民主国家。相反,最小聚合规则将它们分类为更多地不属于联邦民主国家而不是更多地属于联邦民主国家。因此,不同的聚合规则会导致不同的成员评分。平均或最小(或其他可能的)聚合规则是否具有更大的概念意义取决于要测量的概念的定义(Goertz and Dixon,2006)。

2.2　析取,布尔和模糊加法,并集,逻辑或

对集合论方法至关重要的另一个算法是逻辑或。如果组合中的至少一个组成部分存在,则组合是存在的。应用于我们的例子,如果我们现在感兴趣的是民主国家或联邦国家,那么它们至少满足其中一项要求。

对于这个操作,命题之间的逻辑使用"或"(OR,"D 或 F")表示。当可以观察到其中一个组成部分时,此逻辑语句为"真"。"或"描述了

一种析取关系，记为 D∨F。符号"∨"来源于拉丁语"*vel*"，它是拉丁语中表示"或"的词义之一，另一个是"*aut*"。拉丁语"*vel*"表示包含性的"或"，"*aut*"表示排他性的"或"。在英语中，只有一个词（or）表示"或"，因此就无法像拉丁语那样区分包含性的"或"和排他性的"或"。包含性的"或"表示，如果通过该操作符连接的元素中至少有一个存在，则存在逻辑或（OR）连接。所以，如果被研究的国家要么是 D，要么是 F，或者两者都是，析取 D∨F 是真的，因为这两个元素中的一个的存在就足以使析取出现。如表 2.1 第 5 列所示，除了一种可能的情况外，其他情况都是如此。相反，如果是排他性的"或"（表示为 XOR 或 ExOR），它只允许一个元素存在（而不是两个都存在），那么表 2.1 第 1 行中的案例类型将不是 D XOR F 的实例。所以要注意的是，集合论方法使用的是包含性的"或"。

布尔和模糊代数用"加号"（"＋"）表示逻辑或，前者称为"布尔或"（Boolean OR），后者称为模糊加法。[①]这可能会存在混淆，原因有二。首先，大多数语言用"和"来表示加号（＋）。正如我们刚刚学到的，在命题逻辑的使用中，与逻辑和对应的是乘法而不是加法。这意味着用户不能将布尔值"＋"理解为传统意义上的"和"。其次，在传统线性代数和布尔代数中，加法可以导致不同的结果。以下公式在这两个代数中都成立：$0+0=0$；$1+0=1$；$0+1=1$。区别在于，线性代数中，$1+1=2$，然而，在布尔代数中，$1+1=1$。[②]

在布尔和模糊代数中，逻辑或表达式的案例值是通过单个组成部分的最大值计算的。在清晰集中，这个原则很容易理解：如果民主和联邦主义在一个情况下都不存在（D＝0；F＝0），则分离民主或联邦（D＋F）中某一案例的值为 0，即跨越单个值 0 和 0 的最大值。如果 D 或 F 或两者都存在，则 D＋F 的值为 1，这也是所有条件下的最大值。逻辑或的最大值规则也适用于模糊集。例如，表 2.1 第 5 行中的案例在 D＋

---

① 排他的"或"用⊕符号表示。

② 这个公式表示两个元素都存在。因此，（至少）一种选择是存在的。在布尔代数中不可能出现大于 1 的值，在命题逻辑或集合论中也不可能出现大于 1 的值。元素在集合中的隶属值不能大于全集。

F 中的隶属值为 0.9,即 0.1 和 0.9 中的最大值为 0.9。

就像最小值一样,最大值的使用与主要的数据聚合实践背道而驰,但这通常是对口头意义的概念进行的更充分的数学转换(Goertz and Dixon,2006)。最大值规则在模糊集中的应用也很好地说明了为什么"+"在不同的代数中意味着两种不同的东西,以及当处理集合时线性代数的应用通常是不合适的。考虑表 2.1 第 6 行中的情况:简单地将 D 和 F 中的成员隶属值相加,我们将得到一个值 1.5。当然,从集合理论和逻辑的观点来看,这是没有意义的,因为不可能存在超过一个集合的完整成员的情况。集合隶属值的绝对最大值为 1。

在集合论中,逻辑或称为并集,记作 D∪F。它描述作为至少一个参与集的成员的案例集。

2.3 否定,补语,逻辑非

执行集合论方法的第三个关键算法是逻辑否定(或者称作"补")。为了表示所有非民主的群体,命题逻辑使用了 D(逻辑上的"非")、布尔代数"1−D"和集合理论D̃。在集合的求反中计算案例的值很简单:只需从 1 中减去案例在元素存在时的值。在 D=1 的情况下,¬D 的值为 1−1=0,在 D=0 的情况下,¬D 的成员数为 1−0=1。同样的规则也适用于模糊集。如表 2.1 中第 5 行案例 D=0.1,那么¬D=1−0.1=0.9。在基于集合论的研究文献中,符号"~D"或"d"(小写)也经常被用来表示逻辑否定。

这里需要着重强调的一点是,一个集合的补充并不自动地表示概念上的对等物。例如,所有不富裕的人的集合并不一定与穷人的集合完全相同。我们的许多读者并不认为自己是富人(因此也不属于所有富人的行列)。与此同时,大多数读者也不会被认为是穷人。更一般地说,集合的补充通常包含许多不同的情况。例如,一套非民主政体包括非常不同类型的政治政体,从极权政体到苏丹化政体、一党专政、军事政体或神权政体。在试图将某种因果作用归因于集合的逻辑否定时，考虑到这种多样性就显得特别重要(参见第4.3.3节)。

2.4　对复杂表达式的运算

前面所述的三个操作符"和""或""非"在单独使用时都相对简单和直接。当被组合在一起以创建(有时相当复杂)逻辑表达式时，它们对社会科学数据分析的用处就会显现出来。下面，我们介绍将逻辑或和逻辑非运算结合起来时的排中律，随后会介绍交换律、结合律和分配律，以及德摩根定律。最后，我们将展示如何使用这三个基本逻辑运算符来产生复集，以及如何计算案例在复集中的隶属值。

2.4.1　组合逻辑运算符的规则

许多数学规则支配着上面所述的三个关键运算符(参见 Klir et al.，1997)。交换律是指两个或多个元素通过"和"与"或"连接的顺序不受顺序的影响。我们可以把 A*B 写成 B*A；同样地，A＋B 等价于 B＋A。注意，这并不适用于补充：1－A 不等于 A－1。

结合律意味着，使用相同的运算符，单个元素组合的序列并不重要。例如，如果我们想创建 A、B、C 三个要素，那么如果我们首先创建一个 A 和 B 的连接(A*B)，然后再与 C 连接——这个公式将为 (A*B)*C——或者，如果我们首先连接 B 和 C，然后把这个(B*C)与元素 A 连接，也就是公式 A*(B*C)。这两个公式是等价的。更正式的公式如下：

$$(A^*B)^*C = A^*(B^*C) = (A^*C)^*B$$

同样的规则也适用于析取：

$$(A+B)+C = A+(B+C) = (A+C)+B$$

分配律是指在同一个逻辑表达式中同时使用"和"与"或"运算符时,可以将各组成部分共有的元素分解出来:

$A^* B + A^* C = A^* (B+C)$,或者用更简单的符号:$AB + AC = A(B+C)$

还有两个运算值得特别注意。如果我们创造一个集合和它的补集的并集,换句话说,如果我们把集合中所有的元素和不属于这个集合的元素合并成一个集合,那么就会得到一个全集。这个全集包含所有可能的元素,记为:$A \cup {\sim}A = U$。反之,如果一个集合与其补集相交,那么这个"空集合"将会是:$A \cap {\sim}A = \varnothing$。一个集合和它的补充没有任何的共同点。这是补集定义的一个直接结果:它排除了原始集合的所有成员并包括所有非原始集成员的成员。这虽然听起来非常直接和简单,但它不是一个无关紧要的信息,因为它告诉我们,一个元素不能同时是一个集合及其补集的成员。然而,这里需要着重强调的是,这个"排中律"并不适用于模糊集。对于模糊集,一个案例可以同时在原集及其补集中具有部分隶属关系。不过即使在模糊集中,一个案例也不可能同时更多属于一个集合和它的补集。换句话说,一个案例在一个集合或其补集中只能有一个集隶属值高于 0.5 的定性锚点。这个特征非常重要,因为模糊集的 0.5 定性锚点确立了案例在隶属值 0.5 上下的性质差异。

2.4.2 复集的否定、交和并集

在应用集合理论时,三个主要的逻辑运算"和""或""非"不仅适用于单个集合,也适用于更复杂的逻辑表达式。正如第 11.3 节中广泛讨论的那样,研究人员有时会用布尔表达式 T 的形式来表述关于给定主题的现有理论文献。让 T 代表表达式 $F + G^* ({\sim}H + {\sim}I)$。同一研究人员的实证分析可能会得到如下的解项 S,设 S 代表 ${\sim}FG + G{\sim}H$。使用布尔代数,我们现在可以分别计算 T 和 S 的负数、T 和 S 的交集,以及 T 和 S 的并集(参见第 11.3 节)。

(复杂的)逻辑命题的否定受德摩根定律的支配。这个定律基于两

个规则:首先,如果一个语句被否定,那么之前存在的每一个元素就会消失,反之亦然。例如,如果我们想否定非常简单的语句 A＋B,那么我们需要写～A 代替 A 并用～B 代替 B。第二个规则是,逻辑运算符还必须颠倒:操作符"或"(＋)变成操作符"和"(＊),反之亦然。应用这两条规则,表达式 A＋B 的否定变成～A＊～B。根据德摩根定律,我们可以这样写:

$$\sim(A+B)=\sim A^* \sim B$$

下面我们将德摩根定律应用于 T＝F＋G＊(～H＋～I)的表达式并求其否定。为了清晰起见,让我们再加一对(多余的)括号以使结构更清晰:F＋[G＊(～H＋～I)]。[1]根据德摩根定律,元素 F、G、～H 和～I 被转化为～F、～G、H 和 I。先前的一级加法("＋")变成了一个乘法("＊"):～F＊[...]。这个乘法的第二个因子从二级乘法转换为二级加法:～F＊[～G＋(...)]。最后,第三级加法变成第三级乘法,因此为～F＊[～G＋(H＊I)]。如果我们现在应用分配律,得到的结果为～F＊～G＋～F＊H＊I。因此,根据德摩根定律,运算如下:

$$\sim[F+G(\sim H+\sim I)]=\sim F\sim G+\sim FHI$$

T 与 S 的连接(T＊S)的计算方法如下:

$$(F+G^*(\sim H+\sim I))^*(\sim FG+G\sim H)$$

根据分配律,G 与～H 和～I 相乘,从而消去 T 的内括号。中间结果是:

$$(F+G\sim H+G\sim I)^*(\sim FG+G\sim H)$$

现在,T 表达式的每个被加数乘以 S 表达式的每个被加数:

$$F\sim FG+FG\sim H+G\sim H\sim FG+G\sim HG\sim H+G\sim I\sim FG+G\sim IG\sim H$$

由于 G 和 G 的交集是 G,～H 和～H 的交集是～H,有些表达式

<hr>

[1]　逻辑表达式描述了一个(一级)加法,G＊(～H＋～I)本身是一个(二级)乘法,其中第二个因子(～H＋～I)是一个(三级)加法。

可以缩写，并且为了清晰起见，可以按照交换律将表示集合的字母按字母顺序排列：

$$F\sim FG+FG\sim H+FG\sim H+G\sim H+FG\sim I+G\sim H\sim I$$

第一个表达式 F～FG 表示一个空集，因为它包含 F 和它的补数～F 的交集。F 和～F 没有任何共同的元素，因此交集和表达式是一个空集。而且，表达式 FG～H、～FG～H 和 G～H～I 都是表达式 G～H 的子集。因为这四个表达式之间的运算符号是逻辑和，所以我们可以只保留 G～H 并消除其子集 FG～H，～FG～H，H 和 G～H～I；如果我们创建一个集合及其子集之间的并集，那么其结果与集合本身是等价的。因此，T* S 的结果为：

$$G H\sim +\sim FG\sim I$$

根据分配律，这个公式可以进一步简化为：

$$G(\sim H+\sim F\sim I)$$

T 与 S 的并集计算方法如下：

$$T+S=(F+G^*(\sim H+\sim I))+(\sim FG+G\sim H)$$

再次利用分配律，将 G 与～H 和～I 相乘，并消去 T 的内括号：

$$(F+G\sim H+G\sim I)+(\sim FG+G\sim H)$$

由于表达式中间的＋是布尔加法，我们可以省略括号，并写成：

$$F+G\sim H+G\sim I+\sim FG+G\sim H$$

由于 G～H 提到了两次，那么 G～H＋G～H＝G～H，我们再应用分配律，并集 T＋S 的最后结果是：

$$F+G(\sim H+\sim I+\sim F)[1]$$

----

[1] 在本章的在线学习部分，我们将解释如何使用 Tosmana 1.3.2 软件来应用德摩根定律。

2.4.3 计算复杂集的隶属值

无论逻辑表达式有多复杂，每个案例的集合隶属值最终都会归结为一个数字。为了说明这一点，我们以表 2.2 中所示的四个案例为例。在此基础上，利用上面介绍的逻辑运算符，可以计算出复表达式 F＋G($\sim$H＋$\sim$I)中每个案例的隶属值。

让我们用表达式 F＋G($\sim$H＋$\sim$I)的例子来解释案例 3。和传统线性代数一样，我们必须从内括号开始计算，也就是$\sim$H＋$\sim$I。由于逻辑或，我们需要确定最大隶属值。H 为 0.9，因此$\sim$H 为 0.1。I 是 0.4，$\sim$I 是 0.6。0.1 和 0.6 的最大值为 0.6。现在，为了得到 G($\sim$H＋$\sim$I)乘法的值，我们必须选择 G(0.2)和($\sim$H＋$\sim$I)的最小值（因为逻辑和），我们刚刚计算为 0.6。这个最小值是 0.2。最后的逻辑或要求我们在 F 和 G($\sim$H＋$\sim$I)中取最大值 F，也就是 0.7。因此，表 2.2 中案例 3 在复杂表达式中的隶属值为 0.7。

确定复杂集合的隶属值在集合论方法中很重要，而且非常常见。正如我们将会在本书中反复看到的，集合论的经验结果，即所谓的解项，通常看起来像表 2.2 中的复杂表达式，而且我们需要知道我们的案例在这样的解项中的隶属关系。此外，我们还需要找到理论驱动的假设与从我们的数据中得到的经验解之间的交集。这一过程将在第 11.3 节集合论方法的标签理论评价方法中具体介绍。

表 2.2　确定复杂集合的隶属值

案例	单一集合				复杂表达式
	F	G	H	I	F＋G($\sim$H＋$\sim$I)
1	1	0	1	0	1
2	0	0	1	1	0
3	0.7	0.2	0.9	0.4	0.7
4	0.1	0.2	0.8	0.7	0.2

2.5 集合之间的关系

到目前为止所介绍的所有运算符都是用来从现有的集生成新的集。在集合论方法中，特别是在 QCA 中，其目的是超越这一点而研究（复杂）集合之间的关系。当我们以因果的方式解释集合关系时，我们就会应用术语"条件"和"结果"集。举个例子，假设一个研究人员对为什么一些国家是民主的(D)感兴趣。也假设这一主张是民主取决于一个国家是否位于西欧(W)。结果集是民主的集合。那么有些国家是民主集合的成员，有些国家不是。条件集是西欧国家的集合。同样，一些国家是西欧国家集合的成员，而另一些不是。现在的目标是找出国家的这两个特征是如何相互关联的。

从集合论的角度来看，条件和结果要么是子集，要么是超集，要么是等价集。在这个例子中，所有西欧国家的集合是所有民主国家的子集。每一个西欧国家都是民主国家。相反，并不是每个民主国家都位于西欧，比如美国、加拿大、澳大利亚等。这相当于说，所有民主国家的集合是所有西欧国家的集合的超集，记为 $D \supset W$。W 的每个元素也是集合 D 的一个元素。或者，每当我们看到一个元素具有特征 W，我们也会看到它具有特征 D。

交换律并不适用于集合关系。也就是如果 W 是 D 的子集，那么 D 不是 W 的子集；因此，$W \subset D \neq D \subset W$。

使用更直接的语言：虽然 W 中的所有元素也显示属性 D(民主)，但并非 D 中的所有元素也显示属性 W(西欧)，因为存在元素只显示 D 而不显示 W 的案例(前面提到的非西欧的民主国家)。当集合关系以一种因果的方式解释时，就像在集合论方法中经常做的那样，我们就会面临一种不对称的因果关系：这些关系只能在单向模式下工作，而且不能被逆转。在第 3.3.3 节中，我们将进 步阐述不对称作为集合论思维的中心特征。

命题的逻辑将这种关系表述为"如果……那么……"的状态：如果一个国家是西欧国家，那么它就是一个民主国家。形式上，我们写为 W⇒D，并称之为"暗示"。换句话说，属性 W 的存在暗示属性 D 的存在。在文献中，我们经常发现用一个箭头表示这种关系：W→D。与大多数其他 QCA 出版物一致，我们也选择这种箭头。如果用集合论来表述不对称关系的话，表达式就是：W→D≠D→W，也就是"如果……那么……"的命题不能被反向证明。

这些包含关系的一个重要性质（Smithson and Verkuilen，2006）是，它们直接与重要的"充分性"和"必要性"概念相关。反过来，这些概念又是集合论方法的核心。因此我们可以这样认为：只要采用集合论方法来调查一组条件集和一个结果集间的潜在因果关系，那么其目的本质上就是在探索结果的充分条件、必要条件，以及这两种条件的组合，比如 INUS(Mackie，1965)和 SUIN(Mahoney et al.，2009)。探索这些充分条件和必要条件也是在探索条件集和结果集的因果关系，并且这些集合关系在本质上是不对称的。掌握集合关系的这些性质对于在将集合论方法应用于社会科学问题时遇到的各种方法复杂性是至关重要的。除了非对称性，对等性和联合因果性等也与集合论方法直接相关，这些内容我们将在第 3.3 节具体讨论。

2.6 集合论方法中的符号系统

现在我们已经从三个"视角"解释了大多数逻辑运算符：命题逻辑、布尔代数和集合论。不过这三个"视角"之间的区别并不明显。事实上，它们在应用 QCA 中经常被模糊化，而且这些多视角反而让读者对符号系统感到困惑。本章旨在减轻读者对术语和符号的混淆，并使读者能够在基于 QCA 的研究中统一使用符号和术语。表 2.3 总结了这些符号及其含义。

表 2.3　集合论方法中的基本操作和符号

运算符	命题逻辑	布尔代数	集合论
和(AND)	组合∧	乘法 *,(·)	交集 ∩
或(OR)	析取∨	加法 +	并集 ∪
非(NOT)	补集 ¬,~	否定 1−D	负集
包含	如果-那么关系 →,⇒		子集 ⊂

使用哪种符号系统并不重要。符号没有对错之分。重要的是在任何给定的上下文中,它们的含义是明确的,而且用法是一致的。在本书中,我们使用如下符号:我们用" * "符号表示逻辑和(组合、交集),在有些地方我们还会省略" * "符号;用"＋"表示逻辑或(析取、并取);用"～"表示否定。①我们选择这些符号的主要原因很简单,因为它们都可以用键盘输入,而不需要使用公式编辑器或特定的文本处理软件包。

在术语方面,我们将使用"条件"和"结果",它们在其他研究环境中通常被称为"自变量"和"因变量"。在适当的情况下,一个条件被称为"必要条件"或"充分条件"。如果一个条件由几个由逻辑和运算符连接的条件组成,我们可以将其称为"路径""组合"或"术语"。此外,如果其中几个路径通过逻辑或组合,我们将其称为"解项""解公式"或简单地称为"解"。因为集合关系在本质上是不对称的,也就是说,集合论的结果并不表示相等关系,而是表示不等关系,所以我们避免使用"方程"这个术语。②因此,我们使用→(表示充足条件)或←(表示必要条件)来代替使用符号"＝"。

在接下来的第 3 章,我们将详细讨论必要性和充分性的概念,随后

①　不推荐使用小写字母来表示否定(Goertz and Mahoney,2010,2012),因为对于许多字母来说,很难区分大写字母和小写字母(比如 P/p, L/l, I/i, M/m 等)。

②　唯一的例外是当两个集合完全重叠时。正如后面几章所清楚显示的,这种情况在应用的集合论方法中是非常罕见的。

在第 4 章，我们将介绍识别必要条件和充分条件的有力方法，也就是真值表的概念和它们的逻辑最小化。

概览：集合论中的概念与运算

集合论与命题逻辑和布尔代数密切相关。

在集合论中，逻辑和被称为"**交集**"；逻辑或被称为"**并集**"；集合的否定被称为"**补集**"；如果一个集合完全包含另一个集合，则后者被称为前者的"**子集**"。

一个案例在交集中的隶属值由其在集合所有元素隶属值的最小值决定（布尔或模糊乘法）。一个案例在并集中的隶属值由其在集合所有元素隶属值的最大值决定（布尔值或模糊加法）。一个案例在集合补集中的隶属值可以通过 1 减去原始的隶属值来计算。补集的运算也意味着**排中律**对模糊集不成立。

所有的集合运算也可以相互结合。在线性代数中，乘法优先于加法。对于逻辑和与逻辑或，**交换律**、**结合律**和**分配律**的规则都是成立的。

子集与超集的关系有助于我们分析必要条件和充分条件。

3

集合的关系

导　读

在前几章中,我们已经介绍了集合和集合论的基本信息。这些是掌握应用集合论方法时重要的先决条件。这一章将讨论集合论方法的具体应用,也就是阐明必要条件和充分条件。

我们首先介绍充分条件(第 3.1 节),再介绍必要条件(第 3.2节)。对于充分条件和必要条件,我们会从清晰集的一般原理讲起,然后再转移到在模糊集中的应用。这是因为前者更符合我们的日常思维,我们能更容易掌握基于清晰集的充分性和必要性的概念。

由于充分性和必要性的概念是集合论方法的核心组成部分,因此我们有必要从不同的角度讨论它们的逻辑。我们通过使用一个程式化的数据矩阵、一个 2×2 表、一个维恩图和一个 XY 图来做到这一点。在第 4 章中,我们将从真值表的视角来分析充分性和必要性的概念。

在讨论了充分性和必要性的原则和概念之后,我们阐明了 QCA产生的结果的类型。第 3.3 节介绍的关键概念是因果复杂性,QCA的这种因果复杂性正是区别于比较社会科学中其他常见研究方法所产生的主要特征。

这一章的技术和认识论部分是本书的一个核心内容。我们在集合论方法教学方面的经验告诉我们,有很多学生在更高层次上理解QCA 时存在一些问题,本质上源于他们对充分性和必要性的基本概念的认知错误。因此,我们强烈建议精读这一章,即使是那些认为自己熟悉这一论点的读者,重温一下也不会有坏处。这些内容将会有助于未来我们对更复杂的叙述的理解。

3.1　充分条件

3.1.1　清晰集

3.1.1.1　充分性的基本逻辑

如果一个条件只要一存在,结果就存在,那么这个条件就被称为"充分条件"。换句话说,不应该有一个单一的案例只显示此条件而不显示结果。例如,我们声称西欧国家(X)是成为稳定的民主国家的充分条件(结果 Y)。如果这种说法是正确的,那么所有西欧国家也必须是稳定的民主国家;没有一个西欧国家是不民主的。如第 2.5 节所示,这可以表示为:X→Y。

这个陈述应该是:"如果 X,那么 Y",或"X 暗指 Y",或"X 是 Y 的子集"。基于这一陈述,在 X 为否定的情况下,我们对 Y 的值了解多少? 换句话说,对于不位于西欧(～X)的国家,我们对结果值有什么期望? 我们声称 X 对 Y 是充分的,这是否意味着～X 对～Y 是充分的呢? 答案是否定的! 但是为什么呢?

X 对 Y 是充分的这一陈述仅表明 X 的存在可以产生对 Y 值的期望。所有不属于 X 的情况都与充分性陈述无关。也就是说,在 X 不存在时,不管 Y 的值是多少,既无助于验证也无助于证伪 X 对 Y 是充分的这一陈述。只有当 X 存在时,才会产生对 Y 值的期望。在存在～X 的情况下,它不会产生任何这样的期望,或者根本不会产生对 Y 值的任何期望。由此可以得出,西欧以外的国家(～X)可以是稳定的民主国家(Y),也可以是非稳定的民主国家(～Y)——事实上,这两种类型都有很多。这两种情况都没有证实或反驳 X 足以满足 Y 的说法。

～X 的情况在逻辑上与 X 充分性的表述无关,因为集合关系是不对称的。X 和～X 表示两种性质不同的现象,它们在导致结果方面可能有非常不同的作用。如果我们确定 X 对 Y(X→Y)是充分性的,那么我们就不能自动推导出～X 意味着～Y。只有当充分系数表示 X 和 Y

之间的对称关系时,这个方法才有效,但事实上这种情况是不存在的。因此,这也意味着,如果我们确认了 X 对于 Y 的充分性,除了肯定不会有 X 和～Y 同时发生的情况之外,我们仍然对导致～Y 结果的原因几乎一无所知。这意味着,在假设 X 对 Y 是充分的情况下,我们不能说～X 对 Y 或～Y 是充分的,我们也不能很好地解释～Y。我们将在第 3.3.3 节进一步阐述这种不对称的因果关系。

简而言之,当我们假设 X 对于 Y 是充分的,那么数据中的以下模式将证实我们的假设:首先,我们希望看到 X 和 Y 同时存在的情况。其次,我们希望没有 X 和～Y 同时存在的情况。最后,对于带有～X 的情况,我们无法对 Y 的值有任何期望。因此,当且仅当我们发现 X 和～Y 同时存在的情况时,X→Y 被证伪。

表 3.1 显示了四种情况下的程式化数据矩阵。"0"表示条件或结果不存在,"1"表示结果或条件存在。在清晰集中,条件与结果在逻辑上可能组成四种情况。当我们检验充分性时,我们只对 X=1 感兴趣。如果有案例是 X=1 和 Y=1,没有案例是 X=1 和 Y=0,那么我们就认为有经验证据支持 X 对 Y 是充分的这一主张。当然,这个经验证据是否足以保证对充分性的解释,最终还取决于是否有令人信服的理论支持这一论点。

图 3.1 用一个简单的 2×2 表来展示充分性。同样,只有 X 存在时的案例是相关的(列 X=1)。如果单元格 b 有案例存在而单元格 d 没有案例存在,那么就说明有经验证据支持我们的主张,即 X 对于 Y 是充分的,单元格 a 和单元格 c 中有没有案例存在,与我们的研究无关。

表 3.1 充分性:简化的数据矩阵

案例	条件(X)	结果(Y)	关于 X 对 Y 的充分性
A	1	1	允许
B	1	0	不允许
C	0	1	允许(但不相关)
D	0	0	允许(但不相关)

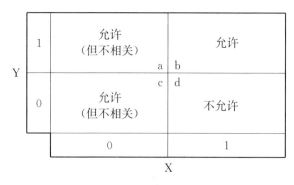

图 3.1　2×2 表：充分性

　　另一种表示充分性的方法是通过所谓的维恩图。[①]这个图通过在一个矩形框架内使用重叠的圆或其他形状来可视化集合之间的关系。每个圆都包含圆所代表的集合的成员。例如，如果我们对西欧国家感兴趣，所有符合这一标准的案例都属于同一圈。所有其他不属于集合的情况都在圆之外。圆圈周围的矩形表示普遍集。在社会科学研究中，这划定了与研究问题相关的所有案例的集合，即属于该研究的范围条件的所有案例（Walker and Cohen，1985）。维恩图是显示集之间的关系的一个强大工具。如果除了西方国家（X），我们还对稳定的民主国家（Y）感兴趣，我们画出第二个圈，包含所有的稳定的民主国家，而所有的非稳定的民主国家都位于这个圈之外。根据这两个圆是否重叠以及如何重叠，可以确定 X 和 Y 之间的不同集合关系。

　　如果 X 对 Y 是充分的，则集合 X 的圆完全包含在集合 Y 的圆中，X 称为 Y 的子集，图 3.2 显示了这种充分性关系。可以看出，集合 Y 大于集合 X。Y 比 X 包含更多的元素。X 和 Y 同时存在的中心区域（X，Y）对应于表 3.1 的第一行和图 3.1 的单元格 b；X 外 Y 内的区域（~X，Y）对应表 3.1 的第三行和图 3.1 的单元格 a；X 和 Y 外的区域（~X，~Y）对应于表 3.1 的第四行和图 3.1 的单元格 c。有人可能想知道表 3.1 的第二行或者图 3.1 中的单元格 d 在维恩图中的哪里。记

----

　　① 这种类型的图表以约翰·维恩（John Venn）的名字命名，他和布尔代数之父乔治·布尔（George Boole）一样，是 19 世纪的英国数学家。

住,如果 X 对 Y 是充分的,那么(X,～Y)的组合一定不会发生,也就是说,它必须为空。因此,在这个维恩图中没有这样的区域。①

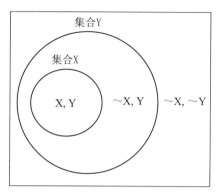

图3.2 维恩图—充分性

如图 3.2 所示,X 的圆并没有完全填满 Y 的圆。因此,X 不包含 Y 中的所有案例。如果 X 与 Y 重叠,那么 X 对 Y 既是充分的,也是必要的。当 X 与 Y 不重叠时,Y 除了 X 之外还有其他的子集,它们代表 Y 的其他充分条件。在第 3.3 节讨论对等性时,我们会再强调这一问题。此外,X 覆盖的区域越小,它作为一个充分条件的经验重要性就越小,这个问题我们将在第 5.3 节中详细讨论。

3.1.1.2 充分性在清晰集 QCA 中的形式化分析

让我们用一个假设的例子(表3.2)来应用我们关于充分条件(以及之后的必要条件)的知识。表 3.2 的每一列表示不同的条件或结果,每一行表示不同的案例。案例标签显示在"案例"栏中。

我们感兴趣的是,在选定的拉丁美洲国家中,建立一个稳定的民主国家的条件(Y)。我们假定三个集合条件在发挥作用:过去发生过暴力动乱(A)、同一种族的人口(B),以及多元化的政党制度(C)。所有的

---

① 当然,在实证社会研究中,X 和 Y 的集合只有部分重叠是常见的,即也有一些是 X 的成员而不是 Y 的成员(X,～Y)。我们将从第 5 章开始讨论这个问题,并阐明当完美的集合论和形式逻辑遇到嘈杂的社会科学数据时需要做些什么。

条件和结果以清晰集定义：一个国家要么是正式成员，要么是非成员。

下面我们来逐一探讨条件 A、B、C 是不是结果 Y 的充分条件。首先是条件 A，我们需要问："暴力动乱（A）是否足以导致民主（Y）？"如果 A 对于 Y 是充分的，那么一旦 A 存在，Y 也应该出现。而且，条件为 A 的案例不能与～Y 相关联。在探索充分性时，我们只考虑条件存在时的案例，也就是当 A 的值为 1 时。在表 3.2 中，A 为 1 的国家有阿根廷、秘鲁、玻利维亚、厄瓜多尔、乌拉圭和委内瑞拉。我们可以看到，在阿根廷这个例子中，A 和～Y 相连。这本身就足以证明 A 不是 Y 的充分条件，不管其他案例如何①。

表 3.2　假设数据矩阵，包含十个案例和三个条件的集合隶属值以及结果

行	案　　例	条件			结果
		A	B	C	Y
1	阿根廷	1	1	1	0
2	秘鲁	1	0	0	0
3	玻利维亚	1	1	0	0
4	智利	0	1	0	1
5	厄瓜多尔	1	0	0	0
6	巴西	0	1	1	1
7	乌拉圭	1	0	1	1
8	巴拉圭	0	0	1	1
9	哥伦比亚	0	0	0	1
10	委内瑞拉	1	1	1	0

注：Y＝稳定的民主国家的集合；
　　A＝过去发生过暴力动乱的国家的集合；
　　B＝种族同质的国家的集合；
　　C＝多元政党制度的国家的集合。

条件 B（种族同质性）存在于阿根廷、玻利维亚、智利、巴西和委内瑞拉。如果 B 是 Y 的充分条件，所有这些国家的 Y 值必须是 1。我们可以看出，这也是一个错误的说法。阿根廷、玻利维亚和委内瑞拉不是

---

① 从第 5 章开始，我们介绍处理不完美集合关系的策略。

稳定的民主国家的成员($\sim$Y)，因此，种族同质性不能被认为是稳定的民主国家的充分条件。

阿根廷、巴西、乌拉圭、巴拉圭和委内瑞拉都出现了条件 C(多党制)。如果 C 对于 Y 来说是充分的，那么这些国家必须是稳定的民主国家。但结果显示，巴西、乌拉圭和巴拉圭是稳定的民主国家，阿根廷和委内瑞拉则不然。因此，我们也得出结论：C 对于 Y 是不充分的。

因此，条件 A、条件 B、条件 C 对 Y 都不是充分的。这是否意味着在表 3.2 中显示的经验数据没有证明任何条件对 Y 是充分的? 答案是"不完全是"，因为我们还没有完成所有可能的分析。

到目前为止，我们测试了条件存在对结果的充分性。大家可以想一下，数据表示成员的集合隶属值，那么条件可以呈现两种不同性质的状态：它们可以是存在(1)，也可以是不存在(0)。因为条件和它们的补充表示两种性质上不同的属性，所以它们也需要被独立地分析。因此，分析充分性的下一步是对 A、B 和 C 的补充进行充分性检验，即 $\sim$A、$\sim$B 和 $\sim$C。

为了方便对补充条件进行充分性检验，表 3.3 对表 3.2 所示的数据矩阵进行了补充，对每一行添加了条件 $\sim$A(过去没有发生过暴力动乱)、$\sim$B(一个种族非同质的社会)和 $\sim$C(非多党制)。请注意，这两个数据矩阵包含完全相同的信息，表 3.3 只是扩展了信息的表示。

$\sim$A 是 Y 的充分条件吗? 如我们所见，$\sim$A 存在于智利、巴西、巴拉圭和哥伦比亚，因此只有这些案例与充分性分析有关。如果 $\sim$A 是一个充分条件，Y 需要在所有 $\sim$A 存在的案例中都存在。事实的确如此，因此我们可以将没有发生过暴力动乱视为民主的充分条件。将同样的分析逻辑应用到 $\sim$B 和 $\sim$C 条件上，结果表明，这两个条件都不能作为 Y 的充分条件。玻利维亚(对于 $\sim$C 条件)、秘鲁和厄瓜多尔(对于 $\sim$B 和 $\sim$C 条件)提供了反对这些条件充分性的证据。因此，我们对这些条件补充的分析表明，没有发生过暴力动乱($\sim$A)是一个稳定民主(Y)的充分条件。

上述我们根据表 3.2 及表 3.3 所做的分析是否回答了 Y 的所有充

分条件呢？事实上并没有。我们来看看乌拉圭。乌拉圭没有显示出条件～A，但它显示了 Y 的发生。它在没有充分条件～A 的情况下实现了民主(Y)。这意味着有～A 以外的替代路径可以实现 Y，也就是 Y 可以在发生过暴力动乱(A)的情况下存在。乌拉圭的情况并不会否定～A 对 Y 的充分性，但是它却引发了一个问题：哪些充分条件可以解释～A 不覆盖的案例呢？

表3.3　包含三个条件补集的假设数据矩阵

行	案例	条件						结果
		A	B	C	～A	～B	～C	Y
1	阿根廷	1	1	1	0	0	0	0
2	秘鲁	1	0	0	0	1	1	0
3	玻利维亚	1	1	0	0	0	1	0
4	智利	0	0	0	1	0	1	1
5	厄瓜多尔	1	0	0	0	1	1	0
6	巴西	0	1	1	1	0	0	1
7	乌拉圭	1	0	1	0	1	0	1
8	巴拉圭	0	0	1	1	1	0	1
9	哥伦比亚	0	0	0	1	1	1	1
10	委内瑞拉	1	1	1	0	0	0	0

注：参见表 3.2；
　　～A=过去没有发生过暴力动乱的国家的集合；
　　～B=非种族同质的国家的集合；
　　～C=非多党制的国家的集合。

由于对 Y 的解释(我们将从第 5.3 节开始用"覆盖"一词来表示对 Y 的解释范围)还没有完成，我们继续寻找充分条件。在考察了所有条件 A、B、C 以及它们的补充条件(～A、～B、～C)之后，我们现在转向条件组合的研究。如果 A 和 B 本身未能通过充分性检验，那么它们同时发生(例如，A*B 的条件组合)可能对 Y 是充分的。也许那些同时具有过去发生过暴力动乱(A)和同质社会(B)特征的国家是稳定的民主国家的充分条件。

为了确定单个条件的逻辑和连接是否可以作为结果的充分条件，

我们在原始数据矩阵中进一步添加了一些条件组合列(表 3.4)。同样地,这些额外的列并没有改变表 3.2 中显示的原始经验信息,只是作为一个更好的说明。为了方便说明,我们在表 3.4 中只包括三个连词:A^*B、A^*C 和 B^*C。它们各自列中的逻辑值表示特定组合在给定情况下是存在(1)还是不存在(0)。例如,组合 A^*B(过去发生过暴力动乱的且种族同质的国家)只存在于 A 和 B 同时为 1 的案例中。如果案例既不是 A 的成员也不是 B 的成员,那么它们就不是组合集合 A^*B 的成员。

表 3.4 包含一些组合的假设数据矩阵

行	案例	条件							结果
		A	B	C	A^*B	A^*C	B^*C	$\sim B^*C$	Y
1	阿根廷	1	1	1	1	1	1	0	0
2	秘鲁	1	0	0	0	0	0	0	0
3	玻利维亚	1	1	0	1	0	0	0	0
4	智利	0	1	0	0	0	0	0	1
5	厄瓜多尔	1	0	0	0	0	0	0	0
6	巴西	0	1	1	0	0	1	0	1
7	乌拉圭	1	0	1	0	1	0	1	1
8	巴拉圭	0	0	1	0	0	0	1	1
9	哥伦比亚	0	0	0	0	0	0	0	1
10	委内瑞拉	1	1	1	1	1	1	0	0

注:参见表 3.3;
  A^*B=过去发生过暴力动乱的国家和种族同质的国家的集合;
  A^*C=过去发生过暴力动乱的国家和多元政党制度的国家的集合;
  B^*C=种族同质的国家和多元政党制度的国家的集合;
  $\sim B^*C$=非种族同质的国家和多元政党制度的国家的集合。

从表 3.4 可以看出,只有少数国家是组合条件的成员。这是逻辑和的最小值规则导致的直接结果。不过组合条件成员数量少本身对于确定充分条件是存在优势的,因为能用来进行充分性检验相关的行数变少了。如果用图形来解释的话,A^*B 的范围是远小于 Y 的,这反过来使它更有可能是 Y 的一个子集。换句话说,我们越是完善国家特征(通过逻辑和组合多个条件集合),就有更少的案例符合这个条件组合特征,那么它们就越有可能是结果集"稳定的民主国家"的成员。例如,我们假定为了成为一个稳定的民主国家(Y),那么条件设定为富裕的、位于欧洲中心的、拥有悠久的民主传统的、被称为瑞士的小国就是一个安全的选择。然而,如果我们这样做,将会有更少的案例显示出我们的复合集。这可能会使确认一个复合集的充分性更容易。但正是因为它挑出更少的可观察的案例,这种情况在经验上变得不那么重要,也许在理论上也不那么重要。

尽管如此,我们可以看到逻辑和连接的 A＊B、A＊C 和 B＊C 都不满足充分性的标准。当然,这三种条件及其互补条件之间还可以形成更多的组合。A＊B、A＊C 和 B＊C 这三个连接仅仅组合了两种条件集合。显示所有可能的组合将使数据矩阵超出页面所能容纳的范围,并且筛选是否存在充分性将非常麻烦。因此,为了方便演示,我们跳过这一步,而是只多插入一个显示连接～B＊C 的列,而且这个组合对 Y 来说恰好是充分的。

连接词～B＊C 出现在乌拉圭和巴拉圭,同时 Y 在这两个国家也存在。由此可以得出,～B＊C 是 Y 的一个充分条件。在上面我们可以看到,充分条件～A 解释或覆盖了结果 Y 在智利、巴西、巴拉圭和哥伦比亚出现的情况。充分条件～B＊C 覆盖了乌拉圭和巴拉圭。所有属于 Y 的案例都至少满足两个充分条件中的一个,而且巴拉圭被～A 条件和～B＊C 组合同时覆盖,我们将在第 5 章中进一步详细讨论这一现象。

经过对数据矩阵中包含的信息的分析,我们可以用一个强大而简洁的方法来总结自己的发现:将其以解公式的形式表示出来。对于我们上面所讲的这个例子,这个公式看起来如下:

$$\sim A + \sim B ＊ C \rightarrow Y$$

这个公式应该这样理解:没有暴力动乱,或者不是种族同质的社会且存在多党制度的结合,就足以实现稳定的民主。我们提醒读者,逻辑运算符"或"是一个包含的(而不是排他的)"或",并且允许两种路径同时出现。如前面所示,巴拉圭就同时适用于这两种路径。

3.1.2 模糊集

3.1.2.1 充分性的基本逻辑

在清晰集中,如果 X 对于 Y 是充分的,那么就不存在 X=1 且 Y=0 的案例。在一个 2×2 表中,X=1 且 Y=0 这个单元格内就要求没有案例存在。然而,一旦我们从清晰集转向模糊集呢? 由于后者允许模糊集隶属值,那么我们在前面清晰集中讨论的三种模式[*]都不能适用。

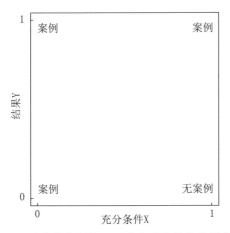

图 3.3 清晰集分析的 XY 图:充分条件的案例分布

在模糊集中,与清晰集 2×2 表等同的是所谓的 XY 图(Ragin,2000)。它的轴显示条件 X 和结果 Y 集合中案例的模糊集隶属值。在清晰集中,案例只能精确定位在 XY 图的四个角落。然而,在模糊集中,案例可以是在该区域的任何地方,也包括角落。

在清晰集中,如果条件对结果是充分的,那么案例可能只存在于这四个角落里的三个角落:左上角(X 完全缺席,Y 完全存在)、左下方(X 和 Y 完全缺席)和右上角(X 和 Y 完全存在)。只有右下角不能包含任何案例,否则条件对结果就是不充分的。我们可以展示这一

---

[*] 首先,我们希望看到 X 和 Y 同时存在的案例。其次,我们希望没有 X 和 ~Y 同时存在的案例。最后,对于带有 ~X 的案例,我们无法对 Y 的值有任何期望。——译者注

点,如图 3.3 所示。[1]

对于模糊集,如果 X 对 Y 是充分的,那么 XY 图的哪些区域必须是空的? 换句话说,哪个几何图形将 XY 图划分成这样一种方式:如果其中一个区域不包含案例,那么 X 是 Y 的子集?

回想一下,在清晰集中充分性的子集关系要求每个案例在 X 中的隶属值等于或小于它在 Y 中的隶属值。在 2×2 表中,这意味着清晰集中要求 X=1 和 Y=0 的单元格是空的,这个要求也适用于模糊集。也就是说,模糊集的充分性要求每个案例在 X 中的模糊集隶属值必须等于或小于其在 Y 中的模糊集隶属值(Ragin,2000:237)。

这个子集关系可以在 XY 图中清楚地显示出来。主对角线——从左下角(0,0)到右上角(1,1)的那条线——将区域分成两个区域。主对角线本身描述的案例的 X 和 Y 模糊集隶属值是相同的(X=Y)。主对角线上方的区域包含 X 小于 Y 模糊集隶属值的案例(X<Y),而主对角线以下的区域包含 X 大于 Y 模糊集隶属值的案例(X>Y)。因此在模糊集中,如果 X 是 Y 的一个子集,那么案例应该位于主对角线上方(图 3.4)。

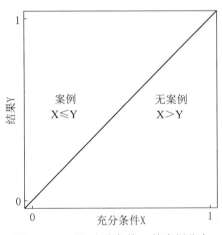

图 3.4　XY 图:充分条件 X 的案例分布

---

① X 可以代表单个条件或复杂表达式。参见第 2.4 节以了解如何计算复杂表达式中案例的集合隶属值。

3.1.2.2 充分性在模糊集 QCA 中的形式化分析

与清晰集一样,模糊集中也可以对每一个条件、它的补充或条件和补充的每一个组合进行充分性分析。我们继续用清晰集中的例子,并在每个条件下为每个案例分配模糊集隶属值(注意:这些模糊值被选为例子,并不是基于实质性证据)。为了保持较好的相似性,将清晰集隶属值为 0 的案例转换为小于 0.5 的模糊集隶属值,将清晰集隶属值为 1 的案例转换为大于 0.5 的模糊集隶属值。

由于在清晰集和模糊集中充分性的基本要求是相同的,因此对模糊集的充分性搜索与清晰集也有很多相似之处。不过由于模糊集与清晰集的经验信息表达方式是不相同的,分析也不一定要得出相同的公式解。如果一个条件对 Y 是充分的,其每一个案例在 X 的模糊集隶属值必须等于或小于 Y 的隶属值。这意味着所有 X 的值为非 0 的案例,不管其值高于还是低于定性锚点 0.5,对于充分性的测试都是相关的。

表 3.5　模糊集隶属值的假设数据矩阵

行	案例	条件						结果	
		A	B	C	～A	AB	～BC	Y	～Y
1	阿根廷	0.8	0.9	1	0.2	0.8	0.1	0.1	0.9
2	秘鲁	0.7	0	0	0.3	0	0	0.2	0.8
3	玻利维亚	0.6	1	0.1	0.4	0.6	0	0.3	0.7
4	智利	0.3	0.9	0.2	0.7	0.3	0.1	0.6	0.4
5	厄瓜多尔	0.9	0.1	0.3	0.1	0.1	0.3	0.4	0.6
6	巴西	0.2	0.8	0.9	0.8	0.2	0.2	0.7	0.3
7	乌拉圭	0.9	0.2	0.8	0.1	0.2	0.8	0.8	0.2
8	巴拉圭	0.2	0.3	0.7	0.8	0.2	0.7	0.9	0.1
9	哥伦比亚	0.2	0.4	0.4	0.8	0.2	0.4	1	0
10	委内瑞拉	0.9	0.7	0.6	0.1	0.7	0.3	0.3	0.7

注:Y＝稳定的民主国家的集合;
　　～Y＝不稳定的民主国家的集合;
　　A＝过去发生过暴力动乱的国家的集合;
　　B＝种族同质的国家的集合;
　　C＝具有多元政党制度的国家的集合。

在这里我们只做三个分析，分别是在清晰集中的两个充分条件（～A以及～BC）以及 AB 连接。案例阿根廷、玻利维亚和委内瑞拉反驳了 AB 对 Y 的充分性。～BC 满足充分性的条件：～BC 的模糊值总是小于或等于结果的模糊值。但是，在清晰集中的充分条件～A 没有通过基于模糊集的充分性测试：阿根廷、秘鲁、玻利维亚、智利和巴西的～A 的隶属值都高于 Y。因此，充分条件分析的结果为：～BC→Y。

图 3.5 中的 XY 图以图的方式显示了我们的发现。～BC 集合的所有案例都在主对角线上或者以上。

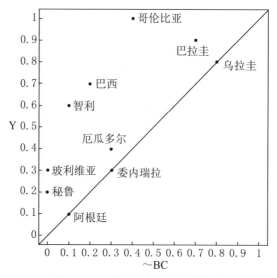

图 3.5　XY 图：完全一致充分解项

总之，模糊集的完美子集关系通常比清晰集的完美子集关系更难找到(Ragin，2009：114f.)。这意味着需要更多的灵活性，完全的充分性不是 QCA 分析的唯一目标。在第 5 章中，我们将详细讨论完美集关系的偏离问题。

3.2 必要条件

3.2.1 清晰集

3.2.1.1 必要性的基本逻辑

必要条件背后的逻辑可以看作充分条件的镜像。由于在介绍充分性时所学到的许多东西都与必要性的分析直接相关,所以我们对必要性的讨论可以更短一些。我们从清晰集开始讨论必要性,然后转移到模糊集。

一般来说,如果条件 X 是必要的,那么只要结果 Y 出现,条件也会出现。换句话说,没有 X 就没有 Y。在必要性下,没有 Y 会显示～X;在～X 存在的情况下,Y 是不可能的。例如,我们假设和平的政权过渡(X)是稳定的民主(Y)的必要条件。基于这样的假设,我们希望能在稳定的民主国家中找到和平过渡的例子。与此同时,我们对非民主的案例(～Y)以及它们是否经历了和平过渡(～X)没有期望。如果我们确实对～X 的案例有期望,那么这个期望应该是它们也显示～Y。必要性关系可以这样表示:X←Y(读作:"如果 Y,则 X,"或"Y 暗示 X,"或"Y 是 X 的一个子集")。

当然,现在箭头从结果指向条件的事实并不意味着 Y 导致了 X。箭头中的"如果 Y,那么 X"这句话只是指两个集合之间的逻辑关系,或集合论关系,而不是因果关系。用"Y 逻辑上意味着 X"或者用集合论的术语来说,"Y 是 X 的一个子集"可能更好。

与充分性分析一样,在必要性的分析中也只有某些类型的案例与确证这一主张有关。在充分性条件下,我们只考虑属于条件 X 的案例;而在必要性条件下,我们只考虑属于结果 Y 的案例。我们只对 Y 存在的案例的 X 值有所期望:我们期望所有有 Y 的案例也显示 X。～Y 的案例既不能证实也不能证伪 X 对 Y 的必要性,因此我们对～Y 案例的 X 的值不感兴趣。

从本质上说，当分析必要性时我们需要关注结果存在的案例。换句话说，在分析必要条件时，应该关注因变量，并确保结果中的值是恒定的。关于社会科学方法论的一些有影响力的文章指出，这两种做法是比较社会科学研究设计中两个最大的错误，并声称从这种设计中学不到任何东西（King et al.，1994:129ff.；Geddes，2003）。显然，也有很多研究不认同这一观点（参见 Munck，1998；Dion，2003；Brady，Collier and Seawright，2004；Ragin，2004:129）。集合论的不对称本质清楚地告诉我们，仅关注结果存在的案例是有意义的，必要性的分析就是为这样的分析找到了合理的意义价值。如果仅关注必要性，那些结果不显示的案例就不在我们的研究兴趣之内。当然，大多数基于集合论的研究不仅对必要性感兴趣，而且对充分性也感兴趣，这些研究大多数需要处理完全集合关系的偏离问题（参见第 5 章）。在这两种情况下，考虑～Y 的案例又显得很重要。

表 3.6 显示了一个条件与一个结果的组合在逻辑上可能发生的四种案例，表 3.6 的最后一列指出，如果 X 确实是 Y 所必需的，那么其中哪些案例是允许的，哪些是不允许的。与充分性评估相同，(X，Y)的案例是允许的，(～X，～Y)是与分析无关的。如果 X 是 Y 所必需的，那么第二行(X，～Y)的案例与分析无关，而(～X，Y)的案例是不存在的。

表 3.6　数据矩阵：必要性

案例	条件(X)	结果(Y)	关于 X 对 Y 的必要性……
1	1	1	允许
2	1	0	允许(但不相关)
3	0	1	不允许
4	0	0	允许(但不相关)

必要条件的逻辑也可以用一个 2×2 表来表示。只有单元格 a 和单元格 b 内的案例是与测试必要性有关的，因为这两个单元格内的案例都显示 Y(Y=1)。单元格 b 对应的是表 3.6 的第 1 行，这里允许案例存在。而单元格 a 对应表 3.6 的第 3 行，这里在必要性条件下必须是空的。

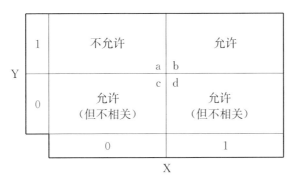

图 3.6 2×2 表：必要性

最后，图 3.7 用维恩图显示了 X 对 Y 是必要的。Y 代表区域的案例全部在 X 所代表的区域内。Y 是 X 的一个子集。X 比 Y 有更多的元素，所以看起来集合 X 比集合 Y 的范围更大。同时我们可以看到，有一些元素是在 Y 以外、X 以内的。不过这些案例并不会否认 X 对 Y 的必要性。这些元素(X，~Y)表明 X 仅是 Y 的必要条件，但不是充分条件。这与必要性的陈述并不矛盾。最后，图 3.7 中没有任何显示 Y 而不显示 X 的案例，这正是必要性逻辑所要求的。

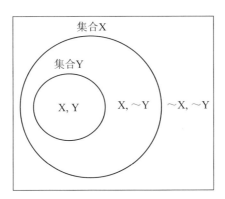

图 3.7 维恩图：必要性

3.2.1.2 必要性在清晰集 QCA 中的形式分析

确定必要条件的程序与测试充分条件的程序相似，只是关注的案例组不同。必要条件的逻辑规定，只要结果存在，必要条件就会存在。这意味着，在必要性测试方面，只有显示结果的案例才需要检验。

我们继续以稳定民主的条件为例，表 3.7 包括三个条件 A、B 和 C 及其补集，以及逻辑或组合～A+C。结果 Y 出现在智利、巴西、乌拉圭、巴拉圭和哥伦比亚。对必然性的测试包括找出在所有这些案例中存在的条件(如果有的话)。让我们从条件 A 开始，可以看到智利直接反驳了必要性，因为 Y 存在时 A 不存在。其他的案例也反驳了条件 B 和条件 C 的必要性。因此，A、B 或 C 都不是 Y 的必要条件。

现在我们转到补集～A、～B 和～C。智利、巴西、巴拉圭和哥伦比亚的结果都为 1，而且条件～A(没有发生过暴力动乱)也为 1。然而，虽然乌拉圭的 Y 为 1，但是～A 并不存在。乌拉圭反驳了～A 对 Y 的必要性。同样，对条件～B 和～C 的必要检验表明，这些条件也不符合必要条件的标准。由此我们可以得出结论，这三个条件或它们的补充都不是 Y 本身所必需的。

还记得吗？在充分性分析时我们还测试了任何单一条件的逻辑和组合是否通过充分性标准。然而，从必要性的角度来看，这种策略没有任何意义。原因如下：逻辑和运算符要求在所有条件中取最小值，这降低了组合通过必要性测试的机会，因为必要性需要条件中的隶属值等于或高于结果中的隶属值。纯形式逻辑规定，逻辑和只在每个条件单独通过必要性测试时，其条件连接才能通过必要性测试。非必要条件的连接不能构成必要条件。由此我们可以得出：必要性的分析应该从单一条件的测试开始。只有当两个或两个以上的单一条件通过必要性测试时，研究这些独立的必要条件之间的逻辑和组合是否也属于必要条件才有意义。在某些情况下会有这样的组合，而在其他情况下则不会。

举个例子可能有助于澄清这一点。让 Z 代表考试成绩，S 代表努力学习，G 代表心情好。此外，让组合 S*G 对于 Z 来说是必要的。也就是说，获得好成绩(Z)的只有那些努力学习并且在考试当天心情也很好的学生。为了使这句话成立，每个考试成绩好的学生都必须努力学习。同样，所有取得好成绩的学生也必须心情愉快。用集合论的术

表 3.7 包含所有单一条件的补集和组合～A＋C 的假设数据矩阵

行	案例	条件							结果
		A	B	C	～A	～B	～C	～A＋C	Y
1	阿根廷	1	1	1	0	0	0	1	0
2	秘鲁	1	0	0	0	1	1	0	0
3	玻利维亚	1	1	0	0	0	1	0	0
4	智利	0	1	0	1	0	1	1	1
5	厄瓜多尔	1	0	0	0	1	1	0	0
6	巴西	0	1	1	1	0	0	1	1
7	乌拉圭	1	0	1	0	1	0	1	1
8	巴拉圭	0	0	1	1	1	0	1	1
9	哥伦比亚	0	0	0	1	1	1	1	1
10	委内瑞拉	1	1	1	0	0	0	1	0

注:参见表 3.5;

　　～A＋C=过去没有发生过暴力动乱或具有多元政党制度的国家集合。

语理解就是:如果集合 S 和集合 G 的交集完全包含作为子集的 Y 集合(比如,如果区域 S*G 是 Z 的超集),那么单独集合 S 和单独集合 G 的区域也一定是 Z 的超集。

现在很明显,使用逻辑和组合对创造必要条件没有帮助,因此我们可以在完成对单一条件的必要性测试后直接得出结论:表 3.7 中的假设数据矩阵不包含任何必要条件。这是一个完全合理的结果,也是集合论方法应用于观察社会科学数据时经常得出的结论。一个特定的社会现象不需要有任何必要的条件。

假设有那么一刻,我们对我们的结果(稳定的民主国家)没有必要条件的发现感到不满意。我们怎么能仅仅基于样本数据中可用的信息就产生这样的条件呢? 这个问题的关键在于,使用逻辑和组合没有意义,因为它们的值是由组合内元素的最小值决定的。因此,在必要性分析中使用逻辑或操作符可能更有效果,因为该操作符遵循最大值评分规则:作为逻辑或表达式一部分的条件的最大值决定了该组合中的案例。因此,使用逻辑或组合单一条件创建了一个新的集合,其中会有更多的案例成员,即集合的大小增加了。这反过来使逻辑或组合更有可能是结果的超集——因此可能是结果的必要条件。

例如,根据条件～A和条件C,我们可以组成并集～A＋C。这个并集描述了没有暴力动乱或多党制的案例。表3.7中的～A＋C列显示了这种特定组合存在的案例。正如这一行中的值所示,逻辑或操作符导致多个1值。由于条件～A＋C在Y存在的地方的确存在,因此这个条件通过了Y的必要条件的标准。

总的来讲,通过逻辑或组合条件,可以创建能够通过必要性测试的条件组合,即使每个单一条件本身都不是结果的必要条件。这个策略应该谨慎使用,因为通过形成集合的并集来创造必要条件是非常容易的。因此,重要的警告是,这种策略只有在存在强有力的、合理的理论或实质性论据来支持以下主张时才有意义:逻辑或组合的条件作为某些高阶概念的功能对等物(Adcock and Collier,2001)。应用到我们的例子中,声称～A＋C是一个必要条件,只有当我们能够合理地辩称存在一个共同的概念,它要么通过没有暴力动乱(～A)的经验,要么通过多元化政党制度(C)的经验,或通过两者都存在的经验表现出来,才有意义。在我们假设的例子中,脑海中不会出现这样似是而非的高阶概念。因此,我们建议不要认定～A＋C为Y的必要条件。

在文献中,使用功能对等物来发展必要性陈述的做法似乎比人们承认的更常见。例如,埃芒内格尔(Emmenegger,2011)认为并实证证明,无论是稳定的国家-社会关系还是非市场协调,对于强有力的就业保障法规而言,既不是必要的,也不是充分的。同样,马奥尼等人(Mahoney et al.,2009:126)在民主与和平的研究文献中就运用了功能对等的必要条件。他们分析后认为,如果非民主(X)是战争(Y)的必要条件,而且X表现为不同的政治体系的特点,比如没有选举、没有法治等,那么X的每个特点对于Y都不是必要的,但每个特点对于Y都是充分的[1]。

为了展示一个更直接的确定必要条件的例子,我们使用表3.7中的经验信息,并选择不稳定的民主国家(～Y)作为结果。是否存在结

---

[1]   这些条件被称为SUIN条件(见第61页注释和第3.3.2节)。

果集～Y 的所有成员共享的条件(第 1—3 行、第 5 行和第 10 行中的案例)？ 可以看到,条件 A 在～Y 的所有案例中都存在。因此,我们有经验支持的主张,暴力动乱(A)是不稳定的民主国家(～Y)的必要条件。这一发现可以用以下公式表示:A←～Y。

3.2.2 模糊集

3.2.2.1 必要性的基本逻辑

必要条件在模糊集中的分析也类似于充分性分析的逻辑,可以将 2×2 表转换到 XY 图上呈现。如果 X 是 Y 的必要条件,则允许存在的案例的经验分布如图 3.8 所示。与充分性关系平行,必要性条件要求每个案例在 X 中的模糊集隶属值必须等于或大于其在结果 Y 中的模糊集隶属值。X 是 Y 的超集,从图 3.8 来看,所有案例都落在主对角线上或以下。

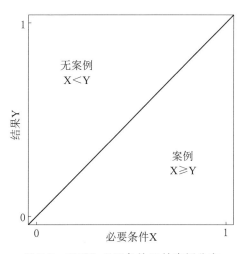

图 3.8　XY 图:必要条件 X 的案例分布

3.2.2.2 必要性在模糊集 QCA 中的形式分析

我们使用～Y 作为我们感兴趣的结果进行必要性分析(表 3.5)。

结果～Y中所有非零成员的案例都与必要性分析相关。这意味着只有哥伦比亚没有被考虑。在清晰集分析中，条件A是～Y的完美超集，但这在我们的模糊集数据中不成立。阿根廷、秘鲁、玻利维亚、智利和巴西在集合Y中的隶属值都超过了它们在集合A中的隶属值，因此与必要性的陈述相矛盾。

图3.9所示的XY图清晰地呈现了A不是～Y的超集这一事实。如果A对于～Y是必需的，那么主对角线上方的区域就必须是空的。在第5章"拟合参数"一节中，我们将更深入地讨论处理非完美集关系的策略。

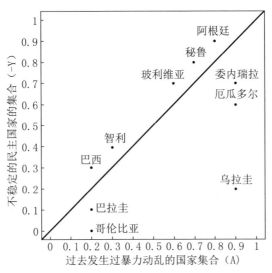

图3.9　XY图：非一致的必要条件

概览：充分条件和必要条件

在**清晰集**以及我们的日常思维中，如果条件存在，结果也存在，那么条件就是充分的。在形式上，如果$X \leqslant Y$适用于所有案例，那么条件就是充分的。这表示一种**不对称关系**。在维恩图的表示形式中，X是Y的一个子集。在**XY图**中，所有的案例都在主对角线或以上。

每当结果出现,条件也出现时,这个条件就是**必要**的。形式上,如果 X≥Y 适用于所有案例,那么条件是必要的。这也表示一种不对称的关系。在维恩图中,Y 是 X 的子集。在 XY 图中,所有案例都落在主对角线及以下。

3.3 集合论方法中的因果复杂性

当证明选择 QCA 方法的合理性时,研究人员经常引用的证据是案例数量中等规模的 N 参数(Ragin,2000:25;参见引言中 QCA 作为集合论方法的部分)。对于传统的小 N 比较方法来说,案例数量太大,而对于(高级的)统计技术来说,案例数量又太小,所以这种观点认为,QCA 具有明显的优势。我们相信,QCA 确实能够在比较 10—50 个案例(大约)的常见场景中填补方法逻辑上的空白。然而,我们认为,支持使用 QCA 的主要理由不应该是要调查的案例数量。首先,QCA 也可以有效地应用于数百或数千个案例(如 Ragin and Fiss,2008;Cooper and Glaesser,2011b;Fiss,2011)。更重要的是,方法的选择应该由关于潜在因果过程的理论和期望驱动。如果研究人员对独立于任何其他因果因素的单一变量的线性相加效应感兴趣,有复杂和强大的统计数据分析技术可用。无论手头有多少案例,QCA 都不是一个适当的方法选择。然而,如果有充分的理由相信要解释的现象是一种特定因果复杂性的结果,那么 QCA 是一个适当的方法选择,同样,无论手头有多少案例。

接下来,我们定义了集合论方法产生的因果复杂性的类型,解释了 INUS 和 SUIN 条件的逻辑,阐述了非对称因果关系的内涵,最后讨论了集合关系和相关关系的区别,也就是集合论方法和回归方法的区别。

3.3.1　确定因果关系的复杂性

富有成效地应用集合论方法的关键是基于理论指导的因果关系复杂性类型与集合论方法的内在默认假设良好匹配。因此，理解集合论方法擅长解释的因果复杂性方法就非常重要。这种因果复杂性关系由三个特征定义：对等性、联合因果性和非对称性（Lieberson，1985：ch.9，Ragin，1987，2000，2008a；Mahoney，2008）。对等性意味着允许对同一现象做出不同的、互不排斥的解释。联合因果性意味着单一条件的影响只有在与其他指定的条件结合时才能显现。非对称性意味着：(1)一个条件的因果性是指条件要么存在，要么不存在，只能选其一；(2)任何解决方案在结果中要么存在，要么不存在，只能选其一（更多的不对称，请参见第 3.3.3 节）。

显然，因果复杂性的三个特征都是内在地相互联系的，并且直接由必要性和充分性的概念派生出来。一个充分但非必要条件的存在自动意味着对等性，因为这意味着在数据中存在不需要这个充分条件就能得到结果的情况。因此，必须至少存在另一个充分条件。这是不对称因果关系的直接结果。一个必要但不充分的条件的存在自动地意味着联合因果性，因为这个必要条件必须与另一个条件（或两者的结合）相结合才能显现结果。

QCA 产生的结果揭示了因果复杂性的这些方面。为了说明这一点，让我们看一下关于充分性的一个典型 QCA 解公式，一个用于结果 Y，另一个用于结果不存在的～Y：

$$A^* B + B^* C + D^* \sim F \rightarrow Y$$

$$\sim A^* F + B^* C^* \sim D \rightarrow \sim Y$$

这样的结果显示了因果复杂性的所有三个方面。逻辑或运算符显示出对等性，因为不止一条路径可以导致相同的结果。它是组合的，正如逻辑和运算符的存在所表明的那样。单一条件只在其他因素的背景下起因果作用。它是不对称的，因为 Y 和～Y 的解公式既不相同，也不是逻辑上的镜像。

3.3.2 INUS 和 SUIN 条件

受不对称理论启发,对等性和联合因果性使得处理在定性研究中
突出而在定量研究中难以处理的原因类型成为可能。有些条件对于结
果本身既不是必要的,也不是充分的,但在产生结果方面发挥着关键作
用,也就是所谓的 INUS 和 SUIN 条件。集合论方法特别适合捕捉它
们的作用(Western,2001:357)。

INUS 代表一个条件,它是"结果的一个不必要但是充分的条件
中,一个不充分但是必要的组成部分"(Mackie,1974:62;Goertz,
2003:68; Mahoney,2008),也就是一个充分条件组中的一个必要组成
部分。QCA 解公式中充满 INUS 条件。考虑下列解项中的条件 A:

$$A^* B + B^* C + D^* F \rightarrow Y。$$

条件 A 只有在条件 B 的联合作用下才对 Y 产生影响。因此条件
A 本身对于结果是非充分的,但对于组合条件 $A^* B$ 是必要的。与此同
时,组合条件 $A^* B$ 并不是获得结果的唯一途径,也就是对结果是非必
要的。因此,根据定义,只有条件 A 是不充分的,但它是一个联合因果
条件的必要部分,而这个联合因果条件本身对于结果是不必要的,但却
是充分的。可以看出,INUS 条件与因果复杂性的对等性和联合因果
性密切相关。对等性表明充分条件的可选性。因此,等价因果关系反
映在 INUS 定义中的"条件本身是不必要的,但对于结果来说是充分的
条件"。联合因果性的概念指的是定义中描述 INUS 条件的那一部分,
即"条件的非充分但必要的部分"。换句话说,单一条件本身往往是不
够的,需要与其他条件结合。

SUIN 代表"一个因素中充分但不必要的部分,这部分对于结果来
说是必要的,但本身是不充分的"(Mahoney et al.,2009:126)。SUIN
条件的概念更多地涉及必要性的分析。在第 3.2.1.2 节中,我们讨论了
使用逻辑或操作符创建必要条件的问题,并将这些逻辑或组合条件解
释为高阶必要条件的功能对等物。SUIN 条件是这种高阶结构的本构

部分。SUIN 条件的一个例子用下面的解公式表示：

$$(A+B)^*(C+\sim D)\leftarrow Y。$$

有两个必要条件：组合 A＋B 和 C＋～D。每个组合单独对于结果 Y 是不充分的。两个组合的组件——也就是说第一个括号内的 A 和 B 以及第二个括号内的 C 和～D，它们本身是非必要的，但却是 Y 的必要条件的充分部分。条件 A 对于条件 B 是相互可替代的，条件 C 对于条件～D 也是相互可替代的。这些条件单个都不是不可或缺的，它们在构成 Y 的必要条件时是有可替代选择的。就像上面的充分性的解项中，这也是一个因果复杂性声明：从 SUIN 条件描述的必要性关系的固有不对称特性中可以看到一个等效元素（"充分但不必要的因素"的一部分）和一个联合因果元素（"一个因素单独不充分，但对结果是必要的"）。

需要着重强调的是，我们在这里定义因果复杂性的方式只是一种可能的定义，也有一些其他观点存在，只不过并不是所有的观点都与 QCA 产生的结果类型相一致。[①]有一些因果复杂性的定义强调时间因素，比如时间、时机、顺序或反馈循环等（Abbott，2001；Pierson，2004；Grzymala-Busse，2010）。这些时间因素通常在针对少数案例的集中分析时进行处理，并且在过程跟踪中被广泛运用（George and Bennett，2005；Hall，2006；Collier，2011）。除非有特殊的规定，例如以反映时间方面的方式概念化和测量条件，或者通过测量不同时间点的案例，QCA 产生的结果在本质上是静态的。在第 10.3 节中，我们将进一步详细讨论使用集合论方法处理时间问题的不同策略。

3.3.3 非对称性

在集合论方法因果复杂性的三个定义特征中，也许最违反直觉的

[①] 关于因果复杂性的讨论，参见 Cioffi-Revilla，1981；Ragin，1987，2000，2008a；Braumoeller，1999，2003；Braumoeller and Goertz，2000，2002；Dion，2003；George and Bennett，2005；《政治分析》（*Political Analysis*，2006）。

是非对称性。我们首先区分非对称的静态和动态概念,然后将其与关联的对称的概念进行对比,并认为德摩根定律并不是因果对称的实例。

QCA 中所理解的非对称是一个静态概念。非对称集合关系可以根据截面数据进行检测,而不需要任何随时间变化的信息。相反,利伯森(Lieberson,1985)通过因果过程的完全或部分不可逆性来定义非对称。在作者看来,如果在时间 t_1 得出的因果关系解释并不适用于 t_0,因果关系就是非对称的。例如,一项就业市场计划的政策措施(X),在 t_0 时导致较高的就业市场可能性(Y),但是在 t_1 时,这项就业市场计划暂停,但就业市场的可能性仍然很高。尽管这种观点需要至少两个时间点才能定义非对称,但利伯森的概念与 QCA 中的非对称有很多共同之处。二者都认为 X 与 Y 的因果关系并不包含～X 与 Y 的因果关系信息。

因此,非对称描述了这样一个事实,即对一种条件的因果作用无法解释条件缺席时的因果关系,而对结果发生时的解释不一定有助于我们解释它不发生时的因果关系。这与在定量方法中占主导地位的对称概念不同。如果我们能够解释因变量的正值或高值,那么我们也能够解释因变量的负值或低值。由于我们的定量统计方法的公式对 Y 的整个值范围都是有效的——或者说是从 Y 的整个值范围推导出来的,因此我们不需要对结果 Y 的高值和低值进行单独的分析。对 Y 的解释自动意味着对～Y 的解释,反之亦然。民主/非民主、战争/和平、富裕/贫穷等现象的发生和不发生,都可以用同一个公式来解释。同样,如果我们知道变量 X 对解释的作用,那么我们也知道～X 的作用正好相反。因此,在对称方法中,区分条件的高值与低值的因果作用没有什么意义,在单独的分析中,分析 Y 和～Y 也没有意义。举个例子,在多元回归中,如果我们对因变量乘以－1,那么自变量回归系数除了改变正负数之外,数值并不会改变。

只有在结果与解集完全重合的情况下,集合论方法产生的结果才会是对称的。[1]只有当真值表中不存在逻辑矛盾的数据(参见第

---

[1] 然而,正如我们在第 3.3.4.1 节中所展示的,即使如此,认识到(完美)集合巧合和(完美)相关性之间的关键差异也很重要。

5.1 节)，且理论上可能存在的条件组合都有实证案例(参见第 6.1 节)时，德摩根定律(参见第 2.4.2 节)才可以使用。也就是我们不仅可以对条件和结果的集合进行否定，也可以对其关系进行否定。根据德摩根定律，逻辑命题的否定要求我们(1)将所有条件和补充倒置，(2)交换逻辑运算符。例如，命题 A＋B 的否定式是～A*～B。现在，如果表达式 A＋B 等于 Y(例如，两个集合完全重叠，而不是 A＋B 是 Y 的子集)，那么 A 和 B 不仅单独对 Y 是充分的，而且它们的逻辑或并集对 Y 也是必要的。这意味着我们可以放一个等号而不是箭头：

$$A+B=Y$$

在处理一个公式时，可以在不改变命题的真值的情况下对等式两边求反，并写为：

$$\sim A \sim B = \sim Y$$

这个新公式现在可以解释为～A 和～B 是 Y 的两个必要条件，并且～A～B 对 Y 是充分的。这表明，在真值表完整的情况下，如果充分条件的并集对结果是必要的(或者说必要条件的交集是充分的)，我们可以用德摩根定律来分析充分性和必要性：如果我们找到了结果的一个充分条件，这也意味着该条件的补充是结果的补充的必要条件，反之亦然。用公式表示如下：

$$X \to Y \Rightarrow \sim X \leftarrow \sim Y，和$$

$$X \leftarrow Y \Rightarrow \sim X \to \sim Y$$

让我们用两个简单的例子来说明这一点。如果我们认为有护照是被允许上飞机的必要条件(X)，那么没有护照(～X)就足以导致不能登机(～Y)。同样，如果西欧国家(X)是民主国家(Y)的充分条件，那么非西欧国家(～X)就是不民主国家(～Y)的必要条件。

有两点需要提出来。首先，德摩根定律揭示的结果 Y 的解项与其否定项～Y 之间的形式逻辑对称性，与基于相关统计技术得到的方程所包含的对称性相去甚远(参见 3.3.4 节)。尽管 Y 和～Y 是逻辑镜像,但二者的解项看起来确实有很大的不同,而在多元回归模型中却没有。其次,我们再次强调,德摩根定律只能适用于非常特殊的情况,它要求数据必须没有逻辑矛盾(第 5.1 节)和逻辑余数(第 6.1 节)。而这些情况在实证社会研究中很少遇到。

3.3.4 集合论方法和标准定量方法

在应用集合论方法时,研究人员几乎不可避免地会产生复杂的因果结果,这是当应用基于标准回归的方法时不会得到的结果。这可能不是特别重要,因为许多研究人员可能对对等性、INUS 条件等不感兴趣。然而,重要的是,不能把基于回归的结果解释为揭示了集合关系。在下面的章节中,我们简要地证明了集合关系不是相关性,因此任何基于相关性的技术都不能很好地阐明集合关系和随之而来的因果复杂性的形式。这种比较应该有助于准确理解集合论方法究竟是什么,以及它们不是什么。

3.3.4.1 集合关系不是相关性

在基于对称关联度量的统计技术中,变量 X 和变量 Y 之间(正)协变的强度是由 2×2 表中非对角线上的两个单元格中有多少案例决定的。克莱默(Cramer)的 v 和 ϕ 系数(都是更一般的 χ^2 度量的标准化),以及使用的各种不同的参数,借助单元格内案例的数量和可能存在的联系(如 τ、γ 或 y)来评估关联[①]。重要的是,当评估相关性时,所有的单元格都要考虑。因此,相关性是一种对称测度。相反,集合论的关系,如充分性和必要性,只需要一个非对角单元为空。此外,(0,0)单元格(图 3.10 中的单元格 c)不发挥任何作用。同样地,当使用连续数据时,像回归这样的对称方法要求案例在散点图的回归线周

---

① 变量 X 和变量 Y 之间的完美关联要求单元格 b 和单元格 c(主对角线)中的所有案例和两个非对角线单元格 a 和单元格 d 为空。同样,在单元格 a 和单元格 d 中的所有案例都将产生一个完美(但负的)相关性,而单元格 b 和单元格 c 是空的。在这两种情况下,相关性的强度是由对角线上的例子与对角线以外的单元格的比率决定的。

围对称分布。①相反，使用模糊集，在 XY 图中用三角数据模式表示非对称集关系，其中主对角线上方或下方区域都没有案例。

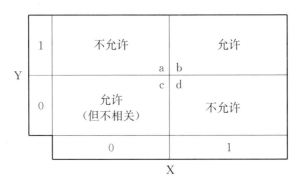

图 3.10　2×2 表——必要性和充分性

简而言之，分析相关性的数据模式看起来与集合关系的数据模式非常不同。这意味着研究人员完全有可能找到一个完美的集合关系（必要性或充分性），但不能发现两个变量之间的任何强相关性。

为了进一步突出集合关系和关联关系之间的区别，让我们看看条件 X 既是必要的又是充分的这样一种极端情况。在正式用语中，这种条件可以写为：X↔Y（读作：如果 X，那么且只有 Y，或集合 X 和集合 Y 完全重叠）。

一个充要条件的维恩图只显示一个圆，这个圆代表条件 X 和结果 Y，表示 X 和 Y 完全重叠。图 3.10 在一个 2×2 的表中给出了相同的参数。对角线上不允许出现任何案例。

完美相关性和完美集合巧合（即同时具有必要性和充分性）似乎是相同的，因为它们同样要求两个单元格（a 和 d）是空的。但它们依然有非常重要的区别。在相关性分析时主对角线上的单元格（b 和 c）同等重要，在集合论的分析中只计算单元格 b 是相关的而不考虑

---

①　普通最小二乘法的原则是通过最小化点与回归线之间距离的平方根之和来表达对称思维，这是在统计分析中的直接体现。

单元格 c。当前一个争议性的话题是,那些既不显示条件也不显示结果($\sim X$,$\sim Y$)的案例能否为必要性和充分性分析提供信息。在哲学上,这种争论经常被冠以"黑乌鸦悖论"的标签。德国哲学家卡尔·古斯塔夫·亨佩尔(Karl Gustav Hempel)打比方说,一个青苹果是否有助于证明"所有的乌鸦都是黑的"这个命题? 也就是说,一个对象既不显示条件(这是一个苹果,不是乌鸦,因此$\sim X$)又不显示结果(它是绿色的,而不是黑色,因此$\sim Y$),是否可以证明条件和结果之间的关系。在社会科学中,对于没有条件和结果的案例是否能提供信息存在分歧。有学者认为,所有的案例都应该被计算在内(Seawright,2002a,2002b;Yamamoto,2012)。还有一些学者认为,只有特定子集的案例与集合论主张相关,并且说,原则上,关于$\sim X$和$\sim Y$之间关系的集合论主张并不意味着任何关于 X 和 Y 的情况(Braumoeller and Goertz,2002;Clarke,2002;Mahoney and Goertz,2006;Goertz and Mahoney,2010)。

尽管存在这些本体论的争议,一个完美相关性也自动是一个完美集合巧合,对于二分法或清晰集数据,这也是成立的,反之亦然。然而,当从清晰集到模糊集时,情况就并非如此。对于模糊集来说,一个完美相关性并不自动表明存在一个既必要又充分的条件。图 3.11 提供了这个参数的直观显示。这三条不同的直线都代表了 X 和 Y 之间的完美相关关系。如果我们把它们解释为回归线,它们只在斜率和截距上有所不同。然而,这些线中只有一条表明了完美集合巧合。它是主对角线上的线,在该线上,所有的案例在 X 和 Y 中具有相同的集合隶属值。

总之,正如拉金(Ragin,2008a:59,n.3)所指出的,不是所有(接近)完美相关关系都是(接近)完美集合巧合的标志。在众多表示 X 与 Y 完全相关的回归线中,只有一条与完全集合重合,即斜率为 1、截距为 0 的回归线。由此可见,定量社会研究中应用相关性的标准测量方法不足以阐明子集关系。统计学方法提供的标准工具,例如回归分析,使用对称相关性来分析社会科学数据,这些数据不太适合单独分析必要条件和充分条件。

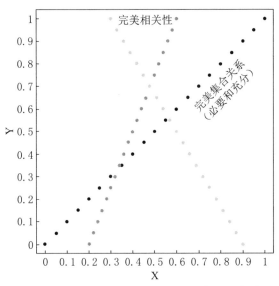

图 3.11   XY 图——对比完美集合关系与完美相关性

3.3.4.2   集合论和回归模型

　　另一种稍微不同的方法表明集合论方法是一个适当的选择，也就是当（且仅当）研究人员通过讨论回归分析公式是否可以以对等性来解释集合关系引起的因果复杂性时。

　　当进行统计分析时，我们的研究目的通常是确定最强大的预测因素，用于解释因变量网中其他变量的解释能力的差异，并为从（希望具有代表性的）样本到（希望定义良好的）基础总体的泛化（"显著性检验"）做出概率陈述。所有这些使得标准统计技术成为一套强大的工具，用于将复杂的数据汇总成简洁的方程，并提取自变量的"净效应"（Ragin，2008b）。但这些技术基于这样一个假设：社会现象是由单一性、可加性和对称性驱动的。线性回归模型的一个典型例子，直到最近还是应用社会科学领域的主力①，看起来如下：

---

　　①   在定性和高级定量学者之间，越来越多的共识是，标准的回归模型违反了太多的假设，不能产生有效的结果。关于这个问题的全面讨论，请参阅 Goertz，2003。

$$y=a+b_1x_1+b_2x_2+b_3x_3+\varepsilon$$

　　该方程显示出与我们的 QCA 解公式有误导性的相似之处。几个元素在求和函数的帮助下相加,得到因变量 Y。然而,回归方程中的加法符号告诉我们,不同的部分效应相加为总效应。它们导致一个最终的结果,而不是一个相等的结果。在 QCA 中,每一条路径($a+b_1x_1+b_2x_2+b_3x_3+\varepsilon$)都可以解释 Y。回归方程中的自变量是不可替代的。因为如果它们是可替代的话,就会相互抵消。

　　有人可能会反驳说,回归方程可以用等价的术语来解释。因为事实上,自变量中有无数个值的组合在因变量中产生相同的值。然而,这种对回归方程的解释在文献中相当罕见,可能只是因为指出有无限条通往结果的路径,而没有提供任何关于这些路径中哪一条确实在经验中发生的信息,更不用说它们中的哪一条在经验上比其他路径更重要,这样就没有学到多少东西。

　　使用标准的回归方法也很难揭示充分性和必要性的非对称关系。克拉克、吉尔根和戈尔德(Clark,Gilligan and Golder,2006)建议通过在回归分析中指定交互项来"对非对称假设进行简单的多元检验",例如必要性和充分性假设。他们论点的核心是一个正式的逻辑规则,即如果 X 对于 Y 是充分的,那么~X 对于~Y 也是必要的。正如已经提到并将在第 5 章和第 6 章中进一步阐述的那样,这个逻辑规则只有在数据不存在逻辑矛盾、所有可能的自变量组合都有经验信息的经验情况下才有意义,或者至少可以做出所有缺失信息实质上无关的极不可信的论证。因此,这种"非对称假说的简单多元检验"可能在理论上行得通,但在研究实践中行不通。

　　另外,还有两个进一步的论点反对使用交互术语来模拟集合论的因果复杂性。首先,区间或度量尺度变量的交互作用与模糊集的交集不同(Grofman and Schneider,2009)。前者是代数乘法,而后者是由最小得分规则控制的。其次,在集合论的结果中,组合通常涉及三个或三个以上的单一条件。然而,具有三阶相互作用项的回归模型很少,而具有四阶或更高阶相互作用项的回归模型甚至更高阶的术语实际在文献中不存在——这是有充分理由的,因为这些模型的规范对数据和研究人员的实质性解释技能都提出了很高的要求(Brambor，Clark and Golder，2006；Kam and Franzese，2007)。

因果复杂性很难通过标准的统计技术得到,这一事实并不意味着它是完全不可能的。在统计工具框架内模拟集合论方法的尝试是存在的(Braumoeller，1999，2003，2004；Braumoeller and Goertz，2003；Yamamoto，2012)。所有这些尝试要么处理大量的案例,要么只处理因果复杂性的某些方面,或者两者兼而有之。

QCA首先假设最大级别的因果复杂性,然后在经验证据允许的范围内尽量简化这个复杂性。在标准统计中,最常见的方法是从一个简单的模型开始,然后以交互项、滞后变量、多方程模型等形式加入因果复杂性的各个方面。然而,依赖于对称权变系数的方法并不适合充分捕捉必要和充分条件下的集合关系,以及由此衍生的因果复杂性的所有方面(Fiss，2007:1190)。或者,正如布劳米勒所说,"可加性线性模型在建模多重因果路径过程方面本质上是不充分的"(Braumoeller，1999:7),使用非可加性规范(即交互术语)根本不能提供问题的实际解决方案,特别是当 N 为中到低时,这在宏观比较社会研究中是经常发生的情况(Braumoeller，1999:9f.)。

因此,无论是因果简单性的假设还是复杂性的假设,都不能声称具有普遍的优越性。每一种都有优缺点。简单假设可以从相当复杂的数据中推导出简约的模型,而复杂假设通常使研究人员能够对不同类别的案例进行更多的研究——这两者都是社会调查的有价值的目标(Brady and Collier 2004)。缺点是,方法论上诱导的简单假设有产生过度简化的风险,这不仅是非常脱离案例和数据模式的分析,而且往往只是对他们声称要测试的更精致理论的讽刺(Munck，1998)。这些过程的结果往往更容易解释,被认为更"美观"(Somers，1998:761),有时甚至不再试图谈论社会世界的复杂性。方法诱导的简单假设与我们对世界复杂性的直觉之间的这种差异,要求我们引入认识论思维方式并与盛行的本体论世界观更紧密地结合起来(Hall，2003)。反过来,在集合论方法中实现的复杂性的初始假设,冒着个体化每一个案例的风险,而没有在一般化方面取得很大进展,并且在理论化(甚至事后)这种经验复杂性方面存在重大困难。

　　无论是对因果复杂性的偏好，还是对简单性的偏好，都不应该被视为优越的。这取决于一个人对正在研究的现象的期望是什么（Prze-worski and Teune，1970：211）。遗憾的是，学者们往往是出于方法论而非实质性的原因，在不合适的情况下屈服于"一般线性现实"（Andrew Abbott，引自 McKeown 1999）（Shalev，2007）。在对方法敏感的文献中，越来越有说服力的观点是，证明的责任应该由那些相信世界可以通过简约和优雅的模型来解释的研究人员来承担，而不是像长期断言的那样，由那些把大量社会现象视为等量和组合过程的结果的研究人员来承担（Braumoeller，2003）。另一方面，在默认的情况下，假设因果复杂性和总是在给定的研究背景下应用集合论方法而没有适当的论证当然也是错误的。

　　总之，集合关系不是相关性。因此，要充分选择适当的方法，就必须清楚，人们是在寻找必要和充分的因果关系，还是在寻找不植根于集合论的社会现象之间的某种其他形式的关系。集合论方法的应用只有在有充分理由相信所研究的现象在集合关系方面被最好地理解时才有意义。QCA 和其他集合论方法在检测相关性方面存在缺陷。但与此同时，大多数标准的统计技术还不能很好地检测子集的充分性和必要性关系。

概览：集合论方法中的因果复杂性

　　QCA 中因果关系具有三个特征：**对等性**指的是各种（组合）条件可以产生相同结果；**联合因果性**提请我们注意这样一个事实，即条件对结果的影响不一定是孤立的，有时必须结合起来才能揭示因果模式；**非对称性**意味着社会现象的发生和不发生都需要单独分析，而且条件的存在和不存在可能在带来结果方面发挥着至关重要的不同作用。

　　这些方面也使我们能够借助 QCA 分析 **INUS** 和 **SUIN** 条件。INUS 条件被定义为一个条件的不充分但必要的部分，这个条件本身是不必要的但对结果是充分的；SUIN 条件是指一个条件的充分但不必要的部分，它本身对结果是不充分的，但是必要的。

集合论方法产生的复杂结果不同于标准统计（基于回归）方法产生的结果。虽然更先进的定量技术可以模拟因果复杂性的某些方面，但同时实现所有这些方面是一项具有挑战性和尚未解决的任务。然而，因方法的选择而产生的任何形式的因果关系都不能被认为是优越的。相反，研究人员应该选择最符合他们研究问题的假设的方法。如果存在充要条件的因果关系（许多研究领域都是如此，如Goertz and Starr，2003；Seawright，2002b：180f.），那么集合论方法就是一个合理的选择。

请注意，在本章中，我们只将所有经验证据都符合这些各自集合关系的条件标记为充分条件或必要条件。然而，一些范例已经暗示了这样一个事实，即完美子集关系可能存在不同程度的偏差。事实上，当将集合论方法应用于社会科学数据时，这样的观察是常态。我们将在第5章对此进行更详细的讨论。

4

真值表

导 读

在本章中,我们将介绍 QCA 的一个核心概念,即真值表。它既是一种方法,也是一种技术。作为一种方法,QCA 可以被视为旨在构建真值表的研究阶段。真值表包含研究人员通过多年的艰苦工作收集到的经验信息。作为一种技术,QCA 由真值表的形式分析组成——所谓的逻辑最小化——目的是确定充分(和必要)条件。因此,真值表成为任何 QCA 不可或缺的工具,无论我们使用的是清晰集还是模糊集。这是清晰集 QCA 和模糊集 QCA 没有本质区别的主要论据之一。这也意味着我们在本书中所说的关于真值表及其分析的大部分内容都适用于清晰集 QCA 和模糊集 QCA。[①]

有必要重申的是,在本章和其他章节中,基于教学原因,我们主要关注与 QCA 相关的问题,因此我们理所当然地认为构建真值表所依据的经验信息是存在的。然而,集合论方法的一个组成部分——也是它们成功的关键——恰恰在于在一个迭代过程中收集这些信息并构建真值表,这个过程有时被描述为"在想法和证据之间来回"(Ragin,1987)。真值表的分析仅仅代表了集合论分析过程中一个短暂的"分析时刻"(Ragin,2000)。

---

① 在分析真值表时,根据清晰集和模糊集之间的区别,只有少数分析相关的差异,例如,在模糊集中,给定的真值表行是结果 Y 的子集,也是其补集～Y 的子集的可能性。我们将在第 9.2.2 节对此进行讨论。

在第 3 章中，我们在分析必要性和充分性时没有使用真值表。因此，有人可能会想，如果充分性和必要性也可以简单地通过筛选一个标准数据矩阵来分析，我们为什么还需要真值表呢？正如本章将展示的，真值表是一种更合适的检测集合关系的工具，主要是因为它们将重点从经验案例转移到条件的配置上。这就产生了一种完全不同的、更有效的分析充分性的方法。基于数据矩阵的充分性分析采用"自下而上"的方式，首先关注简单的集合，然后再关注更复杂的集合。相反，基于真值表的充分性分析是自上而下进行的，首先筛选所有逻辑上可能的条件组合，然后在逻辑上最小化那些通过充分性测试的组合。然而，请注意，虽然对于充分性来说，真值表方法是（而且应该是）主要策略，但对于必要性分析，自下而上的方法显然更可取，而自上而下的方法则毫无意义。原因很简单：两个或多个条件的逻辑和组合，只有当且仅当所有与组合相关的单一条件单独是必要的时，才可能是 Y 的必要条件。

本章按照以下顺序展开：在阐明什么是真值表（第 4.1 节）之后，我们展示了真值表是如何基于案例的经验信息构建的（第 4.2 节）。在第 4.3 节中，我们将逐步解释，真值表是如何在布尔代数的帮助下分析的。显然，这一章是整本书的中心，因为真值表是 QCA 的必要技术。读者应该仔细阅读这一章。本章还提供了重要信息，这些信息将提供真值表算法的组成部分，这是目前公认的 QCA 的最低标准，将在第 7 章中介绍。

4.1　真值表是什么？

真值表的概念起源于形式逻辑。乍一看，它们可能很像一个标准数据矩阵。就像传统的数据矩阵一样，真值表的每一列都表示一个不同的变量，或者更好一点，表示一个集合。不同之处在于行的含义。在标准数据矩阵中，每一行表示不同的案例（或观察单元）。在真值表中，每一行代表两个条件之间逻辑上可能的逻辑和组合之一。由于每个单独的条件都可以在其存在或不存在的情况下出现，真值表的总行数由表达式 2^k 计算。字母 k 表示所使用的条件的数量，数字 2 表示可能发生这些条件的两种不同状态(存在或不存在)。每一行表示性质上不同的条件组合，也就是说，不同行的情况之间的差异是种类上的差异而不是程度上的差异。

公式 2^k 产生逻辑上可能的组合或真值表行的数量，或者，稍微有点误导，逻辑上可能的案例的数量。真值表的行数随条件的数量呈指数级增长。3 个条件的组合最终得到 8 种构型。4 个条件的组合可以得到 16 种构型，5 个条件有 32 种构型，10 个条件逻辑上有不少于 1 024 种可能的案例。在社会现实中，也在社会科学研究实践中，并非所有这些潜在的案例都是经验性的。整个第 6 章致力于研究有限多样性现象，并提供了如何处理逻辑余数的策略(Ragin，1987：104ff.)。目前，为了准确地介绍真值表的含义和分析，本章只讨论真值表中没有任何逻辑余数的行。

维恩图是另一种直观地可视化 k 个条件产生 2^k 个逻辑上可能的组合的方法。图 4.1 显示了三种条件(A、B、C)。它们都以不同的方式重叠，形成了八个不同的区域。维恩图中的每个区域对应真值表中的一行，每个区域都可以用布尔表达式的形式描述。例如，图中间 A、B 和 C 重叠的区域包含了所有 A、B 和 C 都存在的案例。这可以写成 A*B*C，或者简单地写成 ABC(参见第 2 章)。集合 A 的上部区域是条件 A 能被观察到(A＝1)，而 B 和 C 不能被观察到的区域(B＝0，C＝0)。因此这个区域表示集合 A*～B*～C 或简称 A～B～C。在所有三个圆的外面，但在矩形内的区域表示三个条件都不存在的案例，可以写成～A*～B*～C 或～A～B～C，等等。

虽然维恩图通常是一个非常有用的工具，可以以图形表示集合论的陈述，但也要注意两个问题。首先，当条件的数量超过四个或五个时，绘制和解释维恩图就变得困难。其次，注意图 4.1 所示的维恩图只显示集合及其交集。然而，在第 3 章中，我们使用维恩图来可视化条件和结果之间的充分性和必要性的子集关系。当然，维恩图可以同时做到这两点，也就是说，显示条件和结果的交集的子集关系。

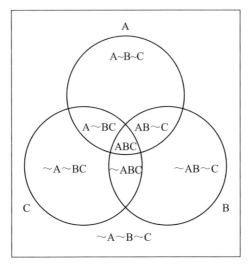

图 4.1　三个条件的维恩图

4.2　如何从数据矩阵得到真值表

4.2.1　清晰集

为了展示如何基于存储在数据矩阵中的案例信息构建真值表，让我们回到第 3.1.1.2 节中的数据矩阵。我们如何从这里得到一个真值表？虽然大多数相关的软件包都能够基于表示集合成员隶属值的数据矩阵生成一个真值表，但有必要详细说明所需的三个简单步骤。

首先，我们写下 k 个条件在逻辑上所有 2^k 种可能的组合，将结果值这一列留空。其次，我们将数据矩阵中的每一种案例赋值给与 k 个条件中的值相对应的真值表行。每种案例只能属于一个真值表行，但是每个真值表行可能包含多个案例。在我们的例子中，我们观察到阿根廷和委内瑞拉在所有三个条件下都表现出相同的值——它们发生过暴力动乱,有种族同质的人口和多元政党制度。因此它们属于同一个真值表行,标记为 A* B* C。秘鲁和厄瓜多尔也是如此,它们都被分配到真值表 A* ~B* ~C 行(暴力动乱,没有种族同质的人口,没有多元政党制度)。通过这种方式,我们将每一种案例分配给八种逻辑上可能的真值表行中的一个。

最后,一个结果值必须归属于真值表的每一行。它是由属于各自行的经验案例的结果值决定的。例如,哥伦比亚属于~A* ~B* ~C 行,结果为 Y。没有其他案例属于这一行。因此,~A* ~B* ~C 这一行的输出值为 Y=1。同样地,阿根廷和委内瑞拉都没有表现出稳定的"民主",真值表 A* B* C 行的结果值为 Y=0。[①]根据这个过程,表 3.2 中的数据矩阵得到了表 4.2 所示的真值表。

表 4.1　包含十个案例、三个条件和结果的数据矩阵

行	案例	条件			结果
		A	B	C	Y
1	阿根廷	1	1	1	0
2	秘鲁	1	0	0	0
3	玻利维亚	1	1	0	0
4	智利	0	1	0	1
5	厄瓜多尔	1	0	0	0
6	巴西	0	1	1	1
7	乌拉圭	1	0	1	1
8	巴拉圭	0	0	1	1
9	哥伦比亚	0	0	0	1
10	委内瑞拉	1	1	1	0

注:Y=稳定的民主国家的集合;
　　A=过去发生过暴力动乱的国家的集合;
　　B=种族同质的国家的集合;
　　C=具有多元政党制度的国家的集合。

———

① 当然,当应用于真实数据时,通常情况下,归属于同一真值表行的案例在结果中显示不同的隶属值。这样的行被称为"矛盾行"(Ragin, 2000)。第 5 章专门讨论这个至关重要的问题。现在,为了展示逻辑,我们先举一些没有矛盾的真值表的例子。

真值表由 $2^3 = 8$ 行组成。严格地说，"行""~Y"和"案例"列不属于真值表，但为了说明目的而包含在其中。理解"结果"一栏所载的资料很重要。从案例的角度来看，值 1 表示具有给定特征的案例也显示了感兴趣的结果。例如，从表 4.2 的第 1 行我们了解到，没有发生过暴力动乱、没有种族同质人口、没有多元政党制度的案例是稳定的民主国家。如果我们将视角从案例转移到配置，我们可以说连接~A~B~C（第一行）对 Y 是充分的。结果为 Y＝1 的真值表行与这个结果明确相关(Ragin and Rihoux，2004)。本质上，每个真值表行都是一个充分性陈述(Ragin，2008a)。

表 4.2　三个条件的假设数据矩阵

行	条件			结果		案例
	A	B	C	Y	~Y	
1	0	0	0	1	0	哥伦比亚
2	0	0	1	1	0	巴拉圭
3	0	1	0	1	0	智利
4	0	1	1	1	0	巴西
5	1	0	0	0	1	秘鲁、厄瓜多尔
6	1	0	1	1	0	乌拉圭
7	1	1	0	0	1	玻利维亚
8	1	1	1	0	1	阿根廷、委内瑞拉

注:参见表 3.2；
　　~Y＝不稳定的民主国家的集合。

4.2.2　模糊集

将数据矩阵转换为真值表的三个步骤同样适用于数据不是清晰集而是模糊集的案例。我们首先创建真值表，将每种案例分配给其中一行，然后确定每一行的输出值。由于模糊集允许任何集合隶属值在 0 到 1 之间，而真值表只包含 0 和 1，这可能看起来令人费解。

创建真值表是问题最少的步骤。与清晰集一样，基于模糊集的真

值表行数由公式 2^k 给出。这是因为,就像清晰集一样,模糊集建立案例的定性差异在于那些高于 0.5 定性锚点的案例以及低于 0.5 定性锚点的案例。这就是为什么 k 个模糊集条件产生 2^k 值表行。[①]

　　在清晰集中将案例归到特定的真值表行是相当直接的,但在处理模糊集时需要更多的解释。在清晰集中,为了识别案例所属的真值表行,我们只需要找到案例的清晰集隶属值与真值表行之间的精确匹配。然而,对于模糊集,在 k 个条件下,具有模糊集隶属值的案例"不完全匹配真值表中的任何一行"。例如,表 4.3 的第 4 行中的智利的集合隶属值为 A＝0.3、B＝0.9、C＝0.2,它属于哪个真值表行?

表 4.3　假设数据矩阵与模糊集隶属值

行	案例	A	B	C
1	阿根廷	0.8	0.9	1
2	秘鲁	0.7	0	0
3	玻利维亚	0.6	1	0.1
4	智利	0.3	0.9	0.2
5	厄瓜多尔	0.9	0.1	0.3
6	巴西	0.2	0.8	0.9
7	乌拉圭	0.9	0.2	0.8
8	巴拉圭	0.2	0.3	0.7
9	哥伦比亚	0.2	0.4	0.4
10	委内瑞拉	0.9	0.7	0.6

注:A＝过去发生过暴力动乱的国家的集合;
　　B＝种族同质的国家的集合;
　　C＝具有多元政党制度的国家的集合。

　　为了阐明这一点,拉金(Ragin,2008a:ch.7)提到了属性空间的概念,回溯到保罗·拉扎斯菲尔德(Paul Lazarsfeld,1937)最初的想法。每个集合构成属性空间的一个维度(Barton,1955)。因此,本例中的三个模糊集条件产生了一个如图 4.2 所示的三维空间。这个属性空间

　　[①] 这在多值 QCA 中情况是不同的。在第 10.2 节中,我们讨论了对于 k 个多值集,真值表行的数量(远远)高于 2^k 这个事实的后果。

有几个重要的特征。

第一，不管一个案例是否属于条件 A、条件 B 和条件 C，根据定义，它属于属性空间。这是因为集合隶属值和属性空间的维数都在 0 处最小，在 1 处最大。第二，根据 A、B 和 C 中的成员集，每种案例在多维数据集中都有一个精确的位置。第三，属性空间的每个角都直接对应于 A、B 和 C 中值的特定组合。更准确地说，每个角代表模糊集中可能存在的两个极值的一个特定组合——完全隶属值(1)和完全非隶属值(0)。例如，图 4.2 左下角前面的角表示三个模糊集的值都为 0 的案例。因此，这个角可以标记为"0，0，0"或～A～B～C 角。按照这个逻辑，我们可以将前方右下角描述为"1，0，0"，右下角右上角描述为"1，1，1"，以此类推。第四，因为每个"角"表示条件中极端隶属值的特定组合，我们可以将这些角视为理想的典型案例(Weber，1906)。恰好落在某个角上的案例，就是那个角所表示的理想类型的经验实例。除非一个案例在构成属性空间的所有条件中都具有完全(非)成员资格，换句话说，除非一个案例专门显示清晰集隶属值，否则它不会直接

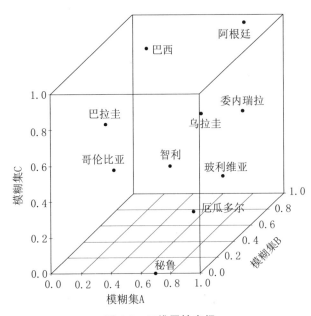

图 4.2　三维属性空间

位于其中一个角落。因此,在模糊集分析的大多数情况下,许多(如果不是全部的话)案例只在某种程度上(不同程度)接近这些理想类型。下面,我们将解释如何计算到理想类型的距离。

第五,一个三维的属性空间有八个角。我们对这个数字应该有印象,基于三个条件的真值表有八行。这不是巧合,而是直接从这样一个事实得出的:由模糊集产生的属性空间的角等价于真值表的行。[1]这种等价性的存在是因为由模糊集定义的属性空间的角表示这些模糊条件的值取极值 0 或 1 的案例。换句话说,空间上的角是模糊集显示清晰集的隶属值。

我们可以这样总结到目前为止关于真值表所介绍的知识内容。有 k 个条件,我们创建了一个有 2^k 个角的属性空间,这些角对应 2^k 个(1)理想类型中的其中一个,(2)真值表行,(3)k 个条件之间的逻辑和组合。

如前所述,在使用模糊集的情况下,隶属值通常在 0 到 1 之间。因此,它们可以位于属性空间的任何位置,如图 4.2 所示。有些可能离其中一个角比其他角更近。因此,我们必须找到一种方法来确定两件事:第一,给定的案例大部分属于哪个角落;第二,这种案例与属于这种理想类型(也就是真值表行)的成员有多远。

为了解释计算每个角落的案例成员的原则,让我们聚焦于表 4.3 中的两个案例——委内瑞拉和厄瓜多尔,参见表 4.4。[2]

来看委内瑞拉,我们可以看到它在所有三个条件下的成员都高于定性锚点 0.5。如果被问及这个国家最像 2^k 理想类型中的哪一种,我们可以说这个国家更像一个种族相对同质的、多元政党、发生过暴力动乱的逻辑条件类型组合。换句话说,直觉上,我们将把委内瑞拉定位在最靠近真值表的 ABC 行或属性空间的"1, 1, 1"角的位置,这一直觉在图 4.2 中得到了委内瑞拉的位置的直观支持。这样的逻辑定位同样适

---

① 立方体的比喻只适用于三个条件,还需要其他几何物体来表示其他数量的条件。但是基本原则没有改变。

② 我们不报告每个案例在结果 Y 中的隶属值,因为它与确定一个案例所属的真值表行无关。当将数据矩阵转化为真值表时,对结果 Y 的分析只在第三步中添加。

用于厄瓜多尔。它更在集合 A 以内而不是在集合 A 以外，更在集合 B 和集合 C 以外而非集合 B 和集合 C 以内。这使得厄瓜多尔比其他任何国家都更接近"1，0，0"的角落，是一个没有多元政党制度、没有发生过暴力动乱的多种族人口的实例（A∼B∼C 行）。

除了将案例直观地归为属性空间角（也就是理想类型）之外，是否存在一种标准化的方法来精确定义真值表行中案例的成员关系？是的，有。记住，每 2^k 个角对应于 2^k 个可能的逻辑和条件组合中的一个。还请记住（参见第 2.1 节），交集中案例的隶属值是由它们在单点条件中的最小隶属值集决定的。因此，计算一个案例在所有逻辑上可能的条件组合（也就是属性空间的角落）中的隶属值是很容易的。表 4.5 包含了表 4.4 中显示的两个案例的信息。

表 4.4　两个案例的模糊集数据矩阵

案例	条件		
	A	B	C
委内瑞拉	0.9	0.7	0.6
厄瓜多尔	0.9	0.1	0.3

注：参见表 4.3。

在理想类型 ABC 中，委内瑞拉的模糊集隶属值为 0.6。这是条件 A(0.9)、B(0.7)和 C(0.6)的最小值。厄瓜多尔的理想类型 A∼B∼C 的隶属值为 0.7，即 A(0.9)、∼B(0.9)和∼C(0.7)之间的最小值。这两个案例都不是它们各自理想类型的完整实例，它们的隶属值都小于 1。

如表 4.5 所示，每个案例不仅在其自己的理想类型中有部分成员，而且在属性空间的所有其他角落也有部分成员。然而，隶属值相当低，这是管理逻辑与集合隶属值计算的最小评分规则（第 2.1 节）的直接结果。关键的一点是，虽然每个案例在所有行中都有部分成员，但只有一行的成员超过了定性锚点 0.5。这是模糊集的黄金法则：无论有多少个模糊集被组合在一起，任何给定的案例在 2^k 个逻辑上可能的组合中都有一个且只有一个的隶属值大于 0.5。

模糊集的这个重要的数学性质对我们手头的任务至关重要，让我们可以确定一个案例最好属于哪个真值表行，该行应是那个部分集合隶属值大于 0.5 的真值表行。

有一个例外的规则，即每一种案例多于一种且只有一种逻辑上可能的组合。当一个案例在一个或多个构成条件中隶属值恰好为 0.5 时，它在真值表中的任何一行中的隶属值都不会超过 0.5。为了实现这一点，我们向数据矩阵添加了第三种假设案例，即在条件 C 中具有集合隶属值为 0.5 的成员。由于 C 和~C 都取 0.5 的值，在八种可能中没有一种理想类型的值能大于 0.5。三个单一条件的最小值及其互补值不能大于 0.5。此外，还有两种理想类型的最小值恰好为 0.5。定性锚点 0.5 有时被称为最大模糊点（Ragin，2000）。它表达了这样一个事实：一个案例的经验属性是这样的——它不能决定案例更多地是正在研究的集合中的一个成员，还是更多地是该集合的一个补充的成员。正是由于这种模棱两可的状态，这样的案例不能归因于任何 2^k 逻辑上可能的理想类型，包括这个集合或它的补充。

从中得到的一个实践教训是，要谨慎地将模糊集隶属值 0.5 分配给案例。这样做不仅可以防止无法将案例归到真值表的任何一行，而且还表示了关于这种案例的最薄弱的概念陈述。

回到在真值表中表示模糊集数据的任务，我们现在知道这样的真值表有 2^k 行，而且每一个案例都更多属于某一行，只有一行，同时持有大多数（如果不是全部的话）其他行的部分成员的隶属值。剩下要解决的问题是确定连接 2^k 行的每一行的结果值。为了回答这个问题，记住真值表中的每一行都是充分性的陈述。这意味着，如果每一个案例在这一行中的成员小于或等于其在结果中的成员（见第 3.1.2.1 节），那么每一个真值表行都应该被认为是结果的充分结合。

表 4.7 显示了我们的十个假设案例在三个条件下的模糊集隶属值，8 个真值表行和稳定民主（Y）的结果。对于每一个真值表行，我们评估每个案例的成员是否小于或等于它在 Y 中的成员，如果是，相应的行是结果的子集，从而满足一个充分条件的标准，因此得到 1 的分数。但是，如果一行中的一个或多个案例的成员超过了结果中的成员，那么这一行就不是 Y 的完美子集，并且会得到 0 的值。如表 4.7 的最

表 4.5　假设数据矩阵中理想类型的模糊集隶属值

案例	条件			属性空间角点/理想类型/真值表行（在逻辑上可能的条件组合）							
	A	B	C	ABC	AB~C	A~BC	A~B~C	~ABC	~AB~C	~A~BC	~A~B~C
委内瑞拉	0.9	0.7	0.6	0.6	0.4	0.3	0.3	0.1	0.1	0.1	0.1
厄瓜多尔	0.9	0.1	0.3	0.1	0.1	0.3	0.7	0.1	0.1	0.1	0.1

表 4.6　假设数据矩阵的模糊集理想类型

案例	条件			属性空间角点/理想类型/真值表行（在逻辑上可能的条件组合）							
	A	B	C	ABC	AB~C	A~BC	A~B~C	~ABC	~AB~C	~A~BC	~A~B~C
委内瑞拉	0.9	0.7	0.6	0.6	0.4	0.3	0.3	0.1	0.1	0.1	0.1
厄瓜多尔	0.9	0.1	0.3	0.1	0.1	0.3	0.7	0.1	0.1	0.1	0.1
海地	0.8	0.1	0.5	0.1	0.1	0.5	0.5	0.1	0.1	0.2	0.2

表 4.7　模糊集在行和结果中的隶属值

案例	条件			真值表行								结果
	A	B	C	ABC	AB~C	A~BC	A~B~C	~ABC	~AB~C	~A~BC	~A~B~C	Y
阿根廷	0.8	0.9	1	0.8	0	0.1	0	0.2	0	0.1	0	0.1
秘鲁	0.7	0	0	0	0	0	0.7	0	0	0	0.3	0.4
玻利维亚	0.6	1	0.1	0.1	0.6	0	0	0.1	0.4	0	0	0.3
智利	0.3	0.9	0.2	0.2	0.3	0.1	0.1	0.2	0.7	0.1	0.1	0.6
厄瓜多尔	0.9	0.1	0.3	0.1	0.1	0.3	0.7	0.1	0.1	0.1	0.1	0.4
巴西	0.2	0.8	0.9	0.2	0.1	0.2	0.1	0.8	0.1	0.2	0.1	0.7
乌拉圭	0.9	0.2	0.8	0.2	0.2	0.8	0.2	0.1	0.1	0.1	0.1	0.8
巴拉圭	0.2	0.3	0.7	0.2	0.2	0.2	0.2	0.3	0.3	0.7	0.3	0.9
哥伦比亚	0.2	0.4	0.4	0.2	0.2	0.2	0.2	0.4	0.4	0.4	0.6	1
委内瑞拉	0.9	0.7	0.6	0.6	0.4	0.3	0.3	0.1	0.1	0.1	0.1	0.3
在行中的隶属值≤在 Y 中的隶属值				0	0	1	0	0	0	1	1	

后一行所示，三个组合——A～BC、～A～BC 和～A～B～C——是 Y 的完美子集。对于所有其他真值表行，一个或多个案例偏离了子集的充分性模式，因此这些行被认为对 Y 是不充分的。[①]

我们现在在手头上有所有相关的信息，可以将模糊集数据矩阵以标准的清晰真值表格式表示出来。对于每一行，我们知道哪些案例属于它，并且它是不是结果的子集。我们假设的模糊集数据所得到的真值表如表 4.8[*] 所示。

在我们继续解释如何使用形式逻辑工具分析真值表之前，应该强调几个要点。第一，无论使用的是清晰集还是模糊集，真值表都是 QCA 的核心。第二，当在一个清晰的真值表中表示模糊集时，模糊集中包含的更精细的信息至关重要，并且在任何时候都是可用的。换句话说，得到如表 4.8 所示真值表的过程并不涉及任何模糊集到清晰集的转换。在将案例分配给行和评估一行是不是结果的子集时，都使用模糊集隶属值所传递的信息。第三，当基于模糊集生成真值表时，结果列中的值（1 或 0）并不意味着该行中的所有案例在结果中的成员分别为 1 或 0。相反，结果列中的值表示我们可以认为该行是结果的充分条件。这就是为什么在表 4.8 中我们将结果列标记为"充分满足 Y"。第四，当评估一行和结果集之间的子集关系时，所有的案例都被考虑在内，而不仅仅是那些特定行的良好实例（即那些隶属值高于 0.5）。因此，定性锚点 0.5 对于将一个案例归为一行至关重要，但在评估两个模糊集之间的子集关系时不重要。[②]

概览：真值表是什么？如何从数据矩阵得到真值表？

真值表是 QCA 的一个重要工具。尽管它们看起来类似于清晰集数据矩阵，但它们表达了不同类型的信息。虽然数据矩阵中的单行

---

① 如前所述，在第 5 章中我们将处理一个问题，即在忽略一个子集关系之前，可以或应该允许多大的偏差。

* 原书为表 8，应为表 4.8。——译者注

② 在第 5.2 节中，我们对这一陈述进行了限定，并认为研究人员应该注意，与充分性（或必要性）陈述相矛盾的案例是否在客观上位于 0.5 定性锚点的不同侧面。我们将把这些案例称为"逻辑上矛盾的案例"。

对应实际案例(或观测单位),但在真值表中,单行表示逻辑上可能的
条件配置。

构建真值表需要三个步骤:第一,写出所有 2^k 个逻辑上可能的
逻辑和组合条件,其中 k 是条件的个数。第二,每一个案例都被分配
给它拥有最高成员隶属值的**真值表行**。这在**清晰集 QCA** 中很简单,
因为每个案例都是一行的完整成员和其他所有行的完整非成员。在
模糊集 QCA 中,案例通常在所有行中都具有部分隶属值,但只有一
行的隶属值可以大于 0.5。因此,案例被归结为最适合的一行。(例
外:如果一个或多个条件给出了一个模糊值 0.5,那么在任何理想类
型中,这个案例的隶属值都不会大于 0.5。)第三,必须为每一行定义
结果值。对于作为结果子集的所有行,其结果值是 1,因此对结果**充
分**,否则为 0。

这三个步骤产生了一个可进行分析的真值表,而不管数据是由
清晰集还是模糊集组成。

表 4.8　从假设模糊集数据推导出的真值表

行	条件			充分	包含案例
	A	B	C	Y	在行中隶属值≤0.5*
1	0	0	0	1	哥伦比亚(0.6)
2	0	0	1	1	巴拉圭(0.7)
3	0	1	0	0	智利(0.7)
4	0	1	1	0	巴西(0.8)
5	1	0	0	0	秘鲁(0.7),厄瓜多尔(0.7)
6	1	0	1	1	乌拉圭(0.8)
7	1	1	0	0	玻利维亚(0.6)
8	1	1	1	0	阿根廷(0.8),委内瑞拉(0.6)

注:* 括号中的数字＝行中案例的模糊集隶属值。

4.3 分析真值表

真值表既可以由清晰集数据创建，也可以由模糊集数据创建。"结果"列表明，特定的真值表行或条件的组合是否足以获得感兴趣的结果。如果是这样，则用结果列中的值 1 表示。[①]因此，当我们问哪些条件对我们感兴趣的结果是充分的，真值表提供了第一个答案：所有与结果值 1 相关联的行都是充分条件。然而，这个答案并没有包含很多信息，也很难处理，因为在真值表中可能有许多这样的行。我们几乎总是希望得到一个更简洁的答案。为此，在 QCA 中我们应用布尔代数的规则。所谓的奎因-麦克卢斯基算法用于在逻辑上最小化真值表中包含的各种充分性陈述（Klir et al.，1997：61）。需要指出的是，这种真值表分析的形式只适用于充分性分析。为了分析必要性，必须使用第 3.2.1.2 节和第 3.2.2.2 节中提出的自下而上的程序。事实上，在第 9.1 节中，我们展示了任何基于自上而下的真值表逻辑最小化的必要条件的存在或不存在的推论，它们都容易产生有缺陷的结果。因此，真值表在必要性分析中并没有发挥重要作用。在下文中，我们将介绍奎因-麦克拉斯基算法所涉及的步骤（参见 Ragin，1987：第 6 节）。

4.3.1 匹配相似连词

我们回到在第 4.2.1 节中已经使用过的真值表。这样的真值表也可以是将模糊集数据矩阵转换为真值表的结果。因此，尽管我们现在使用的是由清晰集的演示派生出来的例子，但无论底层数据是由清晰

---

① 只有在清晰集 QCA 中，并且只有在没有矛盾的真值表行（参见第 5 章）的情况下，结果列中的值 1 才表示该行中的所有案例实际上都是结果的成员。在所有其他情况下——例如，在模糊集 QCA 和/或当存在相互矛盾的行时——真值表的结果列中的值为 1 并不一定意味着该行中的所有案例都是相关结果的成员。

集还是模糊集组成,真值表的分析都是相同的。

第一步是创建一个布尔表达式,包含连接到要解释的结果的所有真值表行。在我们的例子中,这些是 Y=1 的行(第 1、2、3、4、6 行)。第 1 行可以写成～A～B～C,第 2 行写成～A～BC,以此类推。表示真值表行的组合也被称为"原始表达式"。如表 4.9 所示,表达如下:

第一行+第二行+第三行+第四行+第六行～A～B～C
+～A～BC+～AB～C+～ABC+A～BC→Y

在创建真值表的过程中,这五个原始表达式中的每一个都被定义为 Y 的充分条件。这个公式是表达真值表中充分性信息的最复杂的方法。现在的任务是用一种不那么复杂的方式重新表述同样的逻辑真理。

这个过程被称为逻辑最小化。它遵循以下逻辑最小化的第一原则:如果真值表的两行都与结果相关,只在一个条件下存在差异——该条件在一行中存在,而在另一行中不存在——那么这个条件在逻辑上可以被认为是冗余和无关的,因为在这些行中存在的其他条件下产生了结果。因此,逻辑上冗余的条件可以省略,两行可以合并成一个更简单的充分条件组合。

表 4.9　假设真值表的范例

行	条件			结果
	A	B	C	Y
1	0	0	0	1
2	0	0	1	1
3	0	1	0	1
4	0	1	1	1
5	1	0	0	0
6	1	0	1	1
7	1	1	0	0
8	1	1	1	0

注:参见表 4.2。

让我们把这一原则应用到我们的例子中。第 1 行(～A～B～C)和第 2 行(～A～BC)是相同的,条件 C 是唯一的不同:它在第 1 行不存在,在第 2 行存在。因此,这个信息可以总结为逻辑相同的表达式～A～B。换句话说,我们可以像这样在表 4.9 中写出关于充分性的信息:

第一行和第二行　＋第三行　　＋第四行　＋第六行

～A～B　　　　　＋～AB～C　＋～ABC　＋A～BC→Y

在我们的例子中,这意味着过去没有发生过暴力动乱、一个种族非同质的社会(～A～B)是稳定的民主国家(Y)的充分条件,无论多元政党制度存在(C)还是不存在(～C)。

让我们将同样的逻辑最小化原则应用于原始表达式～AB～C(第 3 行)和～ABC(第 4 行)。它们只与条件 C 的值不同,因此可以删除条件 C,将这两行重写为～AB。结合前面对第 1 行和第 2 行进行的最小化,我们现在可以这样写:

第一行和第二行　＋第三行和第四行　＋第六行

～A～B　　　　　　＋～AB　　　　　　＋A～BC→Y

逻辑最小化原则可以匹配一对只在一个条件的值上不同的原始表达式,也可以同等地应用于任何两个导致相同结果的连接。在我们的例子中,～A～B 和～AB 的区别仅在于条件 B 的值不同,可以省略条件 B,这两个表达式可以简化为～A。这意味着条件 A 对 Y 是充分的,不管条件 B 或条件 C 取什么值。我们的简化解公式现在是这样的:

第一行到第四行　　＋第六行

～A　　　　　　　＋A～BC→Y

这个公式在逻辑上等价于最复杂的公式和所有中间公式。

这个例子与我们在第 3.1.1.2 节中的范例拥有相同的数据,但是解项却有些差异。在第 3.1.1.2 节中,相同的数据得出了解项:

～A＋～BC→Y

　　不同之处包括条件 A 与～BC 结合时的作用。问题是,当我们的目标是为表 4.9 所包含的信息找到最简约解项时,是否需要包含条件 A。答案是,它不是必需的。为什么? 组合～BC 包含原始表达式 A～BC(第 6 行)和～A～BC(第 2 行),也就是说～BC 对于 Y 是充分的,我们也可以说 A～BC 和～A～BC 对于 Y 也是充分的。由于这两个原始表达式的区别仅在于 A 的值不同,因此条件 A 可以被删除。注意,逻辑最小化的过程允许对多个逻辑最小化使用同一个原始表达式。在我们的范例中,第 2 行中的原始表达式～A～BC 可以与第 1 行中的原始表达式(～A～B～C,导致～A～B)和第 6 行中的原始表达式(A～BC,导致～BC)匹配。这仅仅意味着第 2 行的原始表达式被多个素数蕴涵覆盖,这个问题我们将在第 4.3.2 节详细讨论。目前我们可以确认解项为:

$$\sim A + \sim BC \rightarrow Y$$

　　我们重申,这个公式是表 4.9 中关于充分性信息的几种汇总方法之一。所有我们在这里报告的公式的不同解项,以及最小化过程的中间步骤:(1)在逻辑上是等价的;(2)表示真值表所载的相同信息;(3)彼此不抵触,也不抵触真值表所载的信息;(4)是对现有经验信息的可接受的摘要。

　　QCA 的一个普遍特征是一个以上的解项是可接受的,并且真值表中的数据在逻辑上是正确的。选择哪一个解公式作为对现有信息进行实质性解释的基础,取决于许多与形式逻辑无关的研究特定问题。我们可能有几个潜在的原因更喜欢公式～A＋A～BC→Y 而不是公式～A＋～BC→Y。

　　例如,想象一下,关于稳定的民主国家出现(Y)的文献提出了一个强有力的观点,即民主国家不能在发生暴力动乱的情况下(A)稳定下来。然而,正如解项 A～BC(即表 4.9 中的第 6 行)所表明的,有经验证据证明了这一主张:如果与～BC 结合,A 确实可以是 Y 的一个因果相关的 INUS 条件。根据我们的假设例子,与文献中假设的主张相反,稳定的民主国家存在发生暴力动乱的情况,但只有当这些国家具有非同质的种族(～B)和多元政党制度(C)时。[①]

虽然公式～A＋～BC→Y 确实也包含了这些信息，但条件 A 的作用仍然不那么明显。包含术语 A～BC 的公式更有助于将实证发现与这一特定主题上已有的理论知识和期望联系起来。

与此相关的一个论点是，更复杂的解公式有助于将注意力引向迄今无法解释的情况。想象一下，如果关于民主稳定的文献迄今未能找到一个原因来解释为什么一个特定的国家(我们称之为 X)是一个稳定民主国家。我们进一步假设国家 X 可以用 A～BC 来描述。通过以 A～BC 而非～BC 作为 Y 的充分路径的解项，我们能够以更直接的方式证明为什么 X 国表现出稳定的民主。

4.3.2 逻辑上冗余的素数蕴涵

奎因-麦克卢斯基算法(Quine-McCluskey algorithm)不仅仅包括从相似连接的成对匹配中消除单一条件。但在某些情况下，这个规则无法让我们得到一个可以进一步最小化的解公式。因此我们还需要另一个最小化原则(Ragin，1987:95—98)。

在第 4.3.1 节给出的例子中，逻辑等价可以很容易地被检测出来，也就是～A＋～BC→Y $\triangle$ ～A＋ A～BC→Y。然而，并不是所有的逻辑等价性都那么容易检测。为此，我们引入了一个更一般的程序来得到不能进一步最小化的解公式。

为了进一步理解最小化过程中的这一步，我们引入了素数蕴涵的概念。通过对第 4.3.1 节介绍的组合进行两两比较，可以将素数蕴涵定义为逻辑最小化过程的最终产物。换句话说，我们通过组合的两两比较得到的解项是由通过逻辑或组合而成的素数蕴涵式组成的。然而，在某些情况下，这些主要暗示中的一个或多个在逻辑上是多余的。它们可以从解项中删除，以得到最简约的公式。

[①] 注意，这里应该理解为暴力动乱可以发生，但不一定必须要发生。由于～A 也是 Y 的充分条件，那么组合～A～BC 也隐含在解项中。在多元政党制度的异质社会中，可以不发生暴力动乱。

如何识别逻辑上冗余的素数蕴涵？为了回答这个问题，我们引入了一些新的假设数据。假设结果被解释为一个稳定的民主的国家(C)的存在。我们将一个国家是否富裕(R)、是否种族同质(E)，以及是否有一个议会政府(P)作为潜在条件。假设真值表中包含的经验信息可以用以下原始表达式来写，也就是真值表行：

$$REP+RE{\sim}P+{\sim}REP+{\sim}R{\sim}EP{\rightarrow}C$$

图 4.3 显示了应用刚才介绍的最小化策略所获得的主要影响因素。

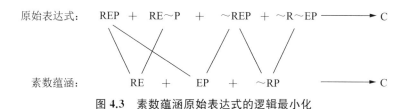

图 4.3　素数蕴涵原始表达式的逻辑最小化

逻辑语句的复杂性已经从四条路径(每条路径由三个单独的条件组成)减少到三条路径(每条路径由两个单独的条件组成)。这三条新路径(RE、EP 和～RP)是主要的素数蕴涵路径。它们在逻辑上包含了所有的原始表达式，并且不能用我们目前所描述的最小化过程来进一步最小化。

我们提出两种不同的方式识别逻辑冗余素数蕴涵项。首先，我们使用素数蕴涵图的工具，然后使用维恩图。素数蕴涵关系图显示列中的原始表达式和行中的素数蕴涵关系。表 4.10 显示了我们以稳定的民主国家(C)为例的素数影响图。单元格中的十字表示哪个原始表达式被哪个素数蕴涵影响所覆盖。每个原始表达式至少包含一个，但通常不只一个素数蕴涵。为了保存真值表中包含的真值，每个原始表达式必须被至少一个素数蕴涵覆盖。有时，一些原始表达式被多个素数蕴涵所覆盖。这就是逻辑上冗余素数蕴涵的关键所在：一个素数蕴涵在逻辑上是冗余的，当且仅当即使没有它，所有原始表达式也都被覆盖时。

以表 4.10 所示的情况为例。这个表可以理解为：素数蕴涵的 RE 包含了原始表达式 REP 和 RE～P，因为 RE 是通过删除条件 P 对 REP 和 RE～P 进行逻辑最小化的结果。这可以通过 RE 行中的两个交叉来表示。另外两个素数蕴涵的 EP 和～RP 也都超过两个素数蕴涵，可以通过它们行中的两个 X 来看到。

为了保留真值，在如表 4.10 所示的素数蕴涵图中，每列必须至少有一个 X。我们不能删除 RE，因为它会使原始表达式 RE～P 不被覆盖。因此，它在逻辑上不是冗余的。～RP 也不能被删除，因此在逻辑上也不是冗余的，因为它会使原始表达式～R～EP 不被覆盖。然而，主要素数蕴涵 EP 在逻辑上是冗余的。可以从表中删除它，而且不需要保留四个原始表达式中的任何一个。REP 已经由主要牵连的 RE 承保，～REP由～RP 承保。因此，我们可以将我们的解最小化为：

$$RE + \sim RP \rightarrow C$$

表 4.10　素数蕴涵图

素数蕴涵	原始表达式/真值表行			
	REP	RE～P	～REP	～R～EP
RE	X	X		
～RP			X	X
EP	X		X	

逻辑上冗余素数蕴涵的概念也可以通过调用维恩图中显示的相交集的概念来解释。图 4.4 显示了我们假设范例的维恩图。除了对应于 R、E 和 P 之间逻辑上可能的组合（又名"真值表行"）的 8（2^3）个不同区域之外，维恩图还指出了主要素数蕴涵（RE、RP、～RP）的位置。

图 4.4 所展示的是：两个主要素数蕴涵因子 RE 和～RP 共同覆盖了第三个主要素数蕴涵 EP（深灰色区域突出显示）所覆盖的整个区域。换句话说，EP 在逻辑上是蕴涵的，或者是表达式 RE＋～RP 的子集。因此，EP 在逻辑上是冗余的，可以从解项中删除。我们之所以说它可以被删除，而不是必须被删除，是因为逻辑上冗余的素数蕴涵很可能具有实质性意义。如果是这样，它们可以也应该留在公式中，即便这样的

公式并不是对现有经验信息的最简洁的表达。

注意,在上面的例子中,只有一个逻辑上冗余的素数蕴涵(EP)。这使得研究人员没有自由裁量权去决定为了产生最简约解项而删除哪一个主要的素数蕴涵。然而,在应用 QCA 中,经常会有几个逻辑上冗余的素数蕴涵,其中一些是绑定的。如果两个逻辑上冗余的素数蕴涵可以在不违反解项的真值的情况下删除其中一个,而不是两个,那么这两个素数蕴涵是绑定。这意味着,在逻辑上冗余素数蕴涵的绑定存在的情况下,可以有一个以上的最简解项。

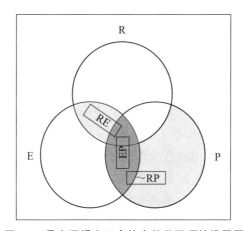

图 4.4　具有逻辑上冗余的素数蕴涵项的维恩图

4.3.3　与分析结果不发生相关的问题

集合关系是不对称的(参见第 3.3.3 节)。这种不对称的一个含义是,结果的发生和不发生需要分开分析。到目前为止所描述的从数据矩阵到真值表的所有分析步骤以及对真值表的逻辑最小化,同样适用于分析结果不发生的情况。因此,继续上面表 4.2 所示的例子,我们现在选择～Y(不稳定的民主国家集合)作为感兴趣的分析结果。

从必要性分析开始,我们看到每当～Y 存在时,A 也存在(也见第3.2.1.2 节):

$$A \longleftarrow \sim Y$$

事实证明,过去发生过暴力动乱是不稳定的民主国家的必要条件。

对于充分性的分析,我们应用了基于~Y＝1 的所有行的奎因-麦克卢斯基算法,得到以下结果:

$$A \sim C + AB \longrightarrow \sim Y$$

把条件 A 提出来重写(第 2.4.1 节)则为:

$$A(B + \sim C) \longrightarrow \sim Y$$

不稳定的民主发生在过去发生过暴力动乱的社会,同时这些社会在种族上是同质的和/或非多元政党制度。可以看到,对结果~Y 的这个解释与对 Y 的解释不同。

有三个重要的事项需要说明。第一个是关于 QCA 的一般性质,第二个和第三个源于我们选择的例子的特殊简单性。第一,如果确实如我们所言,一种现象的发生和不发生,如民主国家的稳定和不稳定,构成了两种性质上不同的事件,需要做出单独的解释,那么诉诸不同的理论和假设来解释这些结果通常是有意义的。换句话说,与其在同一个真值表中将结果值从 Y 改为~Y,还不如选择不同的条件,从而构建一个全新的真值表。这直接源于概念的不对称性,即一个概念的否定往往包含各种性质不同的概念。例如,非民主国家指的是军事政权、神权政权和一党制政权等。同样地,例如,未婚人群包括单身人士、寡妇等。简而言之,不对称可能不仅仅需要不同的条件来解释 Y 和~Y。对于~Y 内捕获的性质不同的结果,也可能需要不同的条件。

我们举的简单例子在解项中表现为两个特征,但这两个特征在将集合论方法应用于观测数据时通常不成立。因此我们需要就此提出关于 QCA 分析的第二个和第三个注意事项,这也往往是在应用 QCA 的文献中经常发现的两个错误。

第二个需要注意的事项如下:在必要性分析中,我们已经确定条件 A 为必要条件。同时,对充分性的分析揭示了两条路径,这两条路径都涉及条件 A。因此,当一个条件是所有充分路径的一部分时,那么这个条件对于结果一定是必要的。同样地,如果在所有的充分路径中没有一个条件出现,那么就没有必要条件。在应用 QCA 中,这两个结论都可能是错误的。只有当在一个完全指定的真值表上进行充分性分析时,它们才成立,即在一个真值表中,每个逻辑上可能的条件组合的结果值都是 1 或 0。[①]正如我们在第 5.1 节、第 6.1 节和第 6.2 节中详细展示的那样,当形式逻辑遇到嘈杂的社会科学数据时,这几乎是不可能的。在应用的 QCA 中,真值表"几乎总是包含矛盾或逻辑余数的行"。每当这些类型的行出现时,真值表的充分性分析就有可能不能正确地揭示必要条件的存在或不存在。在第 9 章中,我们详细阐述了假必要条件出现和真必要条件消失的情况。总结来说,建议把必要性和充分性的分析分开,对必要性和充分性的分析只能建立在对其各自单独分析的基础上。

第三个需要注意的事项与第二个有相似的根源。由于我们的例子很简单,在这个例子中,可以根据 Y 的公式推导出~Y 的充分性解公式,而不需要进行单独的分析,但这是一个例外。利用德摩根定律[②],我们可以转换 Y 的充分性项:

$$\sim A + \sim B^{*}C \rightarrow Y$$

为

$$A^{*}(B + \sim C) \rightarrow \sim Y$$

这与根据表 4.2 对结果~Y 进行实证分析得出的公式是一致的。

然而,如前所述,在社会科学研究实践中,这一程序是有问题的。它只在一个完全指定的真值表中可行,也就是说,当没有矛盾(第 5.1 节)或逻辑余数(第 6.1 节和第 6.2 节)时。否则,应用德摩根定律所产生的结果意味着对真值表中的某些行进行声明,这些行要么不被注意,

---

① 在模糊集 QCA 中,即使如此,关于必要条件的结论可能是错误的,原因我们会在第 9.1 节中详细讨论。

② 在第 3.3.3 节中,我们已经描述了如何在完全指定的真值表中,可以用等号(=)替换充分性陈述中的箭头。因此,可以通过否定等式的两边(例如,通过应用德摩根定律,见第 2.3 节)而不改变陈述的真值。

要么是站不住脚的，或者两者兼有（第 8 章和第 9.1 节）。由于在实践中很少有完全指定的真值表，因此这里所描述的程序以及使用德摩根定律的意义非常有限。

基于所有这些原因，好的做法（第 11.1 节）就是应该始终对结果的发生和不发生进行单独的分析，并总是在单独的步骤中分析必要性和充分性。而且因果不对称性可能还要求我们分别使用不同的因果因素来解释发生和不发生的结果的不同类型。

概览：分析真值表

奎因-麦克卢斯基算法是将布尔表达式的简化规则应用于真值表。它首先列出已确认**充分条件**的所有**配置**。然后，利用布尔代数规则最小化逻辑表达式。通过检查素数蕴涵对那些第一眼看上去不明显的因素进行进一步简化。

那些出现在所有充分路径中的 **INUS 条件**并不一定是结果的必要条件。因此，我们必须分开考察必要条件和充分条件，并且建议在分析充分条件之前先分析**必要条件**。

对**未发生**的结果必须进行单独分析。只有当真值表既不存在缺乏经验案例，也不存在逻辑矛盾行时，才能应用德摩根定律。

注意，包含在任何给定真值表中的信息可以通过不同的解项表示。逻辑最小化原则确保这些公式在逻辑上是等价的，只是在复杂程度上不同。在决定将这些解项中的哪一个置于实质性解释的中心时，需要以理论和实质性考虑为指导。

第二部分　整洁的形式逻辑遇上嘈杂的社会科学数据

5

合适的参数

在第 4 章中,我们介绍了真值表在充分条件分析中的应用。我们上一章的中心观点是评估真值表中的每一行是否代表结果的充分条件。如果是,那么这样的行已经包含在逻辑最小化中。如果没有,那么它就没有被包括在内。

到目前为止,我们假定了一个具有清晰整齐模式的理想世界。而现实中,基于观测数据的社会科学研究往往面临着嘈杂的数据。接下来的章节我们将处理数据嘈杂的问题,描述集合论方法应对这一问题的策略。观察整齐集合论和潜在的经验证据之间的差异的一个富有成效的方法是用不完整的真值表来构建它。如果真值表显示出以下一个或两个特征,那么它就是不完整的。首先,案例在真值表某一行的隶属值可能与充分性的声明相矛盾。这些就是矛盾或不一致的行。其次,真值表可能包含没有(或至少没有足够的)经验证据可用的行。这些行被称为逻辑余数,这些行的存在被称为有限多样性现象。这两种不完全真值表形式引起的分析问题是,我们无法确定某些真值表行是否代表给定结果的充分条件。这意味着对于某些真值表行,确定它们是否足以产生结果并不是一件简单的事情。换句话说,我们很难决定是否在布尔最小化过程中包含给定的行。这代表了一个解析问题,因为解公式在很大程度上取决于最小化中包含哪些行的决定。

我们在本章讨论不完美子集关系的现象,在第 6 章将处理有限的多样性。本章首先会介绍逻辑上矛盾的真值表行的概念，并概述处理它们的策略（第5.1节）。我们引入一致性测度作为一种重要的策略，这个策略在充分条件和必要条件分析中都适用。在此之后，我们还引入了覆盖率参数，它表示一个条件的经验重要性（充分性）和相关性（必要性）。我们首先引入充分条件（分别为第5.2节和第5.3节），再引入必要条件（分别为第5.4节和第5.5节）的一致性和覆盖率公式。一如在前几章中的做法，我们会从清晰集开始，然后扩展到模糊集来介绍每一个论证。

一致性的概念对于理解真值表算法（第7章）的逻辑必不可少，它是QCA的核心。因此，对拟合参数的含义和测量有扎实的了解必不可少。更高阶的读者可能想要查阅概览框，以评估自己是否足够熟悉这些问题，如果答案是肯定的话，他们可以简单浏览这一章。

5.1 定义和处理矛盾的真值表行

矛盾的真值表行的概念在清晰集中很容易理解。它描述了这样一种情况：真值表行中的案例在结果中不共享相同的成员数值。换句话说，不会发生这样的情况：同一行既会导致结果的发生，也会导致结果的不发生。由于真值表行本质上是充分性的陈述，同时发生的经验情况暗示了一个逻辑矛盾，因此它意味着非常相同的条件组合（又名真值表行）同时产生了Y和~Y。这导致的结果是这一行的经验证据无法直接决定这一行对于Y和~Y是不是充分的。因此，这些经验案例是否应该包括在结果Y或结果~Y，还是两者都不包括的逻辑最小化分析中，并不简单。但是，它们不能被同时包含在两个最小化程序中。

在进行逻辑最小化之前，我们有几种相互非排他的策略来消解在清晰集QCA或模糊集QCA中逻辑上相互矛盾的真值表行。在逻辑最小化过程中,我们也有另一组策略来处理这些相互矛盾的行(Ragin,1987:113—118; Rihoux and De Meur,2009)。下面我们就来一一介绍。

第一种策略是向真值表添加一个条件。如果在矛盾行中显示性质上不同的结果隶属值的案例在新的条件下也显示性质上不同的结果隶属值,那么矛盾就得到了解决。这是因为通过添加一个新条件,将矛盾的行分割为两行,将具有不同结果隶属值的案例分隔在这两行中。当然,这种策略的缺点是,不仅是矛盾的行,而且所有其他行都被分割为两行,从而使真值表的行数加倍。真值表的行数是条件数(k)的直接函数,如公式 2^k(第 4 章)所示。这反过来又增加了有限多样性的问题(第6章)。

第二种策略是重新确定我们感兴趣的研究案例总体的定义。某些案例可能因此会被排除,也有一些新的案例可能被纳入。通过重新定义范围条件(Walker and Cohen,1985)来改变研究案例总体集合必须以理论为基础。我们不能仅仅因为个案与充分性陈述相矛盾,就以特别的方式加以排除。相反,我们必须明确提出理论和实质性的论点,论证为什么这些案例在性质上是不同的,因此不在分析的范围之内(Ragin and Becker,1992)。这种策略的困难可能在于缺乏可信的理论论据。即使这些条件确实存在,这种范围条件的重新界定也可能伴随着相关理论的改变。反过来,这将对条件和结果的选择及其各自的校准功能产生影响,从而可能产生新的矛盾行。

第三种策略是我们可以重新确定结果或条件的定义、概念化和/或测量方法。通过仔细观察给定一行中相互矛盾的案例的异同,我们可能会发现,对结果或条件的说明太模糊、不精确,或者完全错误。如果是这样,重新规范可能有助于解决不一致的问题。就像重新定义范围条件的情况一样,含义的改变以及因此而校准的概念也必须基于理论论据,否则,这种重新校准策略将退化为生硬的数据拟合练习。

这些方法中的任何一种都有助于解决矛盾真值表行的问题。这些策略属于良好 QCA 实践的标准,它们代表了短语"在想法和证据之间来回"(Ragin,2000)的部分含义,即基于初步的经验见解更新理论、概念和研究设计决策的过程。与此同时，所有的策略都是有代价的，没有一个能保证总是解决每一个逻辑矛盾。因此，在应用的 QCA 中，常常会出现这样的情况：研究人员在进行逻辑最小化时，真值表中依然包含了一些逻辑上矛盾的真值表行。在逻辑最小化过程中，对逻辑上矛盾的行有几种互斥处理策略。

第一，可以从逻辑最小化过程中排除所有矛盾的行。通过这样做，我们只允许完美的子集关系成为充分条件。因此，在这一策略下，任何属于矛盾的真值表行的案例都不会被最后的解项解释或覆盖。第二，可以在逻辑最小化过程中包含所有矛盾的行。这种策略基于这样一个论点：矛盾的行至少使结果的发生成为可能。由此得到的解项表示了使结果成为可能的各种条件结合。所有属于该结果的案例都将由该解项解释或覆盖。然而，缺点是，解项也将覆盖一些不是结果成员的案例。第三，可以用计算机生成所有不一致的行的结果值的假设。然后由计算机决定在逻辑最小化的过程中哪些包含相互矛盾的行，哪些不包含。选择一些相互矛盾的行的唯一基本原则是，它们的包含是否使结果的解项更简约。虽然这三种处理矛盾纠纷的策略都要付出代价，但第三种策略往往是最不合理的，在应用 QCA 中几乎从未遇到过。

事实上，在整本书中，特别是在本章的其余部分，我们提倡用另一种策略来处理矛盾的行、不一致的真值表行和集合关系。这个策略考虑了给定行偏离完美集合关系的程度。例如，考虑以下两个场景。在真值表的一行中，9/10 的案例在结果中具有相同的定性隶属值。因此，一个案例偏离了一般模式，或 90％ 的证据符合子集关系。在另一个真值表行中，6/10 的案例在结果中的隶属值一致。因此，只有 60％ 的经验证据符合子集关系的充分性。这种类型的百分比可以被视为一个重要的衡量标准，以判断特定配置与断言它是结果的充分条件是否一致。我们在本书的其余部分引入该参数作为一致性值。

总而言之，旨在直接化解逻辑矛盾的策略源于集合论方法在定性方法中的锚定。它们提醒我们一个重要的事实，即集合论方法，尤其是 QCA，不仅是数据分析技术，而且是对实际数据分析前后的研究过程有特定要求的研究方法。换句话说，它们反映了 QCA 的双重性质，即同时作为一种研究方法和一种数据分析技术(参见引言,将 QCA 作为一种集合论方法的部分)(Berg-Schlosser,De Meur,Rihoux and Ragin,2008;Wagemann and Schneider,2010)。只有在使用了这些耗时耗力的策略之后仍然存在不一致的行时,才应该在逻辑最小化过程中使用那些处理这些行的策略。在这里,对于应用 QCA 来说,最重要的是使用一致性测量作为指导是否将真值表行纳入逻辑最小化过程的标准。

概览:定义和处理矛盾的真值表行

在处理**矛盾的真值表行**时,在对真值表进行任何**逻辑最小化**之前,我们首先必须决定如何处理这些矛盾的行。这些解决矛盾行的策略包括重新确定解释性模型中的条件,或重新定义研究案例总体的含义。

一致性的衡量标准将在对矛盾行做出决定时提供额外的帮助。一致性得分不是取代而是补充了消除矛盾的定性策略。

5.2 充分条件一致性

我们继续从清晰集 QCA 开始来介绍充分条件一致性概念。最直观地展示这个概念的方法是通过维恩图(Ragin,2006)。图 5.1 显示了三种不同条件(X_1,X_2,X_3)和结果 Y 的维恩图。这三种情况下的集合 X 和集合 Y 的大小保持不变,只是它们的相对位置发生了变化。条件 X_1(左边的维恩图)是结果集 Y 的一个完美子集,而条件 X_2 和条件 X_3 都不是。条件 X_2 和条件 X_3 在违背 Y 的子集关系的程度上是不同的。集合 X_3 在 Y 之外的部分(区域 d)相对于 X_3 的整体大小(区域 b 和区域 d)大于条件 X_2。因此,作为 Y 的充分条件,X_2 比 X_3 更具有一致性。

虽然维恩图很好地掌握了集合-理论一致性的基本概念,但在试图解释如何计算这个拟合参数时,2×2 表更强大。表 5.1 显示了与图 5.1 相同的三个条件和结果,单元格(a—d)对应维恩图中的区域(a—d)。单元格中的数字表示案例的数量,横轴和纵轴分别是案例在条件和结果中的隶属值。

表 5.1　2×2 表:一致和不一致的充分条件

		X_1		X_2		X_3	
结果 Y	1	80 a	100 b	80 a	90 b	80 a	8 b
	0	15 c	0 d	15 c	10 d	15 c	92 d
		0	1	0	1	0	1

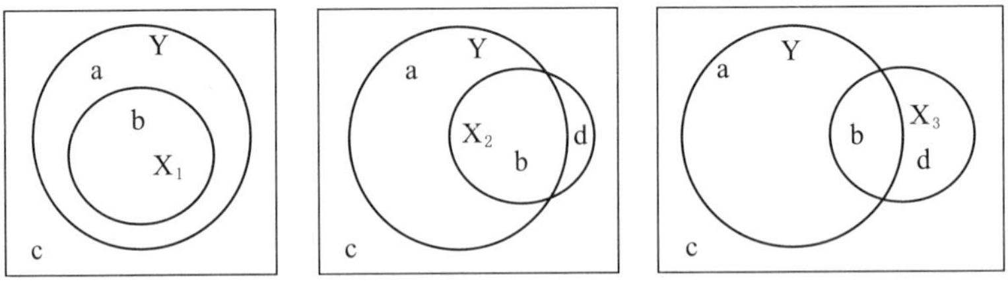

图 5.1　维恩图:一致和不一致的充分条件

我们可以通过表 5.1 清楚地看到条件 X_1 与条件 X_2、条件 X_3 的区别。在条件 X_1 完全一致的情况下,X_1 的所有成员都位于单元格 b 中,而单元格 d 中没有一个成员。这就是为什么在图 5.1 第一个维恩图中没有区域 d 的原因。X_2 中的一些案例和 X_3 中的许多案例属于单元格 d 而不是单元格 b。回想一下,在第 3 章中我们提到,对于充分性的陈述,只有那些属于所谓的充分条件(X=1)的案例才重要。完全一致的充分性要求所有 X=1 的案例都是结果(Y=1)的成员,也就是不应该有案例出现在单元格 d 中。单元格 d 中的案例越多,条件的一致性越小。

拉金(Ragin, 2006)认为,充分条件 X 对于结果 Y 的一致性在数学上可以用单元格 b 中的案例数除以所有对衡量充分性有影响的案例数(即单元格 b 和单元格 d 中的案例数)来表示。因此,在清晰集 QCA

中,X 作为 Y 的充分条件的一致性可以这样计算:

$$X \text{ 作为 } Y \text{ 的充分条件} = \frac{X=1 \text{ 且 } Y=1 \text{ 的案例数量}}{X=1 \text{ 的案例数量}}$$

同样地,可以通过引用 2×2 表中的单元格来表示:

$$X \text{ 作为 } Y \text{ 的充分条件} = \frac{\text{单元格 b 中的案例数量}}{\text{单元格 b+d 中的案例数量}}$$

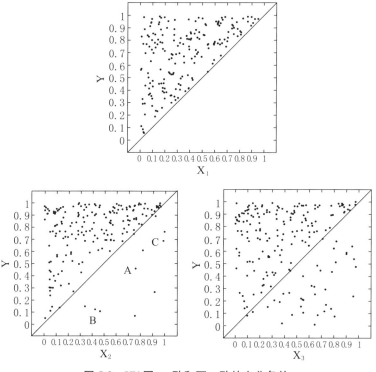

图 5.2　XY 图:一致和不一致的充分条件

如果条件完全一致,则一致性值为 1,一致性值随着不一致性的增强而减小。应用于表 5.1 中的例子,一致性值如下:

$$X_1 = 100/100 = 1$$

$$X_2 = 90/100 = 0.9$$

$$X_3 = 8/100 = 0.08$$

当转换到模糊集时，XY 图可以对子集关系的概念进行最好的表示(第 3.1.2.1 节)。图 5.2 展示了三个这样的 XY 图，沿着图 5.1 和表 5.1 的线，显示了三个不同的充分条件，从左(X_1)到右(X_3)的不一致性不断增加。

当试图计算一致性时，一种方法可能是通过简单地计算符合充分性陈述的案例的数量(即那些在主对角线以上或在主对角线上的案例)，然后用这个数字除以与测试相关的案例的数量(即那些在 X 中隶属值大于 0 的案例)。在针对 X_1 的 XY 图中，由于没有案例在主对角线以下，因此 X_1 的一致性为 1。对于 X_2，195 个 X>0 的案例中有 10 个案例在主对角线以下，因此，X_2 的一致性为 185/195＝0.95。X_3 的一致性为 145/195＝0.74。

不过，这种计算一致性的简单方法是有缺陷的，因为这种方法假定对角线以下的所有案例权重相同。这是不合理的。案例和对角线之间的距离显然很重要，因为远远低于主对角线的案例显然更强烈地偏离所谓的子集关系。例如，图 5.2 中的案例 Λ 在假定的充分条件 X 中有很高的隶属值，但 Y 的值相对较低。因此，它比那些仅略低于主对角线和/或在条件 X 和结果 Y 中只有低隶属值的案例更与充分性陈述相矛盾。

对这些缺陷的补救措施是在计算一致性(和覆盖率，见第 5.3 节)时，利用每个案例在 X 和 Y 中的模糊集成员所传递的更细粒度的信息。这正是拉金(Ragin，2006；2008a:44—68)用他的公式表示模糊充分条件的一致性。对于每一个案例，将 X 和 Y 中隶属值的最小值相加，然后除以 X 的所有案例的隶属值的总和。

$$\text{一致性}_{\text{充分条件}(X_i \leqslant Y_i)} = \frac{\sum_{i=1}^{I} \min(X_i, Y_i)}{\sum_{i=1}^{I} X_i}$$

如果所有案例在 X 中的隶属值都小于在 Y 中的隶属值(这是完全一致的充分性所必需的)，那么分子就简单地变成了所有 X_i 的和，这个公式返回值为 1。对于主对角线以下的案例，它们在 Y 中的成员数提供了最小值。这些案例落在对角线以下越远，它们在 X 和 Y 中的隶属值差就越大，分子的和与分母中 X_i 的和的关系就越小。因此，这种一致性测量考虑了案例在主对角线以下的距离，换句话说，即 X 中的隶属值超过 Y 中的隶属值的距离。

另外，请注意，这个公式是对上述清晰集一致性公式的泛化，并且得到了相同的一致性值（Ragin，2008b：108n.5）。对于清晰集，分母中的 X_i 只能是 0 或 1。因此，所有 X_i 的和等于 X＝1 的案例数。在清晰集中，分子表示我们的 2×2 表（表5.1）中单元格 b 中的案例数。这是唯一一个 X_i 和 Y_i 的最小值为 1 的单元格，因为 X 和 Y 的值都是 1。在其他所有单元格中，X_i 和 Y_i 的最小值为 0，因此分子的值也为 0。

一致性公式用数值表示子集关系程度的方法虽然行得通，但它在应用于模糊集时却有一个特殊的缺点。它没有考虑在 X 和/或 Y 中，不一致的案例是高于不是低于 0.5 的定性锚点。以 X_2 的 XY 图中的案例 A、案例 B 和案例 C 为例。它们到主对角线的距离是相同的。因此，作为 Y 的充分条件，它们同样导致了 X_2 的不一致性。然而，案例 B 和案例 C 与案例 A 有质的区别，这对于评估 X_2 是否可以被解释为 Y 的充分条件很重要。前两种案例显示在 X 和 Y 中的集合隶属值都在 0.5 定性锚点的同一侧——它们要么更多隶属于 X 和 Y（案例 C），要么更多不隶属于 X 和 Y（案例 B）。而案例 A 在 X 和 Y 中的隶属值存在质的差异，其在 X_2 中的隶属值在 0.5 以上，是该条件的一个很好的经验实例。然而，它在 Y 中的隶属值低于 0.5。因此，案例 A 是一个真正的逻辑矛盾的案例，而案例 B 和案例 C 只是不一致的案例。总结一下这个缺点，在清晰集 QCA 和模糊集 QCA 中可能也确实会出现矛盾的真值表行，而且根据定义，它们是不连贯的行。然而，在模糊集中，并非所有不一致的行都自动成为真正的逻辑矛盾[1]。从分析的角度来看，包含真正的逻辑矛盾的不一致子集关系比简单的不一致子集关系更不

---

[1] 真正的逻辑矛盾的概念也可以引申到必要性的陈述。这里，一个真正的逻辑矛盾的情况是 X＜Y 且 X＜0.5 且 Y＞0.5。

符合充分性的陈述。在进行逻辑最小化之前，研究人员需要采取第 5.1 节所述的策略来解决矛盾行。

当确定单真值表行作为充分条件时，研究人员应该参考怎样的一致性值？一致性水平接近 0.5 甚至低于 0.5 的真值表行很明显是要排除的。因为这表明（几乎）一半的经验证据与子集关系在充分性上相矛盾。即使一致性低于 0.75 的值也常常是有问题的，因为它们会对后续的分析产生影响，这一点我们将在本书的其他地方（如第 5.6 节和第 9.1 节）详细说明。如前所述，对于模糊集，我们不仅要考虑一致性得分，而且要考虑是否存在真正的逻辑矛盾案例。[①]在这种情况下，研究人员确认充分条件时要保持更加谨慎的态度。

除了这些粗略的指标之外，我们还想着重强调的是，一致性阈值的确切位置在很大程度上取决于具体的研究背景。换句话说，研究人员不应该通过引用某种普遍接受的一致性阈值来证明他们对一致性阈值的选择，类似于推理统计学中 95% 置信区间的使用。相反，研究人员在做决定时应该参考不同研究的具体特征。

以下的指导方针可以用作一些粗略的衡量标准：从文献中得到的理论预期越精确，一致性要求越高；校准程序对条件和结果的精度和有效性的置信度越高，一致性要求越高；调查案件数量越少，一致性要求越高；逻辑上矛盾的案例越多，一致性要求越高。[②]此外，在 QCA 方法的实际应用中，一致性值相对较高和较低的行之间通常存在明显的差距，这一明显的差异可以用来指导我们进行一致性阈值设置的决策。另外一个不太常用的策略是使用概率论的工具。拉金（Ragin，2000：109—116）建议对较小规模的 N（30 或以下）进行简单的二项式概率检验，当 N 大于此值时进行 Z 检验。也有一些学者将集合关系的评估与

[①]　也许最简单的方法是生成一个 XY 图，并检查右下区域是否包含案例。

[②]　如前所述，使用模糊集的案例即便不是逻辑矛盾的案例，依然会出现与假定的子集关系不一致的情况。在模糊集中，选择 X 作为 Y 的充分条件的一致性阈值时需要一些指导原则：对于模糊集，X 可以是 Y 和 ~Y 的子集。如果 X 对 Y 和 ~Y 都是充分的，那么就会出现逻辑矛盾的问题。因此，只有那些对 Y 显示出高一致性，而对 ~Y 显示出低一致性的行才是充分的。我们将在第 9.2 节中更详细地讨论同时子集关系问题。

概率论的工具结合起来。①到目前为止,R 和 Stata 上的几个软件包不仅可用于集合论分析,而且可以非常方便地进行一致性统计检验和覆盖率统计检验(见第 5.3 节)。显然,这些指导方针并没有提供精确的、普遍适用的一致性值标准。即便是在一个特定的项目中也很难有确定的一致性标准。因此,我们强烈建议研究人员使用不同的一致性阈值进行单独的分析,从而对比发现结果对一致性水平的选择有多敏感。我们将在第 11.2 节的稳健性检验部分进一步详细讨论这个问题。

　　总之,一致性公式表明了充分性陈述与手头的经验证据相一致的程度。条件案例偏离结果子集的数量越多,偏离越强,一致性值就越低。当然,一致性可以计算任意复杂性的充分性的陈述。换句话说,一致性公式中的 X 只是一个集合的占位符,该集合可能由几个集合的逻辑"和"与"或"组合组成。不管有多少个集合与不同的逻辑运算符组合在一起,每种情况在这个复杂的集合中只有一个集合隶属值。这意味着我们既可以为单个真值表行计算一致性值,也可以计算已确定为充分的单一路径的一致性值,甚至是计算一个完整的解公式的一致性值。当计算真值表行一致性时,我们称其为"原始一致性",而当计算整个解决方案的一致性时,我们称其为"解决方案一致性"。

概览:充分条件的一致性

　　一致性为经验案例偏离完美子集关系的程度提供了一个数值表达式。当决定哪些**真值表行**可以被解释为**充分条件**并因此可以被包含在**逻辑最小化**过程中时,这个信息扮演着重要的角色。

　　对于清晰集,不一致主要是因为存在逻辑上矛盾的案例。模糊集的不一致性则不限于逻辑矛盾的情况。因此,我们建议研究人员在将一个充分条件的状态归于真值表行之前,除了一致性值之外,还要检查是否存在真正的逻辑矛盾案例。

---

　　① 请参照 Braumoeller and Goertz,2003;Dion,2003;Caramani,2009;Eliason and Stryker,2009。

一致性既可以计算单一条件，也可以计算更复杂的集合逻辑关系组合。

研究人员应该通过参考研究的特定特征来确定它们的一致性阈值，例如理论期望的强度和数据的质量等。充分条件的一致性值最好大于 0.75。

5.3 充分条件覆盖率

一旦通过一致性参数建立了子集关系，我们就可以提出另一个问题：子集（X）和超集（Y）之间的大小关系是什么？这个问题的答案表达了结果 Y 在多大程度上被条件 X 覆盖，从而说明了 X 对解释 Y 的经验重要性。

让我们考虑图 5.3 中描述的三种情况。对于相同的结果 Y，它显示了三个不同的条件（X_1 到 X_3）。这三个条件在作为充分条件的不一致性方面是相同的（在所有三个维恩图中，区域 d 与区域 b 和区域 d 的比值是相等的）。这三者的不同之处在于 X 的集合相对于 Y 的集合的大小，条件 X_1 大于条件 X_2 大于条件 X_3。由于 Y 的集合是常数，并且区域 b 和区域 d 之间的比例保持不变，X 的集合大小的变化意味着 Y＝1 的案例数量的变化，它们分别由 X_1、X_2 和 X_3 覆盖。换句话说，X_1、X_2 和 X_3 具有不同的覆盖率，它表示充分条件 X 的一致部分与结果 Y 的重叠程度。

让我们来举例详细解释一下：假设 Y 是考试分数高的学生的集合，X_1 是学习努力的学生的集合，X_2 是学习努力且有才华的学生的集合，X_3 是学习努力、有才华但作弊的学生的集合。当然，X_3 的会员资格更难获得，因为我们要求学生的各种特征共同存在。这就是为什么 X_3 小于 X_2 和 X_1。这还暗示结果 Y 中共享集合 X_3 所表示特征的成员较少。

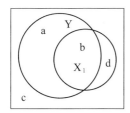 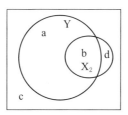 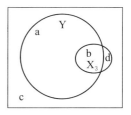

图 5.3　维恩图：覆盖一致性的不同水平

表 5.2 表示的经验信息与图 5.3 中的维恩图相同。在这三种情况中，作为结果成员的案例数（Y＝1）保持不变（210），并且一致性值相同。[1]

这三种情况的不同之处在于，当我们从条件 X_1 移动到 X_2，然后再移动到 X_3 时，在各自的条件 X 中具有成员的案例的数量减少了。同时，隶属于 Y 的案例的数量是恒定的。就 2×2 表中的单元格而言，这意味着，随着越来越多的案例从单元格 b 移动到单元格 a，X 的一致部分占 Y 案例总数的比例在下降。X 的一致部分占 Y 的比例越来越小。计算 X 对 Y 的覆盖率的公式如下（Ragin，2006，2008a：44—68）。

$$X \text{ 作为 Y 的充分条件的覆盖率} = \frac{X＝1 \text{ 且 } Y＝1 \text{ 的案例数量}}{Y＝1 \text{ 的案例数量}}$$

表 5.2　2×2 表：覆盖一致性的不同水平

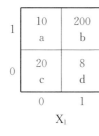 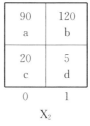 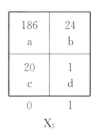

对应 2×2 表中的单元格，覆盖率的计算公式如下：

$$X \text{ 作为 Y 的充分条件的一致性} = \frac{\text{单元格 b 中的案例数量}}{\text{单元格 a＋b 中的案例数量}}$$

在此基础上，我们可以求得充分条件 X_1、X_2、X_3 的覆盖率如下：

---

[1]　$X_1 = 200/208 = 0.96$；$X_2 = 120/125 = 0.96$；$X_3 = 24/25 = 0.96$。

$$X_1 = 200/210 = 0.95$$
$$X_2 = 120/210 = 0.57$$
$$X_3 = 24/210 = 0.11$$

从图 5.3 的维恩图中我们也可以很直观地看到 X_1、X_2、X_3 在覆盖率上的区别。X_1 的覆盖率高于 X_2 的覆盖率高于 X_3 的覆盖率。在清晰集中,完全覆盖指的是单元格 a 完全没有案例的情况。

对于模糊集,我们必须使用 XY 图。图 5.4 显示了三种情况,它们都具有相同的一致性值(0.91),但覆盖率不同。当我们从 X_1 到 X_2,再到 X_3 时,我们看到案例越来越接近 y 轴,即 X 接近于 0——这和表 5.2 的 2×2 表呈现的特征很像。

除了一致性的计算公式,拉金(Ragin,2006,2008a:ch.3)同样提出了计算充分条件的覆盖公式,这个公式利用模糊集中包含的更精细的信息,如下所示:

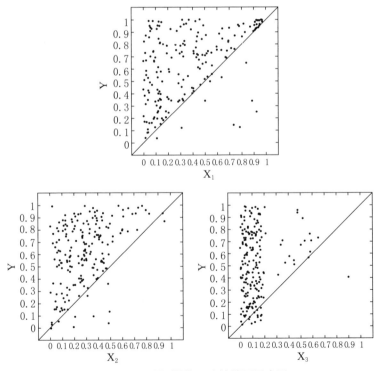

图 5.4　XY 图:覆盖一致性的不同水平

$$覆盖率_{充分条件(X_i \leqslant Y_i)} = \frac{\sum\limits_{i=1}^{l} \min(X_i, Y_i)}{\sum\limits_{i=1}^{l} Y_i}$$

根据图 5.3 中的三个 XY 的面积关系,我们得到的覆盖率值如下:

$$X_1 = 0.81, \quad X_2 = 0.6, \quad X_3 = 0.19$$

三者覆盖率值上的差异确认了我们对图 5.4 的视觉印象 X_1 在经验上比 X_2 更重要,而 X_2 比 X_3 更重要。

在图 5.4 中,左上角的案例越多,离主对角线越远,充分条件的覆盖范围就越低。这些左上角的案例是结果的良好经验实例(对 Y 的隶属值高),但我们对这些结果缺乏充分的解释,因为这些案例是充分条件的弱经验实例(对 X 的隶属值低)。[1]覆盖率公式考虑了案例与主对角线的距离,也就是说有多少案例在 Y 上的模糊集隶属值没有被它们在 X 中的隶属值所覆盖。图 5.4 左上角的案例对分子中的总和贡献很小(它们的 X 值很小),而对分母(它们的 Y 值很大)贡献很大。

可以看出,对于模糊集,覆盖率的计算也考虑了隶属于 X 但不隶属于 Y 的那部分案例。[2]因此,覆盖率也会由于与充分性陈述不一致的案例而提高。这是覆盖参数的一个缺陷。但是,我们也可以认为这个缺陷的影响是有限的,它通常不会引起对结果解释的实质性变化。[3]这种非实质性影响主要是因为覆盖率的以下几个特性:首先,并不是所有不一致的案例都被计算到覆盖公式中,而只是在 Y 中实际被 X 覆盖的那部分成员。其次,覆盖只针对已经超过一致性阈值的案例。这确保了主对角线以下的案例(远低于主对角线)的数量很小,因此它们对覆盖公式的扭曲影响较小。顺便提一下,这为反对选择一致性水平过低案例提供了另一个理由,因为它会过度地提高(太不一致)充分条件的覆盖值。从

---

[1]　左上角对应于我们的维恩图(图 5.3)和我们的 2×2 表(表 5.2)的单元格 a。

[2]　这个问题不会影响清晰集 QCA,因为每个不一致的案例在 Y 中的隶属值都是 0。因此,对于每个不一致的案例,覆盖公式中的分子和分母都要加上 0。

[3]　在第 9.2.1 节中,我们将说明在哪些情况下覆盖率公式的这一特性会产生误导性的结果,并提出替代覆盖率公式的建议。

所有这些可以得出一个明确的经验法则：充分条件的一致性必须总是在其覆盖率之前计算，并且覆盖率只对通过一致性检验的条件进行计算(Ragin，2006)。[1]计算和解释一个不充分的条件的覆盖率是没有意义的。

回想一下，等价性是集合论方法认识论基础以及 QCA 的重要组成部分(第3.3节)。不同的条件(或两者的组合)会导致相同的结果。因此，我们可以也应该分别计算这些不同部分的覆盖率(Ragin，2006，2008a：54—68)。应该确定每条路径所覆盖的结果有多少，这被称为原始覆盖率。我们可能还想知道有多少结果仅由特定路径——唯一覆盖率——覆盖。原始覆盖率和唯一覆盖率之间的区别很重要，因为不同的充分路径可以重叠。[2]在这些案例中，多条路径都可以产生相同的结果，也就是说出现这种结果的原因不只一个。注意，如果解项中没有逻辑冗余路径(第4.3.2节)，那么所有路径的唯一覆盖率都大于0。我们还感兴趣的是找出整个解项覆盖了多少结果，即所谓的解项覆盖率。例如，考虑等价解项～A～C＋～BC＋F～D→Y，我们可以分别计算充分路径～A～C、～BC 和 F～D 的原始覆盖率和唯一覆盖率。此外，我们还可以计算～A～C＋～BC＋F～D 解项的覆盖率。

我们前面说的充分性覆盖率的计算公式对于原始覆盖率、唯一覆盖率、方案覆盖率的计算都是适用的。在运用覆盖率公式时我们需要更改的只是这个公式中的占位符 X 所代表的内容：每个案例在感兴趣的路径中的成员关系。例如，案例在术语～A～C(原始覆盖率)中和在整个解项(解项覆盖率)中代表的成员关系是不同的。唯一覆盖率是通过从解项覆盖率中减去除我们感兴趣的唯一覆盖率之外的所有路径获得的覆盖率来计算的。例如，路径～A～C 的唯一覆盖率可使用以下方式计算：

唯一覆盖率～A～C＝解项覆盖率－覆盖率(～BC＋F～D)

图5.5 的维恩图为我们直观地呈现了不同类型的覆盖之间的关系。如图5.5 所示，Y 的解项关系如下：

---

① 这与多元回归中的情况类似，在多元回归中，β 系数只能用于显著变量。
② 回顾第2.2节，QCA 解公式中使用的逻辑或运算符是非排他逻辑或。一个相同的案例可以是多个充分条件或路径的成员。

$$X_1 + X_2 + X_3 \rightarrow Y$$

矩形框表示研究中的所有案例。结果集合 Y 是其中最大的集合，每个圆代表三条充分路径 $X_1 - X_3$ 中的一条。在这里，$X_1 - X_3$ 的充分路径可以是单个条件，也可以是条件组合。此外，由于 $X_1 - X_3$ 的圆完全包含在 Y 的集合中，它们都是 Y 的充分条件，并且每一条路径和整个解项的充分条件一致性得分都是 1，因此它们之间的不同在于原始覆盖率和唯一覆盖率的差别。

每一个路径的原始覆盖率表示的是 X 与 Y 的面积大小关系。可以看出，区域（IV）大于区域（I）和（II）之和，且大于区域（II）和（III）之和，所以 X_2 的原始覆盖率比 X_1 和 X_3 高。唯一覆盖率指的是一个充分条件与其他的充分条件不重叠的区域。因此，如图 5.5 所示，路径 X_1 和 X_3 部分重叠。因此，X_1 的唯一覆盖面积等于区域（I）的面积，X_3 的唯一覆盖面积等于区域（III）的面积。条件 X_2 不与任何其他路径重叠，因此其唯一覆盖面积与原始覆盖面积是相同的。最后，$X_1 + X_2 + X_3 \rightarrow Y$ 的解项的覆盖率是区域（I）至区域（IV）相对于 Y 的面积的和，因为我们可以看出，三条路径组成的充分条件方案并没有填满结果 Y 的整个圆，所以我们说解项的覆盖率低于 1。

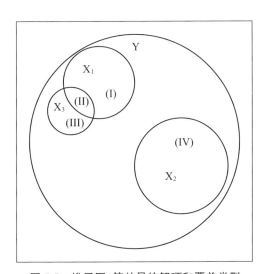

图 5.5 维恩图：等效最终解项和覆盖类型

覆盖率(以及一致性)的计算对技术性要求并不是很高,所以除了Tosmana 1.3.2 之外所有相关软件包都自动提供了这些拟合参数。不过我们在这里还是演示一下如何手动计算覆盖率(和一致性)。我们用韦斯(Vis, 2009)[①]的一个例子来说明这一点,这个研究的目的是解释为什么西欧的一些政府会进行不受欢迎的改革(U)。这项研究发现,政府的弱势政治地位(P)加上弱势的社会经济状况(S),或右翼政府(R)加上弱势的社会经济状况(S)是不受欢迎的改革的充分条件。其解项公式如下:

$$P^*S + R^*S \rightarrow U$$

表 5.3 包含了 25 个案例在解项和结果中的隶属值。此外,最后一列表示每个案例在解项和结果当中的最小隶属值,这个值至关重要,因为它是我们用来计算一致性和覆盖率的分子。计算解项覆盖率很简单,我们只要将"min(PS+RS, U)"列中的值相加,并将其除以结果 U 列中的隶属值的总和,这样就得到了 PS+RS 的覆盖率:

$$解项的覆盖率(PS+RS) = 10.96/12.74 = 0.86$$

每一个在结果 U 中成员隶属值高于解项 PS+RS 的案例都是不完美的覆盖。在这其中,像科克 I 或 N.拉斯穆森 IV 这样的情况尤其引人注目,因为它们的成员隶属值在结果集 U 之内,但是在两个充分路径之外,也就是说,这种案例无法用解项 PS+SR 来解释。

事实上,PS+RS 方案的一致性计算同样简单。我们只需要简单地将最后一列的值再次相加,但这次要除以路径 PS+RS 中的值之和:

$$方案一致性 = 10.96/12.12 = 0.90$$

方案 PS+RS 在一致性上的不完美是由那些隶属值在方案 PS+RS上超过 U 的案例导致的,例如科克 II,施罗德 I,施吕特 IV 和 V 这些案例。

---

① 在本书的剩余部分,我们反复引用来自这个例子和其他几个已出版的例子的数据,并且我们将在后面(第 8.2 节)进一步详细介绍这项研究。

表 5.3　解项和结果中的模糊集隶属值

政　　府	解决方案	结果	min(PS+
	PS+RS	U	RS，U)
吕贝尔斯 I	0.83	0.83	0.83
吕贝尔斯 II	0.33	0.33	0.33
吕贝尔斯 III	0.60	0.67	0.60
科克 I	0.40	0.67	0.40
科克 II	0.33	0.17	0.17
巴尔克嫩德 II	0.67	0.83	0.67
科尔 I	0.33	0.33	0.33
科尔 II	0.17	0.17	0.17
科尔 III	0.33	0.33	0.33
科尔 IV	0.67	0.67	0.67
施罗德 I	0.33	0.17	0.17
施罗德 II	0.83	0.83	0.83
施吕特 I	0.33	0.33	0.33
施吕特 II	0.60	0.67	0.60
施吕特 IV	0.67	0.17	0.17
施吕特 V	0.67	0.33	0.33
N.拉斯穆森 I	0.17	0.17	0.17
N.拉斯穆森 II(&. III)	0.60	0.83	0.60
N.拉斯穆森 IV	0.33	0.67	0.33
撒切尔 I	0.83	0.83	0.83
撒切尔 II	0.33	0.67	0.33
撒切尔 III	0.67	0.67	0.67
梅杰 I	0.60	0.67	0.60
布莱尔 I	0.17	0.40	0.17
布莱尔 II	0.33	0.33	0.33
模糊集隶属值	(a) 12.12	(b) 2.74	(c) 10.96
充分条件覆盖率(c/b)		0.86	
充分条件一致性(c/a)		0.90	

资料来源：Vis，2009。

原始覆盖率和唯一覆盖率的计算同样简单。接下来我们演示一下如何计算路径 PS 的覆盖率。表 5.4 显示了每种案例在路径 PS、结果 U 中的模糊集隶属值，以及这两个集合之间的最小值。

我们首先将最后一列的分数相加，并将其总分除以各列 PS 的总和，就会得到 PS 的一致性值为 7.94/8.69＝0.91。而 PS 的原始覆盖率为 7.94/12.74＝0.62。

为了计算路径 PS 的唯一覆盖率，我们需要从解项覆盖率中减去除 PS 外任何其他路径可以覆盖的所有内容。由于在我们的例子中只有一个其他路径(RS)[1]，我们必须计算 RS 的覆盖项(0.71)，然后从解项覆盖率(0.86)中减去它，从而得到路径 PS 的唯一覆盖率：

$$PS：0.86－0.71＝0.15$$

路径 RS 唯一覆盖率的计算(表 5.4 中未显示)同样简单。从解项覆盖率中，我们减去路径 PS 的原始覆盖率：

$$唯一覆盖率 RS：0.86\quad 0.62＝0.24$$

从唯一覆盖率可以看出，每条路径都对解项覆盖率有其独特的贡献。一般而言，不应过度解释覆盖年龄水平的边际差异。如果一个案例仅在一个充分路径中拥有高于 0.5 的隶属值，则该案例将被唯一覆盖[下文第 11.4 节中的内容，以及施奈德和罗尔夫(Schneider and Rohlfing, in press)的研究]。在我们的例子中，在五个成员隶属值属于路径 PS 的案例中，只有两个案例——施罗德 II 和拉斯穆森 II(& III)——是唯一覆盖的。另外三个案例在路径 RS 中隶属值也大于 0.5。反过来，路径 RS 有 10 个隶属值大于 0.5 的案例，其中 7 个是由该路径唯一覆盖的。因此，路径 RS 在经验上比路径 PS 更重要，其重要性超出了仅比较它们独特的覆盖公式所反映的程度。因此我们建议研究人员在实际应用中不仅应该计算、报告和解释原始的和唯一的

---

[1]　如果解项包含超过两个路径，则我们必须计算除我们感兴趣的路径之外的所有路径的联合覆盖率。简单地将所有这些路径的原始覆盖率相加是不正确的，因为路径可能部分重叠。

表 5.4　路径 PS 和结果中的模糊集隶属值

政　　府	路径	结果	min(PS，U)
	PS	U	
吕贝尔斯 I	0.33	0.83	0.33
吕贝尔斯 II	0.17	0.33	0.17
吕贝尔斯 III	0.33	0.67	0.33
科克 I	0.17	0.67	0.17
科克 II	0.33	0.17	0.17
巴尔克嫩德 II	0.67	0.83	0.67
科尔 I	0.17	0.33	0.17
科尔 II	0.17	0.17	0.17
科尔 III	0.17	0.33	0.17
科尔 IV	0.67	0.67	0.67
施罗德 I	0.33	0.17	0.17
施罗德 II	0.83	0.83	0.83
施吕特 I	0.33	0.33	0.33
施吕特 II	0.33	0.67	0.33
施吕特 IV	0.33	0.17	0.17
施吕特 V	0.6	0.33	0.33
N.拉斯穆森 I	0.17	0.17	0.17
N.拉斯穆森 II(&. III)	0.6	0.83	0.6
N.拉斯穆森 IV	0.33	0.67	0.33
撒切尔 I	0.17	0.83	0.17
撒切尔 II	0.33	0.67	0.33
撒切尔 III	0.33	0.67	0.33
梅杰 I	0.33	0.67	0.33
布莱尔 I	0.17	0.4	0.17
布莱尔 II	0.33	0.33	0.33
模糊集隶属值总和	(a) 8.69	(b) 12.74	(c) 7.94
充分条件覆盖率(c/b)		0.62	
充分条件一致性(c/a)		0.91	

资料来源：Vis，2009。

覆盖率值，还应该回到案例中，确定唯一覆盖的案例。

值得注意的是，为了保持一致性，我们认为原则上存在一个较低的阈值，当然这个阈值的精确位置需要判断（第5.2节）。但是覆盖率并不存在较低的阈值。这样做的原因是一致性确定了子集关系是否存在，而覆盖率表示了子集关系在经验上的重要性。覆盖率低的条件只覆盖了一小部分感兴趣的结果，但这一小部分可能具有巨大的理论或实质性重要性。当然，那些唯一覆盖率为0的充分性解项则应予以忽略或谨慎解释。当解项中包含逻辑冗余的素数蕴涵时（第4.3.2节），这种零覆盖总是会发生。

概览：充分条件覆盖率

充分条件覆盖率表示所讨论的条件覆盖（解释）了多少结果。这个公式把分子上所有X和Y的最小值都加起来，然后除以所有Y值的和。

原始覆盖率表示在结果中有多少成员被单一路径中的成员所覆盖；**唯一覆盖率**表示单一路径唯一覆盖的范围。**解项覆盖率**表示整个解项覆盖了多少内容。

覆盖率所表达的经验重要性与充分条件的理论或实质上的相关性并不相同。低覆盖率的路径可能仍然具有很大的实质性意义。

唯一覆盖的案例是仅在一个充分路径中隶属值高于0.5的案例。当实质性地解释足够的路径并评估其重要性时，研究人员应该参考这些独特覆盖的案例。

与**一致性**的情况不同，覆盖率没有更低的阈值。

5.4 必要条件一致性

一致性的概念可以适用于必要条件的分析，在一定条件下的覆盖率的计算同样可以适用于必要条件。如果 X 对 Y 是必要的,那么 X 是 Y 的超集,而如果 X 对 Y 是充分的,那么它是 Y 的子集(第 3 章)。这种必要性和充分性之间的镜像关系的一个结果是,拟合参数的公式是密切相关的。事实上,正如我们现在将要看到的,充分条件一致性的公式在数学上与必要条件覆盖率的标准公式相同,而充分条件覆盖率的公式在数学上与必要条件一致性的公式相同。下面,我们将解释这些公式的基本原理。

让我们先看一下下面三个 2×2 表。这三个表格显示的结果 Y 都是相同的,但是条件(X_4、X_5 和 X_6)不同。表格单元格中的数字表示案例数。

如果一个条件是结果的必要条件,那么当条件不存在时,结果也不会存在。这意味着 2 × 2 表中的单元格 a 必须为空。我们在前面第 3.2.1.1 节已经说到,在分析结果 Y 的必要性时,不显示结果的案例是不相关的。这意味着在 2×2 表中单元格 c 和单元格 d 与评估必要性无关。因此,一个条件与必要性陈述的一致程度取决于单元格 a 和单元格 b 中的案例的比例。如果所有这些案例都位于单元格 b 中,则该条件完全一致。这些案例落在单元格 a 中越多,一致性就越低。

表 5.5　2×2 表:一致和不一致的必要条件

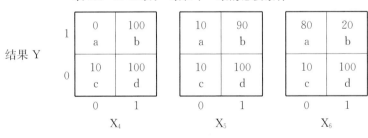

对于条件 X_4,表 5.5 中的单元格 a 为空,因此它是 Y 的完全一致的必要条件。X_5 和 X_6 这两个条件在单元格 a 中都包含案例,所以 X_5 和 X_6 不是 Y 的完全一致的必要条件。可以看出,X_6 和 X_5 相比有更多的案例在单元格 a 中,所以 X_6 作为必要条件的不一致要高于 X_5。拉金(Ragin,2006)给出了以下公式来计算必要条件的一致性:

$$X\text{ 作为 }Y\text{ 的必要条件的一致性}=\frac{X=1\text{ 且 }Y=1\text{ 的案例数量}}{Y=1\text{ 的案例数量}}$$

在分子中，我们将所有同时属于结果和必要条件的案例相加。在分母中，我们把结果中的所有案例加起来。应用于表 5.5，公式可重写为：

$$X\text{ 作为 }Y\text{ 的必要条件的一致性}=\frac{\text{单元格 b 中的案例数量}}{\text{单元格 a＋b 中的案例数量}}$$

插入条件 X_4，X_5 和 X_6 的值，我们得到以下作为必要条件的一致性值：

$$X_4=100/(0+100)=1$$
$$X_5=90/(10+90)=0.9$$
$$X_6=20/(20+80)=0.2$$

在讨论充分条件一致性和覆盖率时，我们已经指出在模糊集中应该使用包含在模糊集隶属值中的更细粒度的信息。这一原则同样适用于处理必要条件一致性和覆盖率。在模糊集中，必要条件一致性计算的是每个案例在 X 中的隶属值等于或大于其在 Y 中的隶属值的程度。在计算必要条件一致性时，我们因此将每个案例在 X 中与必要性陈述一致的隶属值与每个案例在 Y 中的隶属值之和联系起来。其逻辑可以用以下公式表示（Ragin，2006）：

$$\text{一致性}_{\text{必要条件}(X_i\leqslant Y_i)}=\frac{\sum_{i=1}^{I}\min(X_i,Y_i)}{\sum_{i=1}^{I}Y_i}$$

如果所有案例的 X 值都等于或大于它们的 Y 值，那么它们都在主对角线以下或在主对角线上，公式的一致性值为 1，因为所有案例在 X 和 Y 中的最小值都是 Y 值。在 Y 中显示的成员数超过其在 X 中的成员数的案例越多（并且在这些案例中，Y 超过 X 的数量越大），在对角线上方的案例就越多（并且在对角线上方的位置越远）。在这种情况下，分子的值比分母的值小，必要条件一致性值与 1 的偏差更大。

让我们用一个例子来简单地演示这个公式。施奈德、舒尔茨-本特洛普和波内斯库（Schneider，Schulze-Benentrop and Paunescu，2010）做了一个研究来分析 1990—2003 年 19 个经济合作与发展组织国家在1990—2002 年间（案例数 N＝76），哪些条件是其高科技产品出口占所有出口（EXPORT）的高份额的必要条件。他们在研究中筛选了以下几个条件：高失业保护（EMP）、集体谈判（BARGAIN）的高覆盖率、受过大学教育的公民的比例高（UNI）、受过职业训练的公民的比例高（OCCUP）、本土公司在股票市场资本的高份额（STOCK），以及衡量机构套利的跨境并购的高份额（MA）。[1]表 5.6 显示了按一致性值排序的所有条件及其补充。[2]

可以看出条件 STOCK 具有最高的必要条件一致性值（0.89）。研究人员可能会以此为依据认为 STOCK 是一个重要的必要条件。然而当我们通过 XY 图（图 5.6）来观察 STOCK 条件的案例时却会发现一些问题。首先，有相当多的案例落在对角线之上。其次，在不一致的案例中，有两个案例是逻辑矛盾的案例（第 5.2 节）：1995 年的法国（STOCK＝0.41；EXPORT＝0.62），2003 年的德国（STOCK＝0.49；EXPORT＝0.69）。这两个案例与其说是脱离所谓的必要条件，不如说是脱离了结果。因此，把 STOCK 解释为 EXPORT 的必要条件是不合理的。

表 5.6　单一条件的必要性分析

条件	一致性	条件	一致性
STOCK	0.89	OCCUP	0.58
UNI	0.81	～BARGAIN	0.50
MA	0.72	～MA	0.50
～OCCUP	0.71	～UNI	0.31
BARGAIN	0.68	～STOCK	0.24
～EMP	0.64		

资料来源：Schneider et al.，2010:255。

---

[1]　数据矩阵可以在在线附录中找到（www.cambridge.org/schneider-wagemann）。
[2]　有关使用软件包计算的第 5 章在线操作指南，请访问网址：www.cambridge.org/schneider-wagemann。

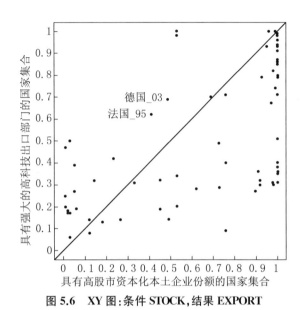

图5.6　XY图：条件 STOCK，结果 EXPORT

总的来说，就像前面章节我们强调对充分性的评估一样，对必要性的审慎评估也很重要。研究人员不仅要参考一致性水平，而且还要检查是否存在真正的逻辑矛盾案例。对于必要条件，一致性阈值至少为0.9才似乎是可取的（Ragin，2006），这是因为较高的一致性值降低了真正的逻辑矛盾的可能性。在第9.1节中，我们为必要条件的高一致性级别提供了进一步的理由[1]。

必要条件一致性的公式对于读者来说应该很熟悉。事实上，它在数学上与计算充分条件覆盖率的公式是相同的。然而，二者在实质性的解释上有很大的不同。对必要条件进行一致性测试的目的是确定结果 Y 在多大程度上是条件 X 的子集。必要条件一致性是期望许多（如果不是大多数）案例在 Y 中显示的隶属值小于它们在 X 中各自的隶属值。充分条件覆盖率的目的是找出结果 Y 中被一致的充分条件 X 覆盖的那部分。这意味着我们已经知道 Y 是 X 的一致（足够）超集，因此大多数情况下 Y 值会大于 X 值。研究的一个实际含义是，一致性的计

---

[1]　为了预测这些论点：高一致性阈值也有助于避免以下问题：（1）必要条件在充分解中消失（隐藏的必要条件）；（2）错误的必要条件出现在充分解中（错误的必要条件）。

算必须始终早于覆盖率的计算。首先,解释一个不一致的必要或充分条件的范围是否毫无意义。此外,在解释从一致性和覆盖率公式获得的结果时,这样的先后顺序也避免了混淆(Ragin,2008a:63)。

概览:必要条件一致性

必要条件一致性是评估手头的经验信息在多大程度上符合必要性的陈述,即结果在多大程度上可以被认为是条件的子集。在**模糊集**中,必要条件一致性也和**充分条件**一致性一样,既考虑有多少案例偏离了必然性,又考虑它们偏离的程度。

虽然必要条件一致性在数学计算公式上和充分性的覆盖率是一样的,但二者的实质内涵是完全不同的。

5.5 必要条件覆盖率

前面章节已经说明,必要条件一致性与充分条件覆盖率计算公式是相互等价的。大家可以因此推断,必要条件覆盖率与充分条件一致性计算公式也是等价的。也就是说,必要条件覆盖率的公式应等于充分条件一致性的公式,因此,对于清晰集,必要条件覆盖率公式应该是这样的:

$$X 作为 Y 的必要条件的覆盖率 = \frac{X=1 且 Y=1 的案例数量}{X=1 的案例数量}$$

应用 2×2 表中的单元格,公式为:

$$X 作为 Y 的必要条件的覆盖率 = \frac{单元格 b 中的案例数量}{单元格 b+d 中的案例数量}$$

或者,同时适用于清晰集和模糊集的公式为:

$$X 作为 Y 的必要条件的覆盖率 = \frac{\sum_{i=1}^{I} \min(X_i, Y_i)}{\sum_{i=1}^{I} X_i}$$

事实上,这些的确是拉金(Ragin，2006a，2008a:61)提出的覆盖必要条件的公式,并且这些计算都可以在相关软件中实现。

必要条件覆盖率公式表示结果集 Y 相对于集合 X 小多少。根据这个公式,如果 X 和 Y 的大小大致相等,那么 X 作为必要条件的覆盖率是高的。换句话说,X 的大小超过 Y 越多,X 作为必要条件的覆盖率就越低。

然而,覆盖率这个名词在应用到必要条件时是存在误导性的。想想看,如果 X 作为必要条件通过了我们的一致性检验,那么,根据定义,X 是 Y 的超集,因此 X 完全覆盖 Y。换句话说,由于 X 是必要条件,X 总是完全覆盖 Y 中的所有隶属案例。拉金(Ragin，2008a:60—63)和格尔茨(Goertz，2006a)因此指出,在处理必要条件时,除了一致性外,关键问题是处理必要条件的相关性(拉金)或微不足道性(格尔茨)。因此,尽管这些参数都是对称的,但对于必要性和充分性的覆盖率值的解释是根本不同的。

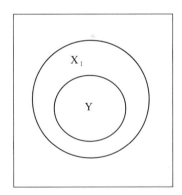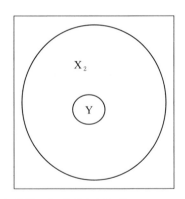

图 5.7　维恩图:微不足道和非微不足道的必要条件

为了理解相关性和微不足道性的含义,请考虑图 5.7 中的两张维恩图。假设 Y 是某国议会中议员们有爆粗口行为的一组演讲。X_1 是男性议员的集合,X_2 是出生在该国的议员的集合。显然,这两个条件都是结果的完全一致的超集,因此它们都满足了作为必要条件的要求。集合 X_1 和 Y 的大小关系比集合 X_2 和 Y 的大小关系比例更大,因此,如果我们将覆盖率公式应用于这两个经验场景,X_1(男性)会得到更高的分数,因此被认为比 X_2(出生在该国)更适合作为爆粗口行为的必要条件。X_2 是 Y 的一个微不足道的必要条件,只是因为出生在这个国家的议员(X_2)比在议会辩论期间爆粗口的议员(Y)多得多。拉金(Ragin,2006)提出的覆盖率公式在此充分地描述了这种微不足道的形式。

让我们将拉金的覆盖率公式应用到施奈德等人(Schneider et al.,2010)的例子中,从而探讨必要条件覆盖率阈值的意义。施奈德等人(Schneider et al.,2010:255)在其研究中提出条件 MA 和条件 STOCK 是功能对等的(什么是功能对等物,可以参见第 3.2.1.2 节)。如表 5.7 所示,术语 MA+STOCK 的一致性值高于 0.9 阈值。

表 5.7 必要性分析,功能等价

条　件	一致性	覆盖率
STOCK	0.89	0.72
MA+STOCK	0.92	0.68

资料来源:Schneider et al.,2010:255。

MA+STOCK 的覆盖率值为 0.68。这比 STOCK 本身的覆盖率值还要低。[①]这表明,与结果集相比,逻辑或集合的规模增加了,这是因为通过逻辑或形成的组合集在取值时需要取每个案例在集合之间的最大值(参见第 2.4 节)。由于结果 Y 的隶属值保持不变,所以与集合 Y 和 STOCK 之间的大小关系相比,Y 和 MA+STOCK 之间的大小关系增加了。大家对比图 5.6 和图 5.8 就可以发现,图 5.8 中有更多的案例落在图的右边。

关于覆盖率公式,有两点值得一提。首先,必要条件覆盖率的值往往很高,这一点与充分条件覆盖率不同。在研究实践中,必要条件覆盖

---

①　然而,在这两个分析中,同样出现了两个真正的逻辑矛盾案例(1995 年的法国和 2003 年的德国),这进一步说明仅凭高一致性值往往不足以对一个集合关系做出明确的陈述。

率远低于 0.5 的值很少,接近 0 的值几乎从未见过。这表明,在评估必要条件的相关性时,研究人员不应被看似高的覆盖率值所误导。此外,研究人员应该始终仔细检查 XY 图,以确定大多数案例是否聚集在接近垂直右轴的位置。

与正确解释评估的覆盖率的相关性有关的第二个问题是:即使条件 X 的大小与结果 Y 大致相等,条件 X 作为必要条件也可能是微不足道的。这种情况一般发生在不仅 X,而且 Y 的大小都非常大,二者都接近于常量之时(Goertz,2006a)。在这种情况下,必要条件覆盖率的值会很高,研究人员因此可能倾向于将 X 解释为非常重要的必要条件。不过,由于 X 和 Y 都很大,几乎覆盖了所有的案例,因此它们非常接近通用集。事实上,一个必要条件的微不足道性有两个来源:第一,X 比 Y 大得多;第二,X 和 Y 接近于常数。这两种微不足道性的来源都需要考虑,因为在这两种情况下,没有任何条件能被解释为必要的。然而,目前占主导地位的必要条件覆盖率公式,也就是我们在这里提出

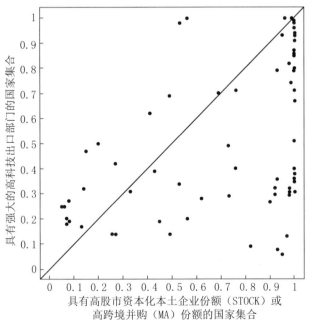

图 5.8　XY 图:条件 MA＋STOCK,结果 EXPORT

的公式只能很好地处理微不足道的必要性的第一个来源。在第 9.2.1 节中,我们对这个问题进行了详细的讨论,并提出了一个计算必要条件相关性的替代公式,该公式还考虑了微不足道的必要性的第二个来源。

概览:必要条件覆盖率

对必要条件**覆盖率**的测量应该解读为**必要条件**的**相关性**测量更为适宜。

必要条件覆盖率的高值表示相关,而低值表示微不足道。

作为必要条件通过**一致性**检验的条件不应直接被视为重要的必要条件,因为必要条件还需要通过相关性测量的检验。

不过需要注意的是,必要条件覆盖率测量只捕获了必要条件相关性的一种来源。必要条件覆盖率是在检测结果集是否比条件集小得多,但不能捕获条件和结果是否都是(接近)通用集。

5.6 与一致性和覆盖率相关的问题

一致性和覆盖率的概念强化了集合论方法,特别是 QCA 方法的可信度和可操作度,使其成为分析社会科学问题的更适当和更有用的工具。一致性和覆盖率让集合论和形式逻辑即便在嘈杂的社会科学数据中也可以找到模式与规律。不过需要注意的是,尽管或者可能正是因为一致性和覆盖率参数很有用,研究人员在使用集合论方法和 QCA 时应该抵制将这种方法简化为一味寻找高一致性和覆盖率的诱惑。因为这显然违背了集合论方法的精神,并剥夺了它们的主要优势,即以定性研究实践为基础,在思想和证据之间进行反复对话。一致性和覆盖率用数据摘要的方式更好地描述了底层数据相关特征。关于 QCA,最重要的是它是一种定性数据技术,其主要目的在于解释和理解所研究的案例。一致性值并没有一个普遍适用的阈值。研究人员也不应该因为一致性值而忽视单个案例，使其被一致性和覆盖率值所隐藏。相反，研究人员必须仔细判断，明确哪个一致性阈值对他们的具体研究是足够的，然后进行多次分析来观察一致性值是否在合理范围内变化。在使用模糊集时，我们还建议密切关注哪些案例是真正的逻辑矛盾，哪些案例是唯一被覆盖的，哪些案例根本没有被覆盖。

　　一致性排在覆盖率前面，是应该首先评估的参数。原因也很简单。只有当一个充分（或必要）条件已经被确定为充分（或必要）时，计算该条件的覆盖率才有意义。如果一致性值太低，条件不能被认为是充分的（或必要的），那么计算覆盖率就毫无意义。不过虽然说条件的一致性的确需要设定阈值，低于这些水平，一个条件就不能被认为是充分的（或必要的），但对于覆盖范围来说并不存在这样的下限阈值。在充分性条件下，极低的覆盖率值表明只有一小部分感兴趣的结果是由该条件解释的。然而，这一点可能仍然具有重大的理论和实质性意义。对于必要条件来说，覆盖率值过低表明该条件是微不足道的，覆盖率值高可能表明必要条件是相关的，但不能说明必要条件的相关性，因为除了

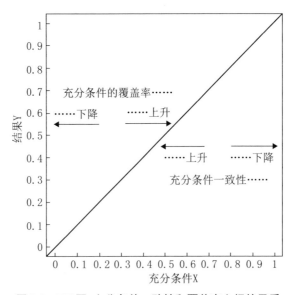

图5.9　XY图：充分条件一致性和覆盖率之间的矛盾

覆盖率之外,集合大到接近常数也是非相关性的一个重要来源,这个问题将在第 9.2.1 节中进行详细讨论。

　　还要注意的是,研究实践中较高的一致性值通常是以较低的覆盖率值为代价的。在充分性分析中,我们可以通过逻辑和添加单一条件来提高一致性。例如,我们可以将组合 A* B* C 扩大为组合 A* B* C* D* E。组合的条件越多,加入其中的难度就越大(第 2.1 节),这使得集合更小,从而更有可能成为结果的一致子集。然而,与此同时,正是因为加入其中变得越来越困难,长组合覆盖的结果就越来越少,这是因为符合所有组合条件的成员案例变少了。类似的逻辑也适用于必要性的分析。在这里,我们通过逻辑或添加条件来提高一致性。例如,我们将表达式 A+B+C 扩展为 A+B+C+D+E。添加的条件越多,就越容易加入其中。这使得集合更大,从而更有可能成为结果的一致超集。但与此同时,正如刚刚描述的组合的过程一样,越长的"或"表达式覆盖了越来越多的正在研究的整个案例集,因为成员关系变得越来越容易,因此它们有可能成为微不足道的必要条件(第 9.2.1 节)。图 5.9 的 XY 图形象地描绘了在做充分性分析时一致性和覆盖率之间的内在权衡,与此同时,这对内在权衡关系也同样适用于必要性分析。

概览:与一致性和覆盖率相关的问题

　　一致性是评价集合关系的中心尺度。只有当一致性令人满意时才需要计算**覆盖率**。

　　通常不可能同时实现一致性和覆盖率测量的高值。事实上,这两者之间有一个权衡:增加一致性往往意味着减少覆盖率,反之亦然。

　　合适的参数本身并不是目的。重点应该始终放在研究的案例之上。研究人员仔细探索找出导致不一致和低覆盖率的案例。

6

有限多样性和逻辑余数

导 读

　　如第4章所述,真值表的分析是QCA的核心。在第5章中,我们提出了一致性值作为一个参数,用于评估一个给定的真值表行是否可以被认为是结果的子集,从而是否是充分条件。然而,如果对于给定行没有足够的经验证据来评估它是否充分呢? 换句话说,如果一行由逻辑上可能但经验上无法观察到的多个固有关系组成,这种情况该怎样处理呢? 处理这些所谓的逻辑余数行对于集合论方法来说至关重要。如本章所示,关于余数的假设确实对所获得的结果有直接影响,而且有些假设比其他假设更合理。

　　逻辑余数的存在被称为有限多样性。它可以被定义为所有逻辑上可能的条件组合的集合,这些条件没有或没有足够的经验证据。这是比较社会科学研究中的普遍现象。这些逻辑上可能、但经验上未观察到的"案例"对得出基于证据的推论的可能性的影响,可能是社会科学研究方法中研究最多的主题之一。这就是为什么我们在这里占用大量的篇幅来讨论面临有限多样性的研究人员应该意识到的不同策略。在第8章中,我们进一步增加了超越当前最佳实践方法的策略。

　　在本章中,我们首先解释如何检测逻辑余数(第6.1节)。其次,我们讨论了为什么几乎所有的社会科学数据在多样性上都是有限的。我们通过区分不同的来源,从而区分不同类型的逻辑余数来做到这一点(第6.2节)。由于有限多样性无论是使用统计方法还是非统计方法时,都会影响我们推断的能力,因此我们在第 6.3 节中从社会科学方法论文献中其他看似相关的概念(如缺失值)中区分了逻辑余数现象。在本章的最后,也是本章的主要部分,我们会阐明所谓的标准分析(Ragin, 2008b)的原则,来作为目前应用 QCA 中对逻辑余数做出合理假设的主要程序(第 6.4 节)。本章的目的是制定集合论策略,帮助将逻辑余数对推论的影响保持在研究人员的有意识控制下。

正确处理逻辑余数对 QCA 至关重要。这一章对于初学者来说当然是必读的。即使是有经验的读者,也会从"进一步详细地研究与此主题相关的过程和缺陷"中受益。第 6.4.3.2 节给出的如何使用定向期望的范例相对比较复杂。读者也可以跳过这一小节,因为这一小节的范例并不会影响你对定向期望的理解。总的来说,要想成功掌握第 8 章中提出的更高级的问题,熟练地掌握本章提供的材料必不可少。本章也为我们在第 7 章中介绍真值表算法提供了最后的准备内容。

6.1   集合论方法的有限多样性:当它存在时如何看待它

逻辑余数是缺乏足够经验证据的真值表行,无法进行充分性检验。这就引出了两个问题。第一,我们所说的经验证据是什么意思?第二,经验证据有多少才足够?

当使用清晰集时,第一个问题的答案很简单。正如第 4.2.1 节所解释的,对于清晰集,每一个案例都是真值表 2^k 行中的一个且仅是一个完整成员。因此,在清晰集 QCA 中,经验证据是指某一真值表行中案例的数量。因此,逻辑余数就是那些没有足够案例的行。

在哪里找到逻辑余数的问题在模糊集中显得比较复杂。正如第 4.2.2 节所示,大多数案例在大多数行中都有部分成员资格,而在任何行中很少有完全成员资格。由此，可以提出两种对立的主张。一方面，人们可以认为有限多样性不存在于模糊集，因为每一行至少包含某些案例的部分成员。另一方面，人们可以宣称有限多样性无处不在，因为在模糊集中，几乎没有任何行包含一个完全隶属的案例。对于如何概念化模糊集 QCA 中有限多样性的问题，这两个答案都是有问题的。

因此，拉金(Ragin，2008a)提出了一个替代方案。回顾第 4.2.2 节中的两点。首先，k 个模糊集创建一个 k 维属性空间，该属性空间的 2^k 个角直接对应 2^k 真值表行。其次，任何给定的案例都会只属于其中一行而不是其他行。在模糊集中，逻辑余数被定义为一个真值表行包含的成员隶属值高于 0.5 的案例不够多。对逻辑余数这种概念定义的核心在于使用定性锚点 0.5 来建立案例之间的定性差异，从而避免了上述其他方法的缺陷。

第二个问题，多少经验证据才足够？在这一点上，清晰集 QCA 和模糊集 QCA 之间没有区别。相反，所谓逻辑余数，也就是更多属于某一行而非他行的案例有多少的问题，其实很大程度上是研究中案例总数的函数。对于小到中型规模的案例研究(大约 10—100 个案例)，每行频率阈值通常设置为至少一个案例。对于较大规模的案例研究，判定每行是否为逻辑余数时，可以要求此行包含总案例数量特定比例的案例，而不是只含有一个案例(例如，Ragin and Fiss，2008)。

概览：集合论方法的有限多样性：当它存在时如何看待它

逻辑余数是缺乏足够案例的真值表行，其中该行的成员隶属值大于 0.5。决定一行必须有多少个高隶属值的案例取决于研究项目的特点，而且主要取决于案例的规模。由于 QCA 主要应用于中等规模的案例，因此最常用的频率阈值是每行至少一个案例。

6.2　有限多样性的来源

由于各种原因,在社会科学的观测数据中存在有限的多样性。虽然逻辑余数总是使因果推理变得更加困难,但能否将其归为反事实论点(参见第 6.4 节)还要取决于逻辑余数的来源。在下文中,我们将区分三种互不排斥的有限多样性来源。第一个可能的来源是真值表的行数远远超过了手头的案例(算术余数)。第二,我们所观察到的社会现实往往是由多个社会、政治、历史和其他过程预先构造的,因此可以基于社会现实排除某些真值表行的存在(群集余数)。第三,研究中的一些条件组合不仅在我们所知道的世界中不存在(群集余数),而且也不可能存在于我们过去或未来能够想象的世界中(不可能余数)。下面,我们将进一步详细地描述每个有限多样性的来源。

6.2.1　算术余数

逻辑余数出现的一个常见原因很简单,就是逻辑上可能的条件组合的数量超过了所研究的案例数量。如果没有更好的术语,我们称之为算术余数。例如,假设一项针对欧盟 27 个成员国的研究,这项研究包括 5 个条件。真值表将由 32 行组成,但是只有 27 个可用的案例。这意味着必须有至少 5 个逻辑余数,且其中没有一个是接下来要解释的群集余数和不可能余数。我们说"至少 5 个",是因为逻辑余数的实际数量取决于数据的特性。最有可能的是,因为社会现象往往集群发生(参见第 6.2.2 节),逻辑余数的数量明显更高。由于一些案例在分析上可能是相似的,因此它们会落在同一个真值表行中。在几个真值表行中聚集的案例越多,逻辑余数的个数就越多。

6.2.2　群集余数

逻辑余数存在的另一个原因是,我们所知道的社会现实中不存在某种案例,因为我们所观察到的社会现实往往是由多个社会、政治、历史和其他过程预先构造的。例如,拉金(Ragin，2000)对强大福利国家(Y)的两个条件的讨论:强大的左翼政党(L)的存在和强大的工会(U)的存在(另见 Grofman and Schneider，2009)。在他的数据中,没有一个国家有强大的工会,同时也没有强大的左翼政党。因此,任何暗示~L*U组合的真值表行都是一个逻辑余数。我们有充分的理由怀疑这并非巧合。当前关于工会历史发展的文献告诉我们,强大的左翼政党(L)的存在对强大的工会(U)的存在至关重要。因此,如果没有 L 存在,U 通常不会发生。用集合论的术语来说:有左翼政党国家的集合(L)是有工会国家的集合(U)的一个几乎完全一致的超集。因此,L 可以被解释为 U 的一个必要条件。[1]简而言之,~L*U 是群集余数,因为 L 基本上对 U 来说是必要的。总的来说,群集余数的出现是因为两个(或多个)条件之间存在因果关系。

有时,产生群集余数的条件之间的集合论或因果关系会随着时间的推移而变化。让我们来考虑下面的例子:几十年来,"白种人"和男性都曾是美国总统的超集群体,因此也是美国总统的必要群体。任何试图分辨美国总统的种族和后代在其行为(例如,社会支出、财政纪律或战争倾向)中所起作用的研究都受到了严重的逻辑余数的阻碍,因为根本没有非白人(男性或女性)或白人女性总统。然而,正如 2008 年贝拉克·奥巴马(Barack Obama)当选美国总统所表明的那样,种族与美国总统身份之间的因果依存关系已经发生了变化。过去被认为是逻辑余数的美国非白人男性总统已成为一个可实证观察的案例。然而,我们的研究多样性仍然有限,因为迄今为止还没有女性总统。尽管在实践中,女性成为美国总统可能还需要一段时间,但原则上这已不再只是空想。

---

① 鲍姆加特纳(Baumgartner，2008，2009)指出奎因-麦克卢斯基算法——集合论方法中逻辑最小化真值表的常用程序(参见第 4.3 节)——产生的结果忽略了条件之间的因果依赖性,因此具有误导性。他开发了自己的最小化算法,承诺将这种复杂性考虑在内。

6.2.3 不可能余数

有限多样性的第三个原因是,根据我们对世界的了解,一个特定的配置是不可能的。我们称这种类型的余数为不可能余数(Elman, 2005)。举个例子,假设有一项研究旨在解释为什么有些人是优秀的汽车司机(Y)。在这六个条件中有以下两组:女性组和孕妇组。这个研究的真值表将包括 $2^6 = 64$ 个真值表行,其中 16 行将描述非女性"和"孕妇的案例。出于显而易见的原因,无论研究的规模有多大,任何这样的行都将缺乏经验实例。

众所周知,怀孕男子似乎是一个太明显的例子,我们可能因此觉得不可能余数在社会科学研究实践中不是一个严重的问题。然而,这种印象是错误的。特别是在微观层面的研究中,通常会将包含一长串的个体特征作为控制变量。通常情况下,这种模型包含的变量的值不能同时出现,而且这可能比人们认识到的情况要多。同样的情况也会发生在宏观层面上。例如,考虑一下拉金、舒尔曼、温伯格和格兰(Ragin, Shulman, Weinberg and Gran, 2003)的研究,他们的目的是在印度的 41 个村庄中确定集体行动的充分条件组合。在他们的清晰集条件中,我们发现了位于 MN(M)河道上的村庄集合、位于 V(V)河道上的村庄集合,以及被灌溉的村庄集合(I)。默认情况下,他们的真值表包含了几行表示位于 MN(或 V 或两者)通道上的村庄,并且这些村庄没有被灌溉。正如作者自己正确地指出的那样,这些组合在经验上是不可能的,因为从逻辑上讲,位于河道上总是意味着被灌溉(Ragin et al., 2003:331)。

事实上,任何研究——无论是微观层面还是宏观层面——只要包含将单个变量转化为两个或多个互斥条件的条件,就会在默认情况下产生不可能的余数。例如,考虑区间尺度变量 GDP。出于某种合理的原因,研究人员对富裕国家集(R)和贫穷国家集(P)都感兴趣,但对中等收入国家不感兴趣。GDP 高于 GDP 规模的 75% 的案例是 R 的成员,而 GDP 低于该规模的 25% 的案例是 P 的成员。任何基于条件 R

和 P 的真值表都将包含意味着同时富有和贫穷的国家的行（R* P）。这样的真值表行必须是逻辑上的余数，因为富国和穷国不可能同时存在。[①]

总之，不可能余数就是我们所知道的社会现实中不存在的余数。它们与生物学（怀孕的男人）、地理学（喜马拉雅山的热带村庄）或类似领域的基本真理背道而驰，而这些领域在任何可预见的未来肯定都会继续存在。稍微不同的不可能余数形式是那些将多项、序数或区间变量转换为互斥类别的结果。不管未来的发展如何，这些不可能余数仍然是不可能的，而社会科学家和外行都没有质疑过它们的不可能。

不可能余数和群集余数之间的关键区别在于，后者理论上可以存在，而前者则不可能存在，除非我们生活的整个世界发生根本变化。[②]这使得群集余数可以用于思想实验或反事实主张，而不可能余数不应该是这种推测的对象。例如，对一位假想的美国白人女性总统（甚至是非白人女性总统）的政策概况进行反事实推测是有道理的。可以想象，在不远的将来，这些逻辑余数还会存在。相比之下，推测怀孕男性的驾驶技术是值得怀疑的。一个怀孕男性可以生存的世界需要我们去想象一个看起来完全不同的世界（Emmenegger, 2011）。因此，在第 8.1 节中，我们将不可能余数的反事实标记为难以置信的假设，这是一种不可靠的假设。

概览：有限多样性的来源

不可能余数描述了一些假设的"案例"，这些"案例"的存在违背了人们对世界的常识（例如，怀孕的男人，一个同时富有和贫穷的国家，或者喜马拉雅山上的一个热带村庄）。

[①] 请注意，还会有包含组合 ~R* ~P 的行，即既不富裕也不贫穷的国家。这不是一个不可能余数，而是简单地定义了非富裕和非贫穷（即中等收入）国家的集合。

[②] 这种区别不是一个明确的二分法，而是一个连续统一体，因为一些群集余数比其他余数更有可能发生，而一些不可能余数比其他余数更荒谬。

算术余数和**群集余数**可能存在于我们所知道的经验世界中,但不能被经验观察到。这是因为逻辑上可能的组合的数量超过了手头的经验案例(算术余数),和/或过去的历史、社会、文化和其他过程迄今为止阻止了它们的发生(群集余数)。

6.3 有限多样性不是什么?

一般来说,社会科学方法论对有限多样性的研究并不充分。这是令人惊讶的,因为逻辑余数不仅在基于观察数据(在某种程度上也包括实验数据)的实证社会科学研究中无处不在,而且它们的存在对我们得出(因果)推论的能力有严重影响。例如,在许多定性学者中仍然很受欢迎的穆勒的方法是通过他们的设计产生逻辑余数,并迫使研究人员对它们做出假设。①经验案例数量较多的统计方法中,有限多样性几乎是"维度诅咒"不可避免的后果(Ho, Imai, King and Stuart, 2007:209),也就是说,一个简单的事实是,潜在"案例"的数量随着分析中指定的条件的数量呈指数级增长——类似于 QCA 中发生的情况。变量数量与属性空间的维数之间的这种关系是为什么即使是像克里斯托弗·阿肯(Christopher Achen, 2005)这样高技能的定量研究人员也认为,一旦变量数量超过了甚至是看似适度的 3 这个数字,就很难真正理解数据中发生了什么的原因之一。有时,通过将特定的统计模型应用于这些不存在的案例而做出的不可避免的假设是合理的,有时则不是。因此,关于有限多样性的最大问题是,研究人员往往不知道所做的假设会如何影响他们的结果,以及它们的理论或常识状态是什么。即使研究人员确实知道在他们的分析中存在逻辑余数,目前在统计方法的框架内如何处理它们的争论也很少。研究人员把这些例外情况放在不同

---

① 在在线附录(www.cambridge.org/schneider-wagemann)中,我们提供了(不可能)逻辑余数在穆勒方法和逻辑回归中的作用的经验插图。

的标签之下，例如空单元格、结构零（Timpone，1998；Achen，2008），
或凸包（King and Zeng，2007a，2007b；Morrow，2007；Sambanis and
Doyle，2007；Schrodt，2007）。然而，后面的讨论表明，即使在主要的
定量学者中，对于如何在多元统计框架内处理无所不在的有限多样性
现象也几乎没有达成共识。[1]

　　然而，正如我们所认为的，有限多样性的问题很少被正面对待，统
计文献中的几个著名主题可能被错误地视为对有限多样性的处理。正
如我们现在所争论的，无论是关于缺失值的文献，还是关于自由度的文
献，都没有为处理有限多样性提供多少指导。

　　关于缺失值的文献没有解决有限多样性的问题，原因很简单。缺
失值是指，对于一个或多个经验观察的案例，一个或多个变量的信息缺
失的情况。因此，缺失值的概念只有在参考真实的和现有的案例下才
有意义，因为至少有一些变量的经验信息在手边。相比之下，逻辑余数
根据定义是不存在的案例，即在任何自变量或因变量上都没有经验信
息。当所有变量都缺乏经验信息时，调用缺失值的概念似乎是荒谬的，
也就是说，将逻辑余数解释为所有条件和结果都缺少值的极端情况。
据我们所知，即使是处理缺失值的最复杂的技术，也没有一种能为案例
的所有变量赋值，因此实际上是从零开始发明了一个案例。相比之下，
有限多样性只专注于这些逻辑上可能但经验上不存在的案例。总之，
缺失值和逻辑余数之间的概念差异是双重的。前者侧重于经验观察的
案例，并提供了对（一个或多个，但不是全部）自变量（而不是因变量）的
赋值原则，而后者侧重于经验上未观察到的案例，并提供了对结果赋值
的原则。[2]

---

　　① 这场争论也很好地说明了逻辑余数和缺失值是两个独立的问题（见下文）。在这
个讨论中没有调用缺失值的概念。

　　② 研究人员在进行集合论分析时可能会遇到缺失值。然而，由于各种原因，在本书
中，我们将不再详细讨论缺失值的处理方法。首先，它们的发生非常罕见。特别是当集合
论方法用于一个更小的 N 设置时，类似于纯定性方法的要求是，如果存在缺失值，则需要
返回字段（或库）并挖掘这些缺失的信息。当集合论方法应用于大量的案例情况下，缺失
值确实更经常发生。在这种情况下，不存在特定于集合论方法的处理缺失值的建议。相
反，关于缺失值的大量文献同样适用于集合论方法。

　　统计文献中另一个可能被错误地解释为处理有限多样性问题的概念是自由度的概念。严格地说,自由度指的是研究人员在推理模型中可以自由选择多少个参数。这通常被简化为"必须有足够的案例来推断变量"。为了看到自由度所解决问题与逻辑余数问题的不同,让我们来简单地想象有一个非常大规模的研究(N＝100 000)。在只有三个二分条件的个人驾驶技能上,其中两个分别是男性和孕妇的集合,也就是会产生八个逻辑上可能的组合[①]。在这八个逻辑上可能的组合中,至少有四个逻辑组合不包含任何案例,因为它们表示不可能余数(参见第 6.2.3 节)。对于三个变量和 10 万个案例,自由度显然不是问题。然而,目前的有限多样性却和自由度这个概念是相互独立的。对于有限多样性来说,重要的不是条件的数量本身,而是逻辑上可能的条件组合的数量,这种组合会呈指数级增长。如果大多数案例聚集在几个真值表中,也就是说,如果大多数案例在分析上是相同的(落在相同的真值表行中),那么向数据集中添加更多相同类型的案例将增加自由度,但不会减少逻辑余数。由于在缺乏自由度的情况下也可能出现有限多样性,因此,显著性检验显然不是检测或确定有限多样性的程度和影响的适当手段。

　　以上这些关于缺失值和自由度与有限多样性的区分也就说明了,我们无法通过孤立地关注单个变量并检查它们在经验上是否有足够的变化来判定逻辑余数。即使所有变量在各自尺度上的所有可能值都是经验地出现的,我们仍然可以有逻辑余数。作为一个例子,再一次考虑一下关于驾驶技能的研究和两个条件"是女性"(是/否)和"怀孕"(是/否)。对于这两种情况,两种可能的值都经验地体现在数据中,即女性和男性,以及怀孕和未怀孕的人。然而,多样性将是有限的,因为根本找不到一个怀孕的男人的经验信息来判定他是否会是一个好司机。[②]

---

　　① 有关这个说明性示例的详细信息,请参阅在线附录(www.cambridge.org/schneider-wagemann)。
　　② 有限多样性也与基于回归方程预测落在因变量可观察范围之外的值或依赖于经验信息存在范围之外的自变量值的谬误不同。这些问题都没有考虑到一个事实,即缺少的是特征的具体组合。

总之,在比较社会科学研究中,有限多样性是规律而不是例外。这些例子表明,有限多样性很难通过"更好的"案例选择来弥补,在许多人看来,"更好的"就相当于"更多(随机选择的)案例"。相反,有限多样性是逻辑约束、共同研究设计的特征以及社会现实呈现自身的聚集方式的必然结果。所有这些都适用于不考虑用于分析数据的具体技术。总的目标是我们不要忽视或甚至不讨论有限多样性,而是要意识到它们的存在,并对它们做出谨慎的决定。

概览:有限多样性不是什么?

在非集合论数据分析技术中,逻辑余数也会影响分析结果。**有限多样性**并不对应于缺失值或自由度的概念。

6.4 标准分析程序：确定合理的解项的逻辑余数

有限多样性基本上是无所不在的,关于逻辑余数的假设会影响从真值表得出的解公式。这就是为什么以有意识的方式处理逻辑余数是非常重要的,即要制定策略,清晰并明确知道哪些逻辑余数可以作为反事实主张的基础,哪些则不能。如果我们从纯形式逻辑和集合论的角度去看,任何逻辑余数的假设都是允许的。不管剩下的是什么,逻辑最小化将产生一个解公式,并且这个解公式永远不会与手头的经验信息相矛盾。也就是说,任何解项都将是包含经验信息的真值表行的超集,并且这些行对于感兴趣的结果是充分的。正因为如此,意识到逻辑余数这个问题就变得更加重要了。

如果形式逻辑没有为选择逻辑余数来创建合理的解项提供指导,那么我们就需要其他标准。在本节中,我们将解释标准分析程序的逻辑,作为处理逻辑余数的一个主要进展(Ragin and Sonnett, 2004；Ragin, 2008)。为了解释它的逻辑,我们引入了三个不同的维度,在此基础上可以对不同的解项和其中的逻辑余数进行分类。第一个维度是集合关系的维度。如果用于逻辑最小化的真值表行也处于子集关系中，则不同的解公式处于子集关系中。第二，复杂性维度捕获了解项的复杂程度或简约性。第三，反事实类型的维度根据逻辑余数的实质、理论和形式逻辑性质对其进行分类（参见第6.2节）。在下文中，我们将进一步详细解释每个维度。

6.4.1 集合关系维度

正如我们现在所表明的，无论研究人员对任何逻辑余数施加哪个假设，由这些假设得出的解项永远不会与数据中包含的经验证据相矛盾。为了说明，表6.1展示了一个具有三个逻辑余数的真值表，在结果Y的列中用一个问号表示（第6—8行）。如果我们对结果Y＝1的条件感兴趣，那么表6.1的第1行、第4行和第5行是相关的，必须包含在最小化过程中；如果我们想解释Y＝0，那么第2行和第3行是相关的。问题是如何处理第6行、第7行和第8行中的逻辑余数。它们应该包括在结果Y、结果～Y、两者或两者都不的逻辑最小化中吗？

表 6.1　有三个条件和有限多样性的真值表

行	条件			结果
	A	B	C	Y
1	0	0	1	1
2	0	1	0	0
3	0	1	1	0
4	1	0	1	1
5	1	1	0	1
6	1	1	1	?
7	0	0	0	?
8	1	0	0	?

对不同逻辑余数的不同假设产生不同的解公式。为了说明这一点，表6.2显示了八个不同的真值表，这些真值表是通过对三个逻辑余

数行的假设进行所有逻辑上可能的组合而得到的。表 6.2 显示的所有八个真值表，对于经验观察到的第 1—5 行，Y 列的值是相同的，但对于第 6—8 行(用粗体突出显示)的逻辑余数部分，分配给 Y 的值不同。

每一个真值表都可以使用第 4.3 节中描述的规则在逻辑上最小化。选择 Y 作为感兴趣的结果，并将逻辑最小化原则应用于八个真值表中的每一个，我们得到了八个略有不同的解项。尽管它们看起来不同，但正如我们所展示的，它们有很多共同点。

(a) $AB{\sim}C+{\sim}BC$　　　　　　$\rightarrow Y$

(b) $AB+{\sim}BC$　　　　　　　　　$\rightarrow Y$

(c) $A{\sim}C+{\sim}BC$　　　　　　　$\rightarrow Y$

(d) $A+{\sim}BC$　　　　　　　　　　$\rightarrow Y$

(e) ${\sim}A{\sim}B+{\sim}BC+AB{\sim}C$　　$\rightarrow Y$

(f) ${\sim}A{\sim}B+{\sim}BC+AB$　　　　$\rightarrow Y$[①]

(g) ${\sim}B+A{\sim}C$　　　　　　　　$\rightarrow Y$

(h) ${\sim}B+A$　　　　　　　　　　　$\rightarrow Y$。

解(a)是没有对任何逻辑余数做任何假设的结果。这个解通常被称为复解项。然而，当我们在第 6.4.2 节讨论复杂性维度时，原因会变得很清楚，我们建议将其称为保守解决方案术语。保守的原因是，在提出它时，研究人员避免对任何逻辑余数做出假设，而完全受手头的经验信息的指导。注意，当我们对 Y=1 的充分路径感兴趣时，将 Y=0 的值赋给一个逻辑余数只表明这个余数对 Y=1 不充分。这并不意味着这个余数是结果${\sim}Y$的充分条件。这是因为同样的余数也可以从${\sim}Y$的逻辑最小化过程中排除。换句话说，余数行可能被认为对 Y 和${\sim}Y$都不充分。

这八个看似不同的解项的关键共同点是，它们都暗示了有经验证据证明 Y 的充分性的行(第 1 行、第 4 行和第 5 行)。除了这三行，

---

① 由于逻辑上的冗余素数蕴涵(参见第 4.3.2 节)，逻辑上等价的解是${\sim}A{\sim}B+AB+AC\rightarrow Y$。

表 6.2 包含逻辑余数的所有逻辑上可能的模拟值组合的真值表

(a) 行	A	B	C	Y	(b) 行	A	B	C	Y
1	0	0	1	1	1	0	0	1	1
2	0	1	0	0	2	0	1	0	0
3	0	1	1	0	3	0	1	1	0
4	1	0	1	1	4	1	0	1	1
5	1	1	0	1	5	1	1	0	1
6	1	1	1	**0**	6	1	1	1	**1**
7	0	0	0	**0**	7	0	0	0	**0**
8	1	0	0	**0**	8	1	0	0	**0**
(c) 行	A	B	C	Y	(d) 行	A	B	C	Y
1	0	0	1	1	1	0	0	1	1
2	0	1	0	0	2	0	1	0	0
3	0	1	1	0	3	0	1	1	0
4	1	0	1	1	4	1	0	1	1
5	1	1	0	1	5	1	1	0	1
6	1	1	1	**0**	6	1	1	1	**1**
7	0	0	0	**0**	7	0	0	0	**0**
8	1	0	0	**1**	8	1	0	0	**1**
(e) 行	A	B	C	Y	(f) 行	A	B	C	Y
1	0	0	1	1	1	0	0	1	1
2	0	1	0	0	2	0	1	0	0
3	0	1	1	0	3	0	1	1	0
4	1	0	1	1	4	1	0	1	1
5	1	1	0	1	5	1	1	0	1
6	1	1	1	**0**	6	1	1	1	**1**
7	0	0	0	**1**	7	0	0	0	**1**
8	1	0	0	**0**	8	1	0	0	**0**
(g) 行	A	B	C	Y	(h) 行	A	B	C	Y
1	0	0	1	1	1	0	0	1	1
2	0	1	0	0	2	0	1	0	0
3	0	1	1	0	3	0	1	1	0
4	1	0	1	1	4	1	0	1	1
5	1	1	0	1	5	1	1	0	1
6	1	1	1	**0**	6	1	1	1	**1**
7	0	0	0	**1**	7	0	0	0	**1**
8	1	0	0	**1**	8	1	0	0	**1**

解(b)到解(h)暗示了一个、两个，甚至所有三个逻辑余数。由此可知，从(b)到(h)的所有解都是保守解(a)的超集。通过这种子集关系，解项中没有一项与手头的经验证据相矛盾，也没有一项与解(a)相矛盾。

注意，这个子集/超集逻辑还意味着八个解项中的一个必须是其他所有解项的超集。直觉上，我们可能会怀疑，如果不基于逻辑余数假设的解是所有其他解的子集，那么基于假设所有余数对结果充分的解可能是所有其他解的超集。这种直觉是正确的。在我们的例子中，解(h)是一个基于所有逻辑余数都与结果 Y 相连的假设的解。更普遍的观点是：一个解项(X_1)是另一个解项(X_2)的超集，如果 X_2 暗示的所有行也暗示 X_1，并且 X_1 暗示至少还有一行。因此，解(f)是解(e)的超集，而不是解(c)的超集。同样，解(d)是解(c)的超集，而不是解(f)的超集，以此类推。

总而言之，我们看到关于逻辑余数的不同假设产生不同的解公式，这些公式都暗示（因而并不矛盾）手边的经验信息。保守解不依赖于任何假设，是所有其他项的子集，而基于所有逻辑余数对结果充分假设的解项是所有其他项的超集。如果用于一个解的所有假设也都用于另一个解，那么所有介于两者之间的解（即仅对一些逻辑余数做假设的解）仅处于相互的子集关系中。

概览：集合关系维度

在**有限多样性**的情况下，同一个真值表可以产生不同的**解项**，这取决于对逻辑余数所做的**假设**。这些解决方案中没有一个与现有的经验证据相矛盾。

保守解不依赖于任何关于逻辑余数的假设，它是所有其他解项的子集。所有逻辑余数都包含在**逻辑最小化**中的解是所有其他解的超集。

基于对某些（而非全部）剩余项的假设的解项与其他一些（而非全部）解项形成子集关系。

6.4.2　复杂性维度

除了集合关系之外,还有另一个维度,我们可以在这个维度上区分八个解项,我们称之为复杂性维度。解项的复杂性由条件的数量以及它所涉及的逻辑运算符"和"与"或"来定义。例如,解项 A * B * C+～F * D→Y 比解项 A * B+～F→Y 更复杂,它们又都比解项 A+～F→Y 更复杂。

在通过改变逻辑余数上的假设而产生的不同解项中,一个[或者,在有固定(Mendel and Ragin,2011:36)素数蕴涵的情况下一个以上]确实比其他的包含更少的条件和逻辑运算符。这个解公式被称为最简约解项(Ragin,1987)。

让我们回到上面例子(第 6.4.1 节)中的解公式(a)到(h)。它们的复杂程度明显不同。解(h)(～B+A→Y)是最简约的。它只包含两个表示条件的集合(A 和～B),它们仅由一个逻辑运算符("或")连接。因此,解(h)以最简洁的方式描述了经验信息。

在这八个解项中,我们还可以找出最复杂的一项。它是解公式(e)(～A * ～B+～B * C+A * B * ～C→Y),由六个逻辑运算符组成,调用五种不同的条件(A,～A,B,～B 和～C)。所有其他解项的复杂度水平介于最复杂的公式(e)和最简单的公式(h)之间。

这里值得注意的是,复杂性维度和子集关系维度并不一定是平行的。正如我们的例子所演示的,最复杂的解项(e)与所有其他解项的子集解(a)是不相同的。这就是为什么我们建议将子集解标记为保守解项而不是复杂解项,因为很明显,解项可以通过对逻辑余数进行假设而变得更复杂,而不带任何假设的公式不一定是最复杂的公式。

同样地,最简约解项不一定与所有其他解项的超集相同。事实上,在我们的例子中,解项(h)是最简约的,也是超集解,这是我们数据的一个巧合性质,但并不能推广。在 QCA 的应用中,集合关系和复杂性维度的极端端点往往是指不同的解公式——通常子集公式不是最复杂的,超集公式不是最简约的。

出于两个原因,我们强调集合关系和复杂性两个维度之间的区别。

首先，部分已建立的术语误导用户认为这两个维度是相同的。更具体
地说，术语最简约解项和复杂解项似乎意味着它们各自的性质指的是
相同的潜在复杂性维度。然而，如前所述，最简约解项除了是保守解项
的许多其他超集之一之外，没有明显的集论性质。换句话说，最简约解
项可以在集合关系维度上的任何地方。与此同时，所谓的复杂解项（我
们已经重新将其命名为保守解项）除了比最简约解项更复杂之外，在复
杂性维度上没有其他明显的性质。

　　强调这种区别的第二个相关原因是，它对于理解标准分析程序的
基本逻辑及其潜在缺陷（第 8 章）是至关重要的。标准分析通过施加要
求，即每个解必须是最简约解项的子集，从而缩小了解的范围。[①]因为
在表 6.2 的例子中，最精简的解（巧合地）也是所有其他解的超集，所以
这个要求不排除八个解项中的任何一个。然而，如果最简约解不是所
有其他解的超集，那么几个逻辑上可能的解项被排除，因为它们不是最
简约解的子集。为了便于讨论，假设表 6.2 中的解（f）是最简约的解项。
除保守解项（a）外，只有解（b）和解（e）是解（f）的子集。[②]因此，如果解
（f）是最简约的一个，标准分析将只考虑八个解决方案中的四个［解
（a）、（b）、（e）和（f）］。[③]

概览：复杂性维度

解项的复杂程度不同。最不复杂的解称为最简约解。
复杂性维度与子集关系维度并不平行。

6.4.3　反事实类型维度

　　标准分析使用最简约解项作为锚点，并允许它的所有子集解项进

---

① 　此外，任何解项都必须是保守解项的超集。因为默认情况下，所有的解决方案条
款都符合这个条件，所以它不能作为选择标准。

② 　解（f）表示第 6 行和第 7 行中有余数，解（b）第 6 行，解（e）第 7 行，解（a）无余数行。

③ 　在第 8 章中，我们提出了两个批评。首先，有趣的解项可能会被拒绝；其次，一些
解项可能会被接受，尽管它们建立在我们称之为不可靠的假设之上。

入下一轮可接受的解项。请注意,集合关系维度和复杂性维度都不需要对条件的意义有任何实质性的了解,因此也不需要对逻辑余数所做假设的合理性有任何实质性的了解。在标准分析中,只有在简约标准被用来为反事实主张选择一些逻辑余数之后,这些考虑才开始发挥作用。在下面,我们只介绍标准分析中使用的那些分类假设的标准。在第8章中,我们增加了进一步的质量标准,并表明除非这些标准也得到重视,否则无法保证标准分析程序不会产生基于我们所称的站不住脚的反事实主张的解决方案。

事实上,假设的第一种分类已经在讨论复杂性维度时介绍过。一些假设有助于使解项更精简,而另一些则不然。前者被称为简化假设,而其他被称为假设或反事实。

根据定义,标准分析只允许简化假设。在这一群体中,一方面是困难的反事实,另一方面是简单的反事实(Ragin and Sonnett,2004)。简单和困难的反事实都是简化假设,或者换句话说,简单的反事实和困难的反事实都是简化假设集的子集,并共同构成简化假设集。

简单的反事实被定义为那些简化的假设,这些假设既符合现有的经验证据,也符合现有的理论知识对组成逻辑余数的单一条件的影响。这些理论指导的关于条件的预感通常被称为定向期望(Ragin,2008b)。相比之下,困难的反事实只符合现有的经验证据,而不符合定向期望。下面举一些例子进一步阐明简单和困难的反事实的概念和定向期望的作用①。

6.4.3.1 定向期望的原则

下面,我们用福利国家研究中的一个假设例子来说明在分析解公式中的具体实践(Ragin,2000;Grofman and Schneider,2009)。想象一下,一位研究人员对强大福利国家(W)的结果感兴趣。她有经验证

_____

① 原则上,简单的反事实和困难的反事实之间的分界线不是两分法,而是一个连续统一体,因为它们所依据的理论预感在确定程度上是不同的(Ragin,2008a:162)。然而,在研究实践中,这种区别是明确的,因为没有人重视区分简单和困难的反事实的定向期望。

据表明,如果一个国家拥有完善的新社团主义利益中介体系(C)、强大工会(U)和非左翼政府(~L),那么这个国家通常是一个强大的福利国家。在布尔符号中,保守解项为：

$$CU\sim L \to W$$

此外,她的研究没有包括任何一个拥有完善的新社团主义利益中介体系、强大的工会和左翼政府的国家。换句话说,CUL 是一个逻辑余数。因此,没有经验资料表明,这种条件的结合是否产生 W 或~W,或两者都不产生。布尔符号：

$$CUL \to ?$$

根据定义,保守解项不对任何逻辑余数做出假设,包括逻辑余数 CUL。

让我们进一步想象,基于真值表的最简约解项如下：

$$CU \to W$$

最简约解项是基于这样的假设：逻辑余数 CUL 将产生强大的福利。这也就产生了与 W 相关联的两行,经验观察的行 CU~L 和反事实的 CUL,然后我们就可以在逻辑上最小化为 CU(第4.3.1节)。

从实质性的角度来看,问题在于简化假设 CUL→W 到底是一个简单的还是困难的反事实。我们其实有充分的理由认为这是一个简单的反事实。事实上,大多数学者都同意,在同等条件下,左翼政党存在(L)比左翼政党不存在(~L)更有利于一个强大的福利国家(W)的产生。因此,如果当~L 与 C*U 结合时 W 已经出现,那么当 L 与 C*U 结合时 W 也会出现,这并不是一个很牵强的假设。因此,CUL 对 W 是充分的这一论断很容易成为反事实。原因有二：首先,我们经验地观察到 CU~L 对 W 是充分的；其次,我们从理论上知道,L-而不是~L-被期望对结果 W 有贡献(我们的定向期望)。[1]

---

① 注意,这里的定向期望是针对单一条件制定的。在第8.3.2节中,我们详细阐述了组合条件定向期望是什么。

6.4.3.2　使用定向期望来寻找中间解项方案

下面,我们将详细讨论如何得到中间解项。在我们的例子中,5个条件(A—E)组成了一个 32 行的真值表(表 6.3),其中只有 12 行包含经验信息。因此,有 20 个逻辑余数——不少于所有真值表行的62.5%,这是应用 QCA 中相当常见的场景。保守解项为:

$$ABCD{\sim}E+A{\sim}BDE+A{\sim}CDE+A{\sim}B{\sim}C{\sim}D{\sim}E$$
$$+{\sim}ABC{\sim}D+{\sim}AB{\sim}CD{\sim}E{\to}Y$$

显而易见,这是一个非常复杂的陈述。想要用一种理论来解释这个解项是件让人头疼的事情。这是因为作为结果的成员案例之间有很大的异质性,它们都散落在非常不同的真值表行中,也就很少有逻辑最小化的可能。

我们接下来需要确定如果假设哪些逻辑余数会产生结果 Y,则会使解项更简约。对于表 6.3 这样的真值表,这是一项需要相关软件包执行的复杂任务。[1]在我们的例子中,最简约的公式如下:

$$A+B{\sim}C+B{\sim}D{\to}Y$$

这个术语代表了导致结果 Y 的充分条件的最简约方式。除了经验案例证据外,这一简约解项还基于许多关于逻辑余数的反事实声明。这些反事实声明里面,很可能有一些假设并不符合现有的理论知识,因此是困难的反事实。这就是为什么我们在对最简约解项做任何实质性解释时都应保持谨慎态度的原因。

然而,在标准分析程序中,最简约解项起着至关重要的作用。它定义了符合中间解项条件的余数集。因此,我们需要知道表 6.3 中 20 个逻辑余数的哪一个被假设为产生结果 Y。表 6.3"最简约解项"一栏显示,对第 18—20 行和第 22—32 行中的余数做了简化假设。

原则上,中间解项的创建是基于从简化假设中剔除所有困难的反

---

[1]　请参阅第 6 章的联机操作部分以获得实际指导(www.cambridge.org/schneider-wagemann)。

表 6.3　包含五个条件和有限多样性的假设真值表

行	条件					结果	包含的行		
	A	B	C	D	E	Y	保守解项	最简约解项	中间解项
1	0	0	0	0	1	0			
2	0	0	0	1	0	0			
3	0	0	1	0	1	0			
4	0	1	0	1	0	1	X	X	X
5	0	1	1	0	0	1	X	X	X
6	0	1	1	0	1	1	X	X	X
7	0	1	1	1	0	0			
8	1	0	0	0	0	1	X	X	X
9	1	0	0	1	1	1	X	X	X
10	1	0	1	1	1	1	X	X	X
11	1	1	0	1	1	1	X	X	X
12	1	1	1	1	0	1	X	X	X
13	0	0	0	0	0	?			
14	0	0	0	1	1	?			
15	0	0	1	0	0	?			
16	0	0	1	1	0	?			
17	0	0	1	1	1	?			
18	0	1	0	0	0	?		X	
19	0	1	0	0	1	?		X	
20	0	1	0	1	1	?		X	X
21	0	1	1	1	1	?			
22	1	0	0	0	1	?		X	X
23	1	0	0	1	0	?		X	X
24	1	0	1	0	0	?		X	X
25	1	0	1	0	1	?		X	X
26	1	0	1	1	0	?		X	X
27	1	1	0	0	0	?		X	X
28	1	1	0	0	1	?		X	X
29	1	1	0	1	0	?		X	X
30	1	1	1	0	0	?		X	X
31	1	1	1	0	1	?		X	X
32	1	1	1	1	1	?		X	X

事实,只允许包括容易的反事实。这表明研究人员需要对每一个简化假设进行判断。这将是一项复杂的任务,不仅是因为简化假设的数量通常相当多。更重要的是,对于每个单一假设,该判断涉及复杂的考虑,同时需要考虑几条信息:(1)经验观察到哪些组合对结果是充分的(如保守解项所示);(2)所有中间解项有哪些单一条件可用;以及(3)在单一条件下存在哪些理论指导的预期(如定向期望所示)。

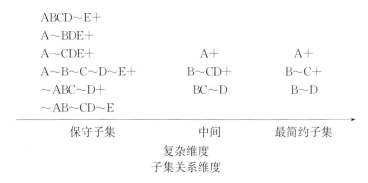

图 6.1　保守解项、中间解项和最简约解项

　　因此,在实践中,创建中间解项的策略不是关注真值表行,而是关注保守解项和最简约解项,并将定向期望作为指导,从而决定在保守的但不是最简约解项中出现的单一条件哪些可以放弃。下面,我们将演示这个过程的逻辑。为了简单起见,我们示例的定向期望是:当每个单一的条件(A—E)存在而不是不存在时,期望它对结果 Y 有贡献。

　　制定中间解项的策略遵循两个原则(Ragin and Sonnett,2004)。首先,任何条件都不能从最简约解项的任何充分路径中删除,否则最简约解项就不再是中间解项的超集。这个原则可以重述如下:只有那些不出现在最简约解项中的条件才可以从保守解项的充分路径中删除。其次,只有符合定向期望的条件才能从保守解项中剔除。如果根据第一个原则,条件~X 可以被舍弃,并且我们的方向性期望是 X 对结果有贡献,那么~X 可以被舍弃。下面,我们将展示这些原则如何产生图6.1 中报告的中间解项。

请记住，在这个假设的例子中，每个条件都是在其存在而不是不存在的情况下对结果做出贡献。让我们从最简约解项中的路径 B~C 开始。路径 B~C 是保守解项中路径~AB~CD~E 的超集。我们首先明确的是，任何中间解项都必须包含 B~C 这个组合。接下来让我们检查一下哪些条件可以从保守路径中去掉。如果按照我们的定向期望，条件~A、~C 和~E 是可以舍弃的，因为我们的期望是 A、C 和 E 在它们存在而不是不存在时对结果有贡献。不过由于~C 是我们前面提到的最简约解项 B~C 的一部分，所以~C 在中间解项中不能被丢弃。基于此，我们就得到了中间解项 B~CD。中间解项 B~CD 是基于对表 6.3 中第 20 行（~AB~CDE）和第 29 行（AB~CD~E）逻辑余数的假设。这两行都是简单的反事实假设。这是因为第 20 行是把第 4 行的~A 换成了 A，第 29 行是把第 4 行的~E 换成了 E。按照我们的定向期望，既然第 4 行的经验证据会导致结果，那么如果第 20 行和第 29 行有经验证据的话，也会很容易导致结果。

最简约解项中的路径 B~D 是最保守解项中路径~ABC~D 的超集，所以中间解项路径必须包含组合 B~D，但可以删除在保守路径中不存在组合 B~D 的其他所有条件，也就是~AC。在本例中我们只能舍弃条件~A，从而产生中间路径 BC~D。路径 BC~D 基于对第 30 行（ABC~D~E）和第 31 行（ABC~DE）中逻辑余数的假设。它们是简单的反事实：第 30 行与第 5 行（~ABC~D~E）的不同是把第 5 行的~A 换成了 A，而条件 A 遵循我们的定向期望，也就是条件 A 在其存在而不是不存在时对结果有贡献。另外，第 31 行（ABC~DE）与第 6 行（~ABC~DE）的不同是把第 6 行的~A 换成了 A，这也是一个简单的反事实。

最简约解项中的路径 A 要更复杂一些。路径 A 是保守解项中所有剩余路径的超集。保守解项中的路径 ABCD~E、A~BDE、A~CDE 和 A~B~C~D~E 都包含条件 A。按照定向期望，其中最有希望相对应的路径是 A~B~C~D~E。按照上面解释的逻辑，我们可以舍弃所有那些以否定形式出现的条件，因为我们的定向期望是，每个条件在出现时都应该对结果有贡献。在路径 A~B~C~D~E 中，除了条件 A 之外的所有条件都以否定的形式出现,将这些否定的条件舍弃的话,剩下的就是 A。这意味着我们已经使用了剩余的第 22 行到第 32 行作为简单的反事实。第 22 行(A~B~C~DE)、第 23 行(A~B~CD~E)、第 24 行(A~BC~D~E)和第 27 行(AB~C~D~E)是简单的反事实,因为第 8 行(A~B~C~D~E)仅在一个条件下与它们不同,而且由于定向期望表明,如果第 8 行足以得到结果,第 22、23、24、27 行可以被认为是简单的反事实。如果我们认为第 24 行(A~BC~D~E)是一个简单的反事实,那么我们也可以认为第 25 行(A~BC~DE)和第 26 行(A~BCD~E)是一个简单的反事实,因为它们与第 24 行只有一个条件不同(第 25 行是 E,第 26 行是 D),并且符合我们的方向期望。根据类似的逻辑,如果我们认为第 27 行是简单的反事实,那么第 28 行到第 30 行也是简单的反事实。[1]如果关于第 30 行的假设是允许的,那么第 31 行也是一个简单的反事实。[2]最后,第 32 行(ABCDE)同样也可以认为是一个简单的反事实,因为它与第 10 行(A~BCDE)、第 11 行(AB~CDE)和第 12 行(ABCD~E)都只有一个条件不同,并且第 ABCDE 行证实了我们的定向期望)。而且第 32 行与第 31 行(ABC~DE)相比也符合定向期望,是一个简单的反事实。

经过上面的过程,我们产生了三条路径,并且可以总结为以下中间解项:

$$A+BC{\sim}D+B{\sim}CD{\rightarrow}Y$$

表 6.3 的最后三列揭示了三个解项的几个属性。首先,它们都暗示了包含经验证据的同一行。其次,用于中间解项的关于逻辑余数的假设集是用于最简约解项的假设集的子集。最后,第 18 行和第 19 行中的两个简化假设被认为是困难的反事实。

总之,所有三个解项都是正确的,因为它们捕捉了表 6.3 中真值表

---

① 第 29 行(AB~CD~E)是一个简单的反事实的另一个原因是,第 4 行(~AB~CD~E)暗示了结果,并且第 29 行是把第 4 行的~A 换成了 A,这同样符合我们的定向期望。此外,第 30 行还可以与第 5 行进行对照。

② 第 6 行与结果相关联也可以证明第 31 行是一个简单的反事实。

所表达的经验事实,它们中的任何一个都可以用来对经验事实做出实质性解释,所以选择哪一个解项最终取决于研究的具体特点。不过,我们确实建议研究人员在他们的结果中提出所有三个解公式,以及它们所基于的假设,从而允许读者对每个解决方案术语的合理性做出自己的判断。

概览:反事实类型的维度

中间解项可以通过两种方式来设计。我们可以从保守解项中舍弃那些在最简约解项中不出现的,并且与**定向期望**一致的任何单一条件。或者,我们可以筛选最简约解项中的所有假设,并且只接受那些**简单的反事实**假设。这两种策略都会产生相同的中间解项。在研究实践中,我们可以利用相关软件包的协助,把定向期望的概念付诸实践。

只要经验观察到的**真值表行**没有改变结果值,通过改变**逻辑余数假设**产生的解项就不会与现有的经验证据相矛盾。

中间解项有许多重要的性质。它是最简约解项的子集,也是保守解项的超集。它比最简约解项更保守,但是比最保守的解项更简约。中间解项与最简约解项的不同在于它不依赖于**困难的反事实**。中间解项与保守解项的不同在于它将理论预感以简单的反事实的形式融入分析当中。

6.4.4　标准分析程序的概括总结

标准分析程序是拉金(Ragin,2008a;Ragin and Sonnett,2004)在面对包含逻辑余数的真值表时提出的策略。它包括产生保守解项(没有关于逻辑余数的假设)、最简约解项(考虑所有可以为简化做贡献的逻辑余数假设)、中间解项(只是简单的反事实)这三种策略。如上所述,根据定义,中间解项是简约解项的子集和保守解项的超集,这是因为中间解项的反事实假设是最简约解项对逻辑余数所做假设的子集。

就复杂度而言,中间解项也介于保守解项和简约解项之间。创建中间解项的基本原理是,一方面,保守解项往往过于复杂,无法用理论上有意义或合理的方式来解释;另一方面,最简约解项可能依赖于与理论预期、常识或两者相矛盾的逻辑余数假设。因此,中间解项的目的是在复杂性和简约性之间取得平衡,使用理论作为指导,以假定哪些逻辑余数与结果有联系。

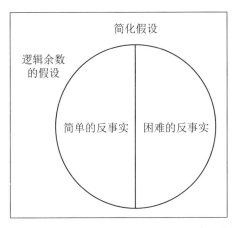

图 6.2　维恩图:在标准分析程序中的反事实类型

简而言之,各种解项之间的基本区别在于哪些逻辑余数行被用作简化假设。在应用 QCA 时,研究人员经常会遇到大量的逻辑余数。标准分析程序被认为是一种强有力的方法,帮助我们大大减少需要考虑的逻辑余数数量。最简约解项首先筛选出那些有助于简化的剩余逻辑余数(也就是简化假设),然后提出那些符合理论期望的逻辑(也就是简单的反事实)。图 6.2 显示了由标准分析程序定义的逻辑余数类型的维恩图。矩形框包含了所有的逻辑余数,或者说,关于所有逻辑余数的假设。其中一个子集由简化的假设组成(图 6.2 中心的圆圈),由两组相互排斥的简单和困难的反事实组成。这些简化的假设产生了最简约解项。简单的反事实又进一步产生中间解项。与所有逻辑上可能的余数相比,图 6.2 清晰地展示了从简约解项到中间解项再到保守解项的过程中所考虑的逻辑余数的变化。除此之外,那些在一开始就没有进入简约解项的简化过程的假设在后面的标准分析程序中也不会被考虑。

这种减少的优点是将可能的解项的数量减少到更易于管理的数量。然而，在第8章中，我们说明了这种减少带来的两个风险。首先，通过选择简化假设作为选择合格余数的标准，可能会（而且经常会）选择不可能余数，这不可避免地会导致不可靠的假设。定向期望并不能阻止这种情况的发生，因此即使是中间解项，也可能基于一些不可靠的假设。其次，一些从未被考虑过的逻辑余数，实际上可能为好的反事实主张提供非常有用的依据。这并不令人意外。它们被标准分析程序抛弃的唯一原因是它们不会导致简约。然而，当涉及好的理论和实质性论证时，简约从来不是唯一的目标。

在第8章和第9章介绍标准分析的扩展之前，接下来的第7章对第1—6章的所有见解进行了归纳总结，详细描述了拉金（Ragin，2008a）的真值表算法。

7

真值表算法

导 读

这一章应该被视为本书的一个入口。本章首先对前面的章节做了系统化的总结，介绍了当前执行 QCA 的默认方式。在这个过程中，我们也为理解本书剩余部分中讨论的几个研究陷阱和扩展提供了一些前瞻性的引导。

在前面的章节中，我们概述了真值表算法的各种组成部分。更具体地说，在第 4 章，我们介绍了作为 QCA 的核心分析工具的真值表。第 5 章和第 6 章通过讨论当这种形式逻辑工具遇到嘈杂的社会科学数据时出现的各种问题。在第 5 章，我们介绍了几个拟合参数。一致性参数使我们能够决定给定的真值表行是否可以算作充分条件并包含在逻辑最小化中。在第 6 章，我们讨论了作为不完全真值表的第二个特征，即逻辑余数行，并给出了处理它们的策略。我们现在有了 QCA 中充分性分析的主要模式，也就是真值表算法（Ragin，2008a）的所有组成部分。严格来说，本章没有新的重大见解。尽管如此，第 7 章依然是至关重要的，因为它详细说明了前面讨论的各个方面如何相互关联，以及它们如何成为真值表算法的一部分。该算法由几个步骤组成：将数据矩阵转换为真值表（第 7.1 节），这在很大程度上借鉴了第 4 章的相关知识；将一个结果值归属到每个真值表行（第 7.2 节），这也遵循第 4 章的指导原则，并添加了第 5 章关于一致性参数的知识；以及真值表的逻辑最小化（第 7.3 节），这同样也是考虑了第 4 章的一些规则，并丰富了我们在第 6 章中关于标准分析程序的知识。在介绍了这些步骤之后,我们会提到一些与真值表算法(第 7.4 节)有关的重要问题(和误解)。

如前所述,本章也是后续第 8 章和第 9 章对分析进行更高级改进的基础。无论是初学者还是高阶水平的读者,只有当他们确信自己已经掌握到目前为止所涵盖的、且在本书第 7 章中以精简的方式呈现的内容时,方可继续阅读此书。

请注意,本章并不构成 QCA 最佳实践的完整建议(关于这一点,请参阅第 11.1 节)。此外,真值表算法是关于充分条件的分析。本章没有提及对必要性的分析。必要性分析涉及的问题已在第 3.2 节、第 5.4 节和第 5.5 节中做了讨论,并且我们将在第 9 章进一步阐述。

7.1 从数据矩阵到真值表

为了说明真值表算法,我们使用彭宁斯(Pennings,2003)的数据。[①]这是一个模糊集 QCA,但相同的原则和实践也适用于清晰集 QCA。彭宁斯感兴趣的是,什么是导致议会民主制中对行政机构的高度宪法控制结果(K)的条件。他将共识民主的存在(C)、政治制度中强大的总统制组成部分(P)、民主制是不是新的(N),以及宪法的刚性(R)确定为潜在的条件。表 7.1 中的数据矩阵显示了每种情况在所有条件和结果下的模糊集隶属值。

我们首先要把这个数据矩阵转换成真值表。如第 4.2 节所述,这需要三个步骤:识别所有逻辑上可能的配置;将每个案例分配到这些真值表中的一行;以及对每行结果值进行定义。步骤 1 简单而直接:4 个条件生成一个有 16 行的真值表。

---

① 在这里我们并不是要重新分析,而仅仅是将其作为一个例证。在最初的研究中,彭宁斯使用了包容算法(Ragin,2000)(参见第 7.4 节),并且我们把每个隶属值为 0.5 的案例集都重新编码为 0.55。此外,由于数据不完整,我们将俄罗斯排除在我们的分析之外。

表 7.1　包含 44 个案例的模糊值数据矩阵

国　家	条件				结果
	C	P	N	R	K
澳大利亚	0.33	0	0.33	0.83	0.33
奥地利	0.55	0.55	0.33	0.67	0.33
孟加拉国	0.17	0.17	1	0.67	0.33
比利时	1	0	0.17	0.67	0.17
博茨瓦纳	0	1	0.67	0.17	0
保加利亚	0.55	0	1	0.17	0.67
加拿大	0.17	0	0.17	0.83	0.33
捷克	0.55	0.83	1	0.17	0.55
丹麦	0.83	0	0.17	0.55	0.55
爱沙尼亚	0.83	0.33	1	0.17	0.67
芬兰	0.83	0.67	0.33	0.67	0.17
法国	0.67	0.55	0.67	0.55	0
德国	0.55	0.17	0.55	0.83	0.67
希腊	0.33	0.67	0.83	0.55	0.55
圭亚那	0	0.33	0.67	0.67	0.17
匈牙利	0.67	0	1	0.33	1
冰岛	0.67	0.83	0.33	0	0.17
印度	0.33	0.55	0.55	0.67	0.33
爱尔兰	0.33	0	0.33	0.55	0.55
以色列	1	0	0.55	0	0.83
意大利	1	0.67	0.55	0.33	0.67
牙买加	0	0	0.67	0.67	0.33
日本	0.17	0	0.55	1	0.33
拉脱维亚	0.83	0.17	1	0.67	0.83
立陶宛	0.33	0.33	1	0.33	0.17
卢森堡	0.67	0	0.17	0.33	0.55
马其顿	0.55	0	1	0.67	1
马耳他	0	0.17	0.83	0.33	0.33
纳米比亚	0	0.83	1	0.33	0.17
荷兰	0.83	0	0.17	0.67	0.55
新西兰	0.67	0	0.17	0	0.17
挪威	0.67	0	0.17	0.67	0.55
巴基斯坦	0.17	1	0.83	1	0

（续表）

国　家	条件				结果
	C	P	N	R	K
波兰	0.55	0.55	1	0.33	0.55
葡萄牙	0.17	0.67	0.83	0.67	0.55
罗马尼亚	0.83	0.33	1	1	0.55
斯洛伐克	0.83	0.83	1	0.17	0.67
斯洛文尼亚	0.83	0.55	1	0.17	0.33
南非	0	0.67	1	0.67	0.55
西班牙	0.33	0	0.83	0.33	0.55
斯里兰卡	0.33	1	0.83	0.33	0.17
瑞典	0.67	0	0.17	0	0.55
土耳其	0.55	0.17	0.83	1	0.17
英国	0	0	0	0	0.17

注:C=共识民主；
　　P=强大的总统；
　　N=新民主主义；
　　R=刚性宪法；
　　K=宪法对行政的控制。
资料来源:Pennings，2003。

在步骤 2 中，每个案例被分配到其成员隶属值超过 0.5 的行。让我们以澳大利亚为例。它在 C、P、N 和 R 中的隶属值分别为 0.33、0、0.33 和 0.83。因此，澳大利亚最接近这样一个理想类型的国家：共识民主水平低(～C)、没有强有力的总统(～P)、民主制并不是最新的(～N)、有刚性宪法(R)。澳大利亚在第～C～P～NR 行中的隶属值为 0.67，在所有其他真值表行中都低于 0.5，这正是我们在前面第 4 章所说的，每个案例在一旦只有一行中可以有大于 0.5 的隶属值。除了澳大利亚外，加拿大(0.83)和爱尔兰(0.55)也是～C～P～NR 的成员。让我们再举一个例子:奥地利的最佳拟合理想类型或行是 CP～NR,其中它的隶属值为 0.55,同时芬兰(0.67)也和奥地利一样，属于 CP～NR 这一列。

根据这一程序，我们把所有案例都归结为各自的理想类型。本练习的结果如表 7.2 所示。例如,理想类型～C～P～NR 用第 2 行表示,其中 C＝0、P＝0、N＝0、R＝1。正如我们所看到的,这个真值表行包含三个案例:澳大利亚、加拿大和爱尔兰(如表 7.2 的最后一列所示)。

表 7.2　理想类型的案例分布

行	理想类型描述＝真值表行＝空间角落				在理想类型中隶属值＞0.5 的案例数量	在理想类型中隶属值＞0.5 的案例
	C	P	N	R		
1	0	0	0	0	1	英国
2	0	0	0	1	3	澳大利亚、加拿大、爱尔兰
3	0	0	1	0	3	西班牙、立陶宛、马耳他
4	0	0	1	1	4	孟加拉国、圭亚那、日本、牙买加
5	0	1	0	0	0	无案例
6	0	1	0	1	0	无案例
7	0	1	1	0	3	斯里兰卡、纳米比亚、博茨瓦纳
8	0	1	1	1	5	希腊、印度、葡萄牙、巴基斯坦、南非
9	1	0	0	0	3	卢森堡、新西兰、瑞典
10	1	0	0	1	4	比利时、丹麦、挪威、荷兰
11	1	0	1	0	4	保加利亚、爱沙尼亚、匈亚利、以色列
12	1	0	1	1	5	德国、拉脱维亚、马其顿、罗马尼亚、土耳其
13	1	1	0	0	1	冰岛
14	1	1	0	1	2	奥地利、芬兰
15	1	1	1	0	5	捷克、意大利、波兰、斯洛伐克、斯洛文尼亚
16	1	1	1	1	1	法国

7.2　为真值表行赋予结果值

真值表算法的第 3 步包括确定每个真值表行的结果值。行可以是结果的充分行,也可以是结果的不充分行,或者是逻辑上的余数行。

在我们的数据中,在～CP～N～R(第 5 行)或～CP～NR(第 6 行)

中，没有一个案例的隶属值高于0.5。因此，第5行和第6行是逻辑余数。还有其他几行每一行只包含一个隶属值高于0.5的案例（第1、13、16行）①。

在确定逻辑余数之后，所有剩余行都要进行充分性测试。这包括计算每行作为结果的充分条件的一致性值。对于这个计算，我们需要检查每个案例在给定行的隶属值是否等于或小于它在结果中的隶属值（第3.1.2.1节）。请注意，所有非逻辑余数行的一致性检验总是涉及所研究的所有案例，而不仅仅是那些在各自行的隶属值高于0.5的案例。②

下面让我们举个例子来演示第2行（～C～P～NR）的一致性测试。首先，计算每个案例在本行中的隶属值（表7.3中的～C～P～NR列）。我们发现～C～P～NR中的大多数案例隶属值较低。在这种理想类型中，只有前面提到的澳大利亚、加拿大和爱尔兰的隶属值高于0.5。为了计算～C～P～NR的一致性作为结果K的充分条件，我们应用第5.2节中介绍的公式。为此，我们需要将所有案例下～C～P～NR和K的最小值相加，得到的值是5.17，并将其作为公式的分子。然后我们需要条件～C～P～NR下所有案例的隶属值之和，得到的值是6.86，并将其作为公式的分母。～C～P～NR的一致性值为：

$$一致性充分性～C～P～NR = 5.17/6.86 = 0.75$$

虽然它处于可接受的一致性水平的下限，但研究人员仍可能将这一行归类为结果的充分条件。但是，如果我们看一下哪些案例违反了充分性陈述，就会对这个判断产生一些怀疑。如表7.3的最后一列所示，与C～P～NR充分性陈述相矛盾的案例有：澳大利亚、奥地利、加拿大、法国、圭亚那、印度和日本。其中两个案例（澳大利亚和加拿大）代表了真正的逻辑矛盾（参见5.2节）。这两个案例在条件上是更多地在而不是不在假设的充分条件中（～C～P～NR＞0.5），但是二者在结

---

① 如前所述（第6.1节），研究人员可能会将定义逻辑余数的频率阈值设置为高于一种案例，因为他们的研究是案例数多的大N研究和/或因为设置的校准被认为是不精确的，并且可能由于测量误差而连续只存在一种案例。频率阈值越高，解项的覆盖率可能越低（第5.3节）。

② 这解释了为什么大多数相关软件包也报告逻辑余数行的一致性值。

表 7.3　在理想类型 ~C~P~NR 中案例的模糊集隶属值

案例	条件				结果	隶属值		与子集关系的一致性
	C	P	N	R	K	~C~P~NR	Min.(~C~P~NR; K)	~C~P~NR≤K
澳大利亚	0.33	0	0.33	0.83	0.33	0.67	0.33	否(TLC)
奥地利	0.55	0.55	0.33	0.67	0.33	0.45	0.33	否
孟加拉国	0.17	0.17	1	0.67	0.33	0	0	是
比利时	1	0	0.17	0.67	0.17	0	0	是
博茨瓦纳	0	1	0.67	0.17	0	0	0	是
保加利亚	0.55	0	1	0.17	0.67	0	0	是
加拿大	0.17	0	0.17	0.83	0.33	0.83	0.33	否(TLC)
捷克	0.55	0.83	1	0.17	0.55	0	0	是
丹麦	0.83	0	0.17	0.55	0.55	0.17	0.17	是
爱沙尼亚	0.83	0.33	1	0.17	0.67	0	0	是
芬兰	0.83	0.67	0.33	0.67	0.17	0.17	0.17	是
法国	0.67	0.55	0.67	0.55	0	0.33	0	否
德国	0.55	0.17	0.55	0.83	0.67	0.45	0.45	是
希腊	0.33	0.67	0.83	0.55	0.55	0.17	0.17	是
圭亚那	0	0.33	0.67	0.67	0.17	0.33	0.17	否
匈牙利	0.67	0	1	0.33	1	0	0	是

（续表一）

案例	条件				结果	隶属值		与子集关系的一致性
	C	P	N	R	K	~C~P~NR	Min.(~C~P~NR; K)	~C~P~NR≤K
冰岛	0.67	0.83	0.33	0	0.17	0	0	是
印度	0.33	0.55	0.55	0.67	0.33	0.45	0.33	否
爱尔兰	0.33	0	0.33	0.55	0.55	0.55	0.55	是
以色列	1	0	0.55	0	0.83	0	0	是
意大利	1	0.67	0.55	0.33	0.67	0	0	是
牙买加	0	0	0.67	0.67	0.33	0.33	0.33	是
日本	0.17	0	0.55	1	0.33	0.45	0.33	否
拉脱维亚	0.83	0.17	1	0.67	0.83	0	0	是
立陶宛	0.33	0.33	1	0.33	0.17	0	0	是
卢森堡	0.67	0	0.17	0.33	0.55	0.33	0.33	是
马其顿	0.55	0	1	0.67	1	0	0	是
马耳他	0	0.17	0.83	0.33	0.33	0.17	0.17	是
纳米比亚	0	0.83	1	0.33	0.17	0	0	是
荷兰	0.83	0	0.17	0.67	0.55	0.17	0.17	是
新西兰	0.67	0	0.17	0	0.17	0	0	是

(续表二)

案例	条件				结果	隶属值		与子集关系的一致性
	C	P	N	R	K	~C~P~NR	Min.(~C~P~NR; K)	~C~P~NR≤K
挪威	0.67	0	0.17	0.67	0.55	0.33	0.33	是
巴基斯坦	0.17	1	0.83	1	0	0	0	是
波兰	0.55	0.55	1	0.33	0.55	0	0	是
葡萄牙	0.17	0.67	0.83	0.67	0.55	0.17	0.17	是
罗马尼亚	0.83	0.33	1	1	0.55	0	0	是
斯洛伐克	0.83	0.83	1	0.17	0.67	0	0	是
斯洛文尼亚	0.83	0.55	1	0.17	0.33	0	0	是
南非	0	0.67	1	0.67	0.55	0	0	是
西班牙	0.33	0	0.83	0.33	0.55	0.17	0.17	是
斯里兰卡	0.33	1	0.83	0.33	0.17	0	0	是
瑞典	0.67	0	0.17	0	0.55	0	0	是
土耳其	0.55	0.17	0.83	1	0.17	0.17	0.17	是
英国	0	0	0	0	0.17	0	0	是
					Sum	6.86	5.17	

注：TLC=真正的逻辑矛盾案例。

果上更多的是不在而不是在其中（K<0.5）。此外,这两个案例也是~C~P~NR 为最佳拟合理想类型的仅有三种案例之一。因此,恰恰是那些对所谓的充分条件有很好的经验表征的案例,与充分性的陈述本身相矛盾。因此,尽管充分条件的一致性值 0.75 勉强可以接受,但是我们依然有很好的理由反对定义真值表行~C~P~NR 作为 K 的充分条件。

关于上面这个例子,想要提醒大家注意的是,一致性值往往不足以评估充分性。由于一致性公式并不能反映真正的逻辑矛盾的存在,所以对充分性的判断也应始终以案例为导向（Ragin,2009）。如果充分条件的不一致是源于真正的逻辑矛盾,那么其充分性的陈述就比它不是充分性的陈述更值得怀疑。

表 7.4 显示了除逻辑余数行以外的每个真值表行的一致性值。接下来我们需要基于一致性分数,以及是否存在真正的逻辑矛盾来决定每个真值表行是否足以被认为是结果 K 的充分条件。

我们看到一致性值的范围在 0.91（第 11 行）到 0.62（第 14 行）之间。[①]如果我们接受的一致性阈值是 0.8,那么有五行（第 3 行和第 9—12 行）被认为对结果 K 是充分的,因此可以包括在逻辑最小化过程中（第 4.3 节）。在确定了一致性的阈值之后,接下来要做的就是检查每一行是否有逻辑矛盾的存在。对于第 3 行,在与充分性陈述不一致的五个案例中,有两个（立陶宛和马耳他）是真正的逻辑矛盾。对于第 9 行,有六个不一致的案例,其中一个（新西兰）是真正的逻辑矛盾。第 10 行显示了六个不一致的案例,其中一个（比利时）是真正的逻辑矛盾。对于第 11 行,存在四个不一致的案例,没有一个是逻辑矛盾。最后,第 12 行有五个不一致的案例,其中一个（土耳其）是真正的逻辑矛盾。

就像我们需要根据研究的具体特征选择精确的一致性阈值一样,研究人员也应该灵活并明确地证明哪些包含真正的逻辑矛盾的行可以被认为是充分的,哪些不是充分的。例如,大家可能会对第 9 行和第 10 行的一致性值是 0.8,而第 4 行的一致性值是 0.79 存有疑问,这二者

---

① 在研究实践中,根据一致性值对行进行排序是非常可取的,以便检查是否有较大的一致性差距可以用作一致性的阈值（Ragin,2008a:144）。

表 7.4　理想类型的一致性得分

行	理想类型描述＝真值表行＝空间角落				在理想类型中隶属值>0.5的案例数量	一致性值
	C	P	N	R		
1	0	0	0	0	1	0.76
2	0	0	0	1	3	0.75
3	0	0	1	0	3	0.85
4	0	0	1	1	4	0.79
5	0	1	0	0	0	—
6	0	1	0	1	0	—
7	0	1	1	0	3	0.66
8	0	1	1	1	5	0.68
9	1	0	0	0	3	0.80
10	1	0	0	1	4	0.80
11	1	0	1	0	4	0.91
12	1	0	1	1	5	0.87
13	1	1	0	0	1	0.68
14	1	1	0	1	2	0.62
15	1	1	1	0	5	0.78
16	1	1	1	1	1	0.77

的差距很小,如果仅根据一致性值就判定第4行不是充分的,这显然有些牵强。但进一步说,第4行有八个不一致的案例,并且其中不少于四个是真正的逻辑矛盾,这才是其不对结果充分的主要原因。

我们决定将第3行、第9行、第10行、第11行和第12行纳入接下来的逻辑最小化过程。不过这里面除了第11行外的其他所有行都包含真正的逻辑矛盾。因此,任何基于这个真值表的解项不仅不完全一致,而且还包含真实的逻辑矛盾案例。

7.3　真值表的逻辑最小化

表 7.5 对之前我们对每一行是否纳入充分条件的分析做了一个总

结，也就是哪些行是逻辑余数（条件成员隶属值高于 0.5 的案例数为 0），哪些行可以声明是充分条件（充分条件一致性值大于等于 0.8 并且 没有太多逻辑矛盾案例），哪些行不能声明是充分条件（一致性阈值低 于 0.8 和/或逻辑矛盾案例太多）。表 7.5 的最后一列就是对每个真值 表行进行这种分类。[①]

表 7.5　基于模糊集数据矩阵的真值表

| 行 | 理想类型描述＝真值表行＝空间角落 | | | | 理想类型中 隶属值＞0.5 的案例数量 | 一致性 | 这一行 对结果 K 充分吗？ |
	C	P	N	R			
11	1	0	1	0	4	0.91	1
12	1	0	1	1	5	0.87	1
3	0	0	1	0	3	0.85	1
9	1	0	0	0	3	0.80	1
10	1	0	0	1	4	0.80	1
4	0	0	1	1	4	0.79	0
15	1	1	1	0	5	0.78	0
16	1	1	1	1	1	0.77	0
1	0	0	0	0	1	0.76	0
2	0	0	0	1	3	0.75	0
8	0	1	1	1	5	0.68	0
13	1	1	0	0	1	0.68	0
7	0	1	1	0	3	0.66	0
14	1	1	0	1	2	0.62	0
5	0	1	0	0	0	逻辑余数	?
6	0	1	0	1	0	逻辑余数	?

　　现在，我们可以回到第 4.3 节和第 6.4 节中介绍的逻辑最小化真值 表的工具。我们感兴趣的是存在对行政机构的高度宪法控制（K）这一 结果的充分条件。这就是为什么我们计算 K 存在的行作为充分条件的 一致性。换句话说，这个真值表只对结果 K 存在下的充分条件的分析有

---

　　① 请注意，在大多数执行真值表算法的软件包中，这一列被称为"结果"或"Y"。这 是一种误导，因为本栏中的值并不反映相应行中案例的经验观察结果值的二分版本。相 反，它们反映了研究人员对给定一行是否足以被认为是结果的评估。

效,而对结果 K 的不存在(~K)和必要条件的分析无效(参见第 9.1 节)。

如第 6.4 节所述,在存在有限多样性的情况下,标准分析程序允许根据是否对逻辑余数进行假设而产生不同的解项。如果不做任何假设,则产生保守解项,如果做简化假设,则产生最简约解项,如果只允许简单的反事实,则出现中间解项。为了演示,我们在此只做保守解项的分析。

对结果 K 充分的所有行的布尔表达式如下:

C~PN~R+C~PNR+~C~PN~R+C~P~N~R+C~P~NR→K

简化后为:

C~P+~PN~R→K

因此,我们确定了两条充分的路径来实现对行政机构的高度宪法控制:一是共识民主与缺乏强有力的总统的结合,或者缺乏强有力的总统与新民主和缺乏严格的宪法的结合。[1]该解的拟合参数如下:

	C~P+	~PN~R	→K
原始覆盖率	0.69	0.57	
唯一覆盖率	0.23	0.11	
唯一覆盖的案例*	比利时、丹麦、拉脱维亚、荷兰、卢森堡、新西兰、瑞典、罗马尼亚、德国、马其顿、土耳其	立陶宛、马耳他、西班牙	
一致性	0.77	0.84	
解项覆盖率	0.80		
未覆盖案例**	意大利、斯洛文尼亚、斯洛伐克、波兰、爱尔兰、希腊、瑞典、葡萄牙		
解项一致性	0.75		

注:* 仅由唯一路径覆盖的案例,即仅在该路径中隶属值>0.5,而不在其他路径中的案例。

** 在结果中隶属值>0.5,同时在任何路径中隶属值<0.5 的案例。

---

[1] 我们可能倾向于把~P解释为一个必要条件,因为它是充分性解项的所有路径的一部分。然而,如果我们这样做,就有可能创造所谓的虚假必要条件。在第 9.1.2 节中,我们将详细讨论这种谬误和可能的补救措施。

　　除了报告拟合参数外,用于评估和解释该解项的另一个更面向案例的策略是为每条路径和/或整个解项生成 XY 图。图 7.1 显示了路径 C～P 的 XY 图。一致性值可以通过主对角线以下的案例数量及其与主对角线的距离来显示。"共识民主加上没有总统制(C～P)作为存在对行政机构的强有力的宪法控制(K)这一结果的充分条件"这一说法的最严重逻辑矛盾案例就是比利时。比利时在路径 C～P 中拥有完美的隶属值,而在结果 K 中几乎没有隶属值。同样,新西兰(NZ)和土耳其(TR)在逻辑上也与"C～P 对 Y 是充分的"这一说法相矛盾。研究人员将这些逻辑矛盾案例包括在报告当中,并且在对研究结果进行实质性解释时充分考虑这些矛盾案例。在进行结果分析时,显然不能将比利时、新西兰或土耳其作为证明条件 C～P 对 K 充分的经验实例,更不能用这些案例来剖析 C～P 与 K 之间的因果机制。[①]此外,我们看到有几个案例虽然在路径 C～P 中具有较低的隶属值,但是它们在结果上的隶属值却在 0.5 以上,这些案例包括 XY 图左上角的一些国家,

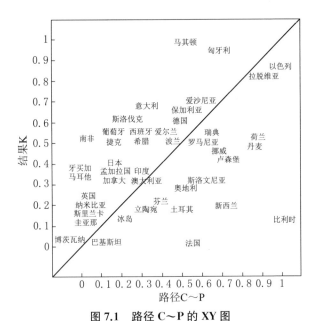

图 7.1　路径 C～P 的 XY 图

---

① 在第 11.4 节中,我们将进一步详细讨论后 QCA 案例选择策略的问题。

比如意大利和斯洛伐克等。原则上,这些案例可以被其他充分路径所覆盖——然而,在实践中,这些案例并没有被整个解项所覆盖。

　　总之,真值表算法由一系列步骤组成:第一步是将清晰集或模糊集数据矩阵转换为真值表;第二步是将案例属性赋给行,将行定义为充分行、不充分行或逻辑余数;第三步是在逻辑上最小化真值表。图7.2提供了真值表算法步骤的图形摘要。对于每一个逻辑上可能的条件组合,我们需要决定潜在的模糊集证据案例是否足够,如果证据不足,则只能归为逻辑余数行。同时,在那些不是逻辑余数的条件组合中,我们需要区分哪些行作为结果的充分条件是达到一致性阈值的,哪些是达不到一致性阈值的。

(1) 特性空间/真值表行/理想类型的角落是否包含足够的实证证据?

是　　　　　　　　　　否:Y=逻辑余数

(2) 角落/行/理想类型是否一致地足以实现目标?

是　　　　　　　　　　否
Y=1　　　　　　　　　Y=0

图7.2　真值表算法步骤

7.4　真值表算法的含义

　　在这一小节我们对真值表算法的几个重要特性进行总结。第一,一旦构建了真值表,我们就可以通过应用标准分析程序(第6.4节)或增强标准分析程序(第8.2节)来选择不同的逻辑余数处理方法。第二,由表7.5中的真值表算法生成的真值表并不适用于对必要性的分析,因为它们没有显示每个案例在结果中的隶属值。因此,我们不应该根据真值表算法来推断必要条件的存在或不存在，这一点我们将在第9.1节中详细阐述。

第三，由算法产生的真值表只对结果的存在或不存在有效，而不是对两者都有效。因此，如果我们想要分析对行政机构缺乏强有力的宪法控制的充分条件($\sim$K)，我们就不能使用表7.5所示的以K为结果构建的真值表。也就是说，当对结果$\sim$K感兴趣时，我们不能简单地在逻辑上最小化表7.5的结果列中以0表示的所有行。相反，当分析$\sim$K时我们必须从头开始真值表算法，计算每一行作为$\sim$K的充分条件的一致性。需要创建单独的真值表的原因是，决定一行是否作为导致结果的充分条件取决于它所获得的一致性值。在应用QCA过程中经常发生的是，某行既不满足K也不满足$\sim$K，因为它没有通过两个结果中的任何一个的一致性阈值，因此研究人员没有将它包括在任何两个的逻辑最小化过程中。①

第四，该算法既适用于清晰集，也适用于模糊集。事实上，由于真值表算法依赖一个真值表，而真值表又只由1和0组成，有些人可能会认为真值表算法所做的无非是通过二分类将模糊集变成清晰集。然而，这是错误的。模糊集中包含的更精细的信息永远不会丢失，并用于不同的步骤：(1)在计算真值表行中案例的隶属值从而识别逻辑余数时；(2)计算一行的一致性，从而识别该行的充分性时；(3)计算解公式的拟合参数时。另外，在用真值表算法对模糊数据进行分析后，每个案例在解项和结果中的模糊集隶属值可以也应该显示出来，例如图7.1中的XY图。

事实上，当一个概念不是一个自然的二分法而且模糊集可用时，强行将其变成清晰集并不是一个好的做法(Ragin，2008a：138—141)。首先，对于模糊集，充分性检验更加保守。如果我们将模糊集转换为清晰集，使用0.5的定性锚点作为隶属值的阈值，那么在使用模糊集时不一致的条件在使用相同数据的清晰集版本时会突然变得完全一致。为

---

① 对于模糊集，可能会发生同一行通过了两个结果的一致性阈值的情况，因此可能被认为对Y和$\sim$Y都是充分的。在第9.2.2节中，我们对这个问题和其他几个分析挑战进行了广泛的处理，这些挑战都来自X或Y或两者的偏斜隶属值。

了说明这一点,我们在图 7.3 中展示了一个叠加了 2×2 表的 XY 图。

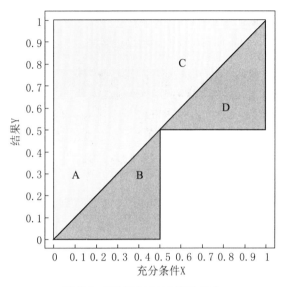

图 7.3　XY 图与 2×2 表的结合

　　对于模糊集,所有案例都需要在主对角线以上,以便 X 作为 Y 的充分条件完全一致。换句话说,位于区域 B 和区域 D 的案例与 X 对 Y 是充分的陈述不一致。例如,X＝0.8 和 Y＝0.6 的案例将位于区域 D,从而导致 X 的不一致。X＝0.4 和 Y＝0.3 会落入区域 B,使条件 X 更加不一致。现在,考虑一下如果我们把一个模糊集变成一个清晰集会发生什么。区域 D 中的所有案例在 X 和 Y 中都获得了 1 的清晰集隶属值,区域 B 中的所有案例在 X 和 Y 中都获得了 0 的隶属值,因此,它们不再与集合论中 X 对 Y 是充分的陈述相矛盾。换句话说,通过消除精细模糊集隶属值,只保留关于它们的定性差异的信息(反映在定性锚点 0.5 以上或以下的隶属值),我们已经把迄今为止不一致的条件变成了更一致(甚至完全)的充分条件。因此,通过对模糊集隶属值进行二分,我们人为地增加了集合关系的一致性——这一论点也适用于表示必要性的集合关系。

　　最后,真值表算法现在已经取代了拉金(Ragin,2000)描述的包容算法，成为分析模糊集的主要方法。与包容算法不同，真值表算法的主要优点是，研究人员可以利用真值表这个强大的工具。因此，研究人员可以更好地掌握逻辑余数，并且清晰集 QCA 和模糊集 QCA 的分析过程几乎完全相同，而不是两种不同类型的数据分析方法。

概览：真值表算法

真值表算法是分析**充分条件**的核心工具，由三个步骤组成。第一，将数据矩阵转换为**真值表**。第二，每个**真值表行**都被分为三类：**逻辑余数**行、与感兴趣的结果**一致**行、与结果不一致行。第三，对真值表进行**逻辑最小化**。

真值表算法既适用于**清晰集**，也适用于**模糊集**。对**模糊集**进行二分和对**清晰集**进行分析会导致不同的结果。

结果发生和结果未发生的充分条件必须分开分析。

必要条件并不能通过真值表算法来获得。

第三部分　解项潜在的缺陷和建议

8

标准分析程序中的潜在缺陷和建议

导 读

在前一章中，我们将前面几章介绍的 QCA 的各种元素都汇聚到了真值表算法当中。在第 7 章中，我们先是描述了如何基于经验数据创建真值表，如何对数据进行逻辑最小化，以及应用标准分析程序，通过处理逻辑余数的不同策略产生保守的、最简约的和中间的解项。在第 8 章和第 9 章中，我们就如何改进标准分析程序提出了建议。因为标准分析程序会导致真正的分析缺陷，而不仅仅是表面上的缺陷，所以第 8 章和第 9 章是对当前标准分析程序中存在的一些争论的有价值的补充。

毫无疑问，标准分析程序是处理有限多样性的一种非常有用的策略。特别是中间解项有几个有利的性质：它们在简约性和复杂性之间取得了平衡；它们是用理论指导的假设补充现有的经验信息的结果；它们以一种有意识而又实用的方式处理逻辑余数。这些性质使得中间解项优于复杂解项和最简约解项。虽然中间解项确实非常有用，但在本章中，我们的目标是证明中间解项依然存在的一些缺陷。我们认为，标准分析程序没有防范两个缺陷。其一，它可能会创建出基于我们称之为不可靠的假设的解项。其二，它导致研究人员忽略了有趣和有用的逻辑余数，从而忽略了富有洞察力的解项，仅仅因为这些余数对简约没有贡献。

因此，我们需要对反事实有一个更不同的看法（第 8.1 节）。我们用已发表的 QCA 实证分析结果来证明，当应用标准分析程序时，做出不可靠的假设的问题实际上确实发生了。我们因此提出增强标准分析作为补救措施(第8.2节)，也就是禁止在任何解项中包含不可靠的假设。理论指导的增强标准分析(第8.3节)是强调用理论合理性取代简约性来作为主要决策规则，来决定哪些逻辑余数可以作为反事实主张。这一思想就是要将定向期望的概念从单一条件扩展到条件的组合，整个真值表行是这种组合定向期望的最极端形式。

请注意，本章和下一章将对当前关于QCA的文献进行扩展。最有可能的是，读者在这里停止阅读本书，并将他们从前几章中获得的所有知识正确地应用到基于QCA的研究中，因为这已经达到了如何执行QCA的当前标准。然而，从现在开始，我们要解决的问题是真实存在的，它们确实会影响从QCA中得出的结论的质量。因此，我们建议初学者首先确保已经充分理解了第1—7章中涉及的基础知识，然后至少对接下来几章中涉及的主题有一个总体的概述。更高阶的读者可能会特别喜欢下面的章节，因为他们中的大多数人很可能遇到过一个或多个这样的问题，但还没有找到合理的解项。

8.1 超越标准分析：扩大反事实的类型

在第6.4.3节中，我们介绍了不同类型的假设或反事实主张之间的区别：简化假设、简单的反事实和困难的反事实。下面，我们将进一步区分反事实的类型。我们将它们分为好的反事实和不可靠的反事实，后者由难以置信和不连贯的反事实组成。

不连贯的反事实被定义为在分析程序的不同时刻与相同余数所做的主张相矛盾的假设。这种谬论可能以两种方式发生。第一，研究人员对Y和~Y分别进行分析，并将相同的余数包含到两个最小化过程中。通过这样做，研究人员实际上是在说，相同的逻辑余数对于一个结果的出现和不出现都是充分的。这种类型的假设已经在文献中被称为矛盾假设(Yamasaki and Rihoux，2009)。①第二种不连贯的反事实可能发生在研究人员提出必要性主张，但同时也允许逻辑余数成为与必要性主张相矛盾的充分性解项的一部分。要了解这是如何发生的，请回忆一下，如果 X 对 Y 是必要的，那么 Y 在～X 存在的情况下不可能出现。形式上也就是：如果 X←Y，则～X→～Y(第 3.3.3 节)。因此，如果研究人员声称 X 对 Y 是必要的，那么任何暗示条件～X 的逻辑余数行都不能用于假定能产生结果 Y 的反事实声明。这种因必要性导致的不连贯的反事实是迄今为止被广泛忽视的缺陷。

难以置信的反事实指的是对不可能余数的假设。回顾第 6.2.3 节，不可能余数表示那些既违反纯形式逻辑(例如，一个国家同时富有又贫穷)又违反常识(例如，怀孕的男人)的条件组合。任何声称这种不可能余数都足以产生任何结果的假设，对我们来说都是一种难以置信的反事实，因此应该避免。

另一个类别是好的反事实(Lewis，1973；Tetlock and Belkin，1996；Lebow，2010；Goertz and Mahoney，2012:ch.9)。这些逻辑余数的主张满足了理论上合理的反事实的标准②，而且不论它们是否有助于简约，这是这里的重点。换句话说，好的反事实被选择是因为研究人员有强大的理论和实质性的论据，认定如果这个特定的余数(或一组余数)存在，就会产生结果。

图 8.1 是第 6.4.4 节(图 6.2)中类似的维恩图的更新版本。这个维恩图图形化地总结了我们的观点，并可视化地展示了在哪里可以找到标准分析程序的缺陷。矩形表示所有逻辑余数的集合。内圈表示所有简化的假设，这些假设被分解为困难的反事实和简单的反事实。我们超越这一点，进一步区分可靠的和不可靠的简化假设(包括简单的和困难的假设)，以及可靠的假设之间好的假设和不好的假设。

标准分析程序既不区分可靠的和不可靠的假设，也不区分好的和

---

① 通常，它们被标记为相互矛盾的简化假设。我们宁愿放弃"简化"这个形容词，因为这样的假设并不一定会导致矛盾。

② 根据埃芒内格尔(Emmenegger，2012)所总结的，这些反事实的标准包括：前因和结果假设的清晰度、先行词的可信性、结果的条件似然性、可预估性、最小重写规则。

不好的假设。因此，它允许包括不可靠的简单的反事实和困难的反事实，并排除那些没有简化的好的反事实。从本质上讲，标准分析程序和我们处理逻辑余数的建议之间的区别如下：标准分析程序验证基于图8.1内圈内的逻辑余数的任何解项。相反，我们认为，分析过程应该只接受基于图8.1中灰色阴影区域的逻辑余数的解项。这个区域包含的好的反事实既可以是可简化的，也可以不是可简化的。

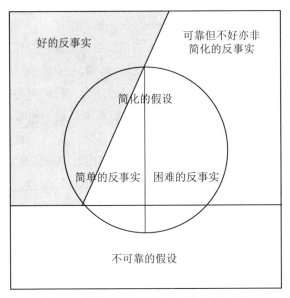

图 8.1　维恩图：反事实的类型、扩展列表

公平地说，大多数简单的反事实都是好的反事实，而大多数好的反事实都是简单的反事实。从这个意义上说，图8.1中区域的大小并不能反映不同类型的反事实在应用QCA中通常发生的频率。然而，在评估反事实的作用时，重要的不是数量，而是它们的质量。如果结果 Y 的一个特定的中间解项，取决于怀孕的男人产生 Y 这样的反事实的声明，那么问题就不是有多少个怀孕的男人这样的不可能余数被假定了，而是这件事的性质本身，也就是至少有一个这样的余数被假定了。

8.2 增强标准分析：不可靠的假设以及如何避免

我们展示了 SA 程序给予简约的首要地位如何产生难以置信和不连贯的反事实。我们证明，当只使用简单的反事实时，这个缺陷也会发生。因此，SA 可能会产生基于不可靠的假设的中间解项条款。在最后一节中，我们将增强标准分析描述为一种避免不可靠的假设的策略。下面，我们使用已发表的数据，但是，既没有复制原始的分析，也没有总是声称原始作者在他们数据的帮助下犯下了我们所描述的分析谬误。

8.2.1 不连贯的反事实 I：与必要性陈述相矛盾

我们先用第 5.3 节已经用过的韦斯(Vis，2009)的例子来举例。在韦斯的模糊集 QCA 分析中，作者调查了政府推行不受欢迎的社会政策(U)的条件，并指定了三个条件：政治地位薄弱、政党预计在下次选举中失败(P)、不断恶化的社会经济形势(S)。作者在文章中分析了结果(U)发生的条件。出于陈述的目的，我们在这里分析一下结果 U 不发生(∼U)的充分条件，也就是不推行不受欢迎的社会政策的条件。

表 8.1 以真值表的形式呈现了 25 个案例的信息。[1]从这个真值表可以看到，虽然三个条件的条件组合只有八行，但依然有三行没有足够的经验证据，因此被归类为逻辑余数(第 6.1 节和第 7.1 节)。

对必要性的分析表明，执政党在下次选举中预期不会失败(∼P)是不推行不受欢迎的社会政策的必要条件。用公式表示为：

$$\sim P \leftarrow \sim U [2]$$

为了分析充分性，我们选择案例频率阈值为 1，充分条件一致性阈

---

[1] 模糊集数据矩阵可以在在线附录(www.cambridge.org/schneider-wagemann)中找到。

[2] ∼P 作为∼U 存在的必要条件，其一致性为 0.93，覆盖率为 0.7。

值为 0.8。对于中间解项，我们施加以下定向期望：

$$\sim S \rightarrow \sim U, \ \sim R \rightarrow \sim U$$

简单地说，我们期望社会经济形势没有恶化(~S)和政府中没有右翼政党(~R)都应该有助于~U。在条件 P 上，我们没有定向期望。

基于这个设置，标准分析程序产生了以下三个解项[①]：

保守解项：$\sim P \sim S + PSR \rightarrow \sim U$

最简约解项：$\sim S + PR \rightarrow \sim U$

中间解项：$\sim P \sim S + PR \rightarrow \sim U$

表 8.1　结果~U 的真值表

行	P	S	R	~U	一致性	案　例
1	0	0	0	1	0.829	科克 I, II；施罗德 I；N.拉斯穆森 I, IV；布莱尔, I, II
2	0	0	1	1	0.911	吕贝尔斯 II；科尔 I, II, III；施吕特 I；撒切尔 II
3	1	1	1	1	0.836	巴尔克嫩德 II；科尔 IV；施吕特 V[②]
4	0	1	1	0	0.706	吕贝尔斯 I, III；施吕特 II, IV；撒切尔 I, III；梅杰
5	1	1	0	0	0.696	N.拉斯穆森 II/III；施罗德 II
6	0	1	0		0.887	—
7	1	0	0	αε	0.916	—
8	1	0	1	αεβ	0.958	—

注:第6—8行：逻辑余数；
　　α 是用于结果~U 最简约解项的简化假设；
　　β 是用于结果~U 的中间解项的简单反事实；
　　ε 存在必要条件的否定；
　　αε 和 αεβ 假设与必要性陈述相矛盾。
资料来源:Vis，2009。

---

①　我们在这里没有报告拟合参数,既为了便于阅读,也因为它们与我们的论点无关。
②　这一行不仅对结果有很高的原始一致性~U,而且对U(0.91)也是如此。因此,在她对结果 U 的原始分析中,韦斯(Vis，2009:44)正确地将1的值归于这一行。表 8.1 中的第3行是一个同时包含结果及其否定的子集关系的例子——另一个重要的分析缺陷,我们将在第 9.2.2 节中详细讨论。

正如标准分析程序(第 6.4 节)所预见的那样,最简约解项是中间解项的超集,而中间解项又是保守解项的超集。保守解项没有对逻辑余数做任何假设。最简约解项依赖于两个简化假设,即第 7 行和第 8 行的逻辑余数对于结果(P~S~R＋P~SR→~U)是充分的。这两个假设在表 8.1 的~U 列中用希腊字母 α 表示。

这些简化假设的问题在于,它们与上面的必要性陈述相矛盾。如果我们宣称条件~P 对结果~U 是必要的,那么这意味着在条件~P 不存在时,结果~U 也不可能存在。换句话说,~U 和 P(~P 的补集)不可能同时存在。或者,更简单地说,在 P 存在的情况下,~U 不能发生。由此可见,逻辑最小化过程中不能包含 P 存在的逻辑余数(表 8.1 中用 ε 表示),因为这意味着我们假设这些余数对~U 是充分的。现在,如表 8.1 所示,最简约解项对含有 P 的逻辑余数(第 7 行和第 8 行,用 αε 表示)做了这样的假设:当 P 与~SR 或~S~R 组合时,它对~U 是充分的。包含条件 P 的逻辑余数构成了不连贯的反事实主张,但是却被纳入了最小化过程中,这是应该避免的。

有人可能认为这不是什么问题,因为我们通常使用的实质性解释是中间解项,而不是最简约解项。中间解项只允许简单的反事实,那么不可靠的假设问题将得到解决。然而在这里可以看到,中间解项并没有解决不连贯的反事实问题。大家可以看到,结果~U 的中间解项也基于与必要性陈述相矛盾的假设。如表 8.1 中的~U 列所示,第 8 行的逻辑余数尽管是一个不连贯的反事实(用符号 β 表示),但它依然包含在中间解项中。所以这个例子表明,简单的反事实确实可以是逻辑上不可靠的假设,而且一般来说,无论是标准分析程序,还是定向期望,都不能防止做出不可靠的假设。[①]

8.2.2　不连贯的反事实 II:矛盾的假设

里豪克斯和拉金(Rihoux and Ragin,2009)在他们编辑的关于构

[①]　注意,在保守解项中,也有一个路径包含条件 P,这似乎也与必要性陈述相矛盾。不过这与包含不可靠的假设是不同的现象,我们将在第 9.1.1 节"隐藏的必要条件"这一主题中具体讨论这一问题。

型比较方法的教科书中，采用李普塞特(Lipset，1959)的数据来介绍QCA的不同变体。李普塞特(Lipset，1959)的数据是为了分析民主制度生存的社会必要条件。拉金在模糊集 QCA 分析中，以欧洲在战争期间民主制度的生存作为结果(S)，并提出了五个导致结果的条件：经济发达国家(D)、城市化国家(U)、识字率高的国家(L)、工业化国家(I)、政治稳定的国家(G)(Ragin，2009：93)。拉金给出了两次世界大战期间 18 个欧洲国家的模糊集隶属值(Ragin，2009：Table 5.2)，并将原始一致性阈值设为 0.8(第 5.2 节)，从而得出了表 8.2 所示的真值表。下面我们就用这些数据来作为第二种不连贯的反事实的例子：矛盾的假设。[①]如果我们基于同一个真值表，在不同的步骤中单独分析结果的发生和不发生的充分条件，就会出现矛盾的假设。[②]

结果 S 的最简约解项是：

$$D \sim I + UG \to S$$

为了得到这个解，取其中 12 个逻辑余数作为简化假设(表 8.2 的 S 列用希腊字母 α 表示)。对于不出现结果~S 的最简约解项是：

$$\sim D + \sim G \to \sim S$$

从表 8.2 的 S 列中，我们看到 23 个逻辑余数中有 18 个被用于结果~S 的最简约解项的生成。我们在表 8.2 中用希腊字母 β 来表示这些逻辑余数(第 10—22、24、26、27、29、31 行)。大家可能已经发现了，这些被用于最简约解项的逻辑余数假设有几个是相互矛盾的简化假设。更具体地说，第 15 行、第 17 行、第 19 行、第 21 行、第 22 行、第 26 行、第 27 行和第 31 行中的逻辑余数(记为 αβ)已经被假设产生结果 S，现在也被假设产生结果~S。但我们不能做到两全其美。我们要么

---

① 这些数据，也有可能产生与必要性陈述不一致的反事实。必要性分析表明，L(一致性值为 0.99)和 G(一致性值为 0.92)是 S 的必要条件。现在，如果我们的定向期望为~L→S，~D→S，~U→S，~I→S，那么最简约解项(D~I+UG→S)和中间解项(D~IG+UG→S)都是基于必要条件的不连贯假设。

② 如前所述，这并不是对原始研究的重新分析。出于教学目的，我们使用了与原始研究不同的一致性阈值(0.8 而不是 0.7)和不同的定向期望。

表 8.2 李普塞特真值表

行	条件					结果	案例
	D	U	L	I	G	S	
1	1	1	1	1	1	1	比利时、捷克、荷兰、英国
2	1	0	1	0	1	1	芬兰、爱尔兰
3	1	0	1	1	1	0	法国、瑞典
4	0	0	1	0	1	0	爱沙尼亚
5	0	0	1	0	0	0	匈牙利、波兰
6	1	1	1	1	0	0	德国
7	1	0	1	1	0	0	奥地利
8	0	0	0	0	1	0	意大利、罗马尼亚
9	0	0	0	0	0	0	希腊、葡萄牙、西班牙
10	0	0	0	1	0	$\beta\delta\epsilon$	
11	0	0	0	1	1	$\beta\delta\epsilon$	
12	0	0	1	1	0	$\beta\delta\epsilon$	
13	0	0	1	1	1	$\beta\hat{\delta}$	
14	0	1	0	0	0	$\beta\delta\epsilon$	
15	0	1	0	0	1	$\alpha\beta\delta\epsilon$	
16	0	1	0	1	0	$\beta\delta\epsilon$	
17	0	1	0	1	1	$\alpha\beta\delta\epsilon$	
18	0	1	1	0	0	$\beta\delta\epsilon$	
19	0	1	1	0	1	$\alpha\beta\gamma\delta$	

注:第 10—32 行:逻辑余数;

α 是用于结果 S 的最简约解项的简化假设;

β 是用于结果 ～S 的最简约解项的简化假设;

γ 是用于结果 S 的中间解项的简单反事实(定向期望:～D→S;～U→S; ～I→S);

δ 是用于结果 ～S 的中间解项的简单反事实(定向期望:D→～S;U→ ～S;～L→～S;I→～S;～G→～S);

ε 存在必要条件的否定;

αβ 相矛盾的简化假设;

γδ 相矛盾的简单反事实。

资料来源:改编自 Ragin,2009:Table 5.8。

假设所讨论的逻辑余数对 S 是充分的,要么假设它们对～S 是充分的。矛盾的简化假设显然是不可靠的。由于我们对逻辑余数的选择完全由简约化的目标所驱动,所以出现了矛盾假设的问题。

遗憾的是,即使我们只考虑简单的反事实,矛盾的简化假设也会发生。我们称它们为矛盾的易反事实。为了说明,我们对 S 和～S 的分析做以下的定向期望:

$$\sim D \to S;\ \sim U \to S;\ \sim I \to S$$
$$D \to \sim S;\ U \to \sim S;\ \sim L \to \sim S;\ I \to \sim S;\ \sim G \to \sim S$$

～S 的定向期望是考虑到 L 和 G 是 S 的必要条件(一致性值分别为 0.99 和 0.92)。～S 没有必要条件,但根据我们对德摩根定律(第 3.3.3 节)的解释,如果 L←S 和 G←S,则～L→～S 和～G→～S。[1]

根据这样的定向期望,我们可以得出关于 S 和～S 的中间解项:

$$D \sim ILG + UGL \qquad \to S$$
$$\sim D + \sim GI \qquad \to \sim S$$

在得出结果 S 的中间解项时,我们对第 19 行、第 21 行和第 32 行中的逻辑余数进行了简单的反事实分析,在表 8.2 中用 γ 表示。在得出结果～S 的中间解项时,我们对第 10—21 行、第 24 行和第 29 行(由 δ 表示)中的逻辑余数进行了简单的反事实分析。因此,在第 19 行和第 21 行中有两个相互矛盾的反事实(由 γδ 表示)。S 和～S 的中间解项假定的是第 19 行和第 21 行的逻辑余数对 S 和～S 都是充分的。

虽然这个例子表明,即使是中间解项在默认情况下也不能排除矛盾的反事实,但我们在这里要阐述的方法论观点并不是说矛盾的简化假设是经常发生的事情,而是想要提醒研究人员注意这样一个事实,那就是即使在遵循当前的最佳实践,借助定向期望生成中间解项时,也可能发生这种矛盾假设的情况。

---

① 如果条件 X 对 Y 是必要的,那么人们可以说条件 X 的定向期望应该是 X→Y。事实上,马奥尼等人(Mahoney et al., 2009)暗示了这个方向。然而,我们相信,从经验发现当条件 X 是 Y 的必要条件(X←Y)时,我们在定向期望上可得出的唯一逻辑推论是～X→～Y。

8.2.3　难以置信的反事实：与常识相矛盾

在第 6.2.3 节中，我们将不可能余数定义为那些描述在我们所知的世界中根本不存在的情况的条件组合。在一些读者看来，不可能余数在社会科学研究中太明显和罕见了，因此不会对根据观察数据得出推论的任务构成严重威胁。接下来我们想用一个例子来说明的是，不仅存在比我们提到的假设怀孕男子更复杂的不可能余数，而且在给定的真值表中，它们的数量也可能相当大。如果是这样，那么研究人员需要特别警惕，以免对这种不可能余数做出任何令人难以置信的假设。

在第 6.2.3 节中，我们已经介绍了拉金等人（Ragin et al.，2003）关于印度安得拉邦一些村庄公共灌溉中的集体行动的研究。他们的三个条件是：村庄位于河道 MN（M）上，村庄位于河道 V（V）上，村庄被灌溉（I）。他们的真值表（表 8.3）包含了这三个条件（其实还有另外两个条件，但这两个条件与我们这里想说明的内容无关，所以我们暂且忽略这两个条件）。根据纯形式逻辑，几个逻辑余数行表示位于河道 MN 或河道 V 或位于两个河道，但同时都没有灌溉的村庄。当然，这些组合是不可能的，因为拉金等人（Ragin et al.，2003：331）已经指出，河道上的任何村庄都是有灌溉的。而且考虑到地理特征，靠近河道 V 的村庄不可能不靠近河道 MN。因此，不可能余数集可以用布尔表达式表示如下：

$$\text{不可能余数} = M{\sim}I + V{\sim}I + {\sim}MV$$

如表 8.3 所示，大多数真值表行都是逻辑余数（32 行中有 20 行是逻辑余数）。实际上，20 个逻辑余数中有 17 个是不可能余数，我们在表 8.3 中用希腊字母 ζ 表示。因为大量逻辑余数的存在，最简约解项和保守解项在复杂程度上有相当大的不同：

保守解项为：

$$IM{\sim}VW + IMWD \rightarrow CA$$

表 8.3　结果为 CA 的真值表

行	条件					结果
	I	M	V	W	D	CA
1	1	1	1	0	1	0
2	0	0	0	0	0	0
3	1	1	1	1	1	1
4	1	1	0	0	0	0
5	0	0	0	0	1	0
6	1	0	0	0	1	0
7	1	0	0	1	1	0
8	1	1	0	0	1	0
9	1	1	0	1	0	1
10	1	0	0	0	0	0
11	1	0	0	1	0	0
12	1	1	0	1	1	1
13	0	0	0	1	0	
14	0	0	0	1	1	
15	0	0	1	0	0	ζ
16	0	0	1	0	1	ζ
17	0	0	1	1	0	ζ
18	0	0	1	1	1	ζ
19	0	1	0	0	0	ζ
20	0	1	0	0	1	ζ
21	0	1	0	1	0	ζαγ
22	0	1	0	1	1	ζαγ
23	0	1	1	0	0	ζ
24	0	1	1	0	1	ζ
25	0	1	1	1	0	ζα
26	0	1	1	1	1	ζαγ
27	1	0	1	0	0	ζ
28	1	0	1	0	1	ζ
29	1	0	1	1	0	ζ
30	1	0	1	1	1	ζ
31	1	1	1	0	0	
32	1	1	1	1	0	α

注：α 是用于 CA 结果最简约解项的简化假设；
　　γ 是用于 CA 结果解项的简单反事实（方向期望为 ~I→CA）；
　　ζ 是不可能余数；
　　ζα 和 ζαγ 是不可信的反事实。
资料来源：Ragin et al.，2003。

最简约解项：

$$MW \rightarrow CA$$

最简约解项是基于对五个逻辑余数的简化假设（表 8.3 的 CA 列中由 α 表示）。我们看到，用于最简约解项的五个简化假设中的四个实际上是建立在不可能余数上的，因此构成了难以置信的反事实（记为 ζα）。我们发现，只有对第 32 行的逻辑余数的简化假设并不构成一个不可靠的假设。

除了最简约解项，中间解项也可能是基于不可信的假设。作为示范，让我们制定一个定向期望，即如果一个村庄没有灌溉，居民就会采取集体行动。其公式如下：

$$\sim I \rightarrow CA$$

该解项是基于对三个逻辑余数的假设（表 8.3 中的 γ 表示）。所有这三个都是不可能余数，也就是不可能的容易反事实假设（在表 8.3 中记作 ζαγ）。加上前述韦斯和拉金的例子（见第 8.2.1 节和第 8.2.2 节），我们想表明的是，中间解项实际上也可能做出一些不可靠的假设，比如不连贯的假设和不可能的假设。

8.2.4 改进后的标准分析程序

我们认为集合论方法，特别是 QCA，都应该设法排除不可靠的假设。在下文中，我们将解释如何改进处理逻辑余数最佳实践的标准分析程序。我们将这种稍微改变的标准分析程序称为增强标准分析程序（Enhanced Standard Analysis，ESA）。

避免不可靠的假设的补救办法直截了当。也就是在应用标准分析程序之前，我们必须排除为不可靠的假设提供基础的所有逻辑余数行。在第 8 章①的联机操作部分中，我们将展示如何运用不同的软件包在逻辑最小化过程中排除某些逻辑余数行。

---

① 参见 www.cambridge.org/schneider-wagemann。

与标准分析程序相比，增强标准分析程序有很多优势：首先，最明显的优势是 ESA 确保没有解项依赖于不可靠的假设。这意味着在 ESA 中没有相互矛盾的简化假设，也意味着必要条件不会在充分性的解项中消失。[①]

我们还是用之前韦斯（Vis，2009）的例子来做演示。下面我们将 ESA 应用于分析不推行不受欢迎的社会政策（～U）的解项。当我们把可能导致不可靠的假设（表 8.1 中表示为 αε）排除在逻辑最小化之外时，我们可以得到以下增强最简约解项：

$$\sim P\sim S + PSR \to \sim U$$

因为唯一可靠的逻辑余数是表 8.1 中的第 6 行（～PS～R），而这个逻辑余数对简约化并没有什么帮助，所以最简约解项与保守解项和中间解项最终是等价的。

让我们将 ESA 应用于我们的李普塞特数据（第 8.2.2 节）当中。在对结果 S 进行分析时，我们需要先排除那些与条件 L 和 G 对 S 是必要的这个陈述相矛盾的逻辑余数。也就是说，我们需要从最小化过程中排除第 10—12 行、第 14—18 行、第 20 行和第 22—31 行（表 8.2 中标记为 ε）中的逻辑余数，最终得出以下解项[②]：

$$增强最简约解项：D\sim ILG + UGL \to S$$
$$增强中间解项：D\sim ILG + UGL \to S$$

增强最简约解项与由 SA 生成的最简约解项不同，而增强中间解项与由 SA 导出的中间解项相同。这是因为原来的中间解项没有建立在与必要性陈述不一致的假设上，也就是说，表中没有标注为 γε 的行。[③]

可以看出，这次 ESA 导出的增强最简约解项、增强中间解项与 SA

[①] 更准确地说，ESA 保证必要条件不会因为对逻辑余数所做的假设而从充分性的解项中消失。正如我们在第 9.1.1.2 节中详细讨论的那样，必要条件可能会因为与逻辑余数处理无关的原因而消失。

[②] 一致性阈值和定向期望与第 8.2.2 节中进行的分析相同。

[③] 不过，S 的中间解项确实是基于相互矛盾的简化假设。如果这些矛盾的逻辑假设只用于结果 S 或～S 的分析，而不是二者都做，那么就可以将它们用在简化过程中。因此，在这里我们决定从～S 的分析中删除矛盾的简化假设（如下），并保留它们用于结果 S 的分析。

中导出的中间解项都是一样的。这是因为表中用希腊字母 γ 标注的逻辑余数行恰巧用于生成 ESA 解项。在用 ESA 分析～S 的解项时,我们将第 19 行、第 21 行和第 32 行中的逻辑余数删除,这样就得到以下解项:

增强最简约解项:～D～U+～G→～S

增强中间解项:～D～U+DI～G→～S

用 ESA 得到的～S 的两种解项都与用 SA 得到的解项(最简约解项为～D+～G→～S,中间解项为～D+I～G→～S)不同。

最后,将 ESA 应用于印度村庄的集体行动分析(Ragin et al., 2003),我们要将所有不可信的反事实(表 8.3 中表示为 ζαγ)排除,最终得出:

增强最简约解项:IMW→CA

增强最简约解项只比最简约解项稍微复杂一点。但我们现在可以肯定,它并不包含任何不可靠的假设。

施加定向期望～I→CA,我们可以得到以下增强中间解项:IM～VW+IMWD→CA。[①]

用 ESA 得出的中间解项比 SA 得出的中间解项稍微复杂一些。不过与 SA 相比,ESA 的优势在于其排除了对那些不可能存在的村庄集体行动的假设。总而言之,ESA 提供的解项往往不那么简约,但研究可以放心的是,它们不是基于不可靠的假设。

概览:增强标准分析:不可靠的假设以及如何避免

标准分析程序存在基于不可靠的假设而产生结果的风险。这种风险既涉及最简约解项,也涉及中间解项。不可靠的假设可以因为它们是不可信的(即它们与常识相矛盾),或与发现的必要性不一致,或者因为它们是相互矛盾的假设。**增强标准分析程序**通过删除任何会产生不可靠的假设的逻辑余数来限制反事实逻辑余数的选择。

---

① 关于这个例子的详细分析,请参阅在线附录(www.cambridge.org/schneider-wagemann)。

8.3 理论指导的增强标准分析：处理逻辑余数的互补策略

我们前面提到的 ESA 策略限制了可用余数的范围，并因此限制了可接受的解项的范围。现在我们将介绍另外一种处理逻辑余数的策略，这个策略既可以扩大可用余数的集合，又不会引入不可靠的假设。做到这一点的关键是要放弃 SA 和 ESA 的中心前提，即以简约性作为选择逻辑余数的首要目标和指导原则。我们的基本批评是，这两种方法都明确排除了那些在理论上是合理的，但是对简约性没有贡献的逻辑余数的使用。我们认为简约性不应该被简单地默认为逻辑余数选择的最高目标，研究人员应该始终仔细考虑哪些逻辑余数代表好的反事实，即便这些逻辑余数并不会产生一个更简约的解项。如第 8.1 节所述，在我们假设为好的反事实当中，有一些好的反事实也是简单的反事实，根据定义，它们有助于简约（图 8.1）。还有一些好的反事实无助于简约，它们根据定义不是简单的反事实。因此，基于那些不利于简约的好的反事实的解项将比保守的解项更为复杂，但我们不认为这应该默认将它们排除在外。由于缺乏更好的术语，我们将以下两种策略称为理论指导的增强标准分析程序（TESA）。[①]

当我们使用 TESA 来识别迄今为止被 SA 和 ESA 忽略的逻辑余数时，研究人员可以采取两个策略，一个是选择整个真值表行作为好的反事实，另一个是规划定向期望。下面，我们应用 QCA 的例子来说明这两种策略。

8.3.1 选择整个真值表行作为好的反事实

为了说明基于理论推理选择整个真值表行作为反事实的策略，

[①] 首字母缩略词 TESA（Theory-Guided Enhanced Standard Analysis）中的 SA 部分略有误导，因为 TESA 不像 SA 和 ESA 那样优先考虑简约，因此代表了对后两者的偏离而不是扩展。

我们转向柯尼格-阿齐布奇(Koenigg-Archibugi,2004)关于为什么欧盟的一些成员支持超国家外交和安全政策(SUPRA)的研究。作者提出了四个条件:欧洲化的政治认同(IDENTITIES),与其他欧盟成员国的政策高度一致(CONFORMITY)、国内多层次治理结构(REGIONALISM)、一个国家的高能力(CAPABILITIES)。[①]如表8.4所示,这13个国家分列9个不同的真值表行,从而产生了7个逻辑余数(第10—16行)。[②]

作者对这四个条件中的每一个都提出了假设。虽然它们不是用集合关系来表述的,也就是说,用必要性或充分性来表述的,但为了论证,我们将作者提出的四个假设推导为四个定向期望。在布尔符号中,它们如下所示:

CAPABILITIES→SUPRA;IDENTITIES→SUPRA;
REGIONALISM→SUPRA;CONFORMITY→SUPRA

根据标准分析程序(SA),我们得出以下解项。[③]

保守解项:REGIONALISM*CONFORMITY→SUPRA

最简约解项:REGIONALISM→SUPRA。

最简约解项对四个逻辑余数做了假设(表8.4中用 α 表示)。

中间解项与保守解项相同:REGIONALISM*CONFORMITY→SUPRA。

这意味着中间解项并不同时是最简约解项的子集和保守解项的超集。不过这并不奇怪,因为保守解项只包含一条路径和两个条件,已经相当简约了。

因此可以看出,SA程序只产生两种解项。那么这是否意味着,在现有的经验证据的基础上,没有其他理论上有意义的、实质上有趣的公式可以推导出来? 我们认为是有的。事实上,柯尼格-阿齐布奇确实根

---

① 模糊集数据可以在在线附录(www.cambridge.org/schneider-wagemann)中找到。
② 我们关于处理逻辑余数的观点不受柯尼格-阿齐布奇使用模糊集这一事实的影响。
③ 为了可读性,也因为与我们的论点无关,我们没有报告拟合参数。

表 8.4 真值表

行	条件				结果	#案例
	IDENTITIES	CONFORMITY	REGIONALISM	CAPABILITIES	SUPRA	
1	1	1	1	0	1	2
2	0	1	1	0	1	1
3	0	1	1	1	1	1
4	1	1	1	1	1	1
5	0	1	0	0	0	3
6	1	1	0	0	0	2
7	0	0	0	0	0	1
8	1	0	0	1	0	1
9	0	0	1	1	0	1
10	1	0	1	1	α	0
11	0	0	1	0	α	0
12	0	0	1	1	α	0
13	0	1	0	1	θ	0
14	1	0	0	0		0
15	1	0	1	0	$\alpha\eta$	0
16	1	1	0	1	θ	0

注：第 10—16 行：逻辑余数。

α 用于产生结果 SUPRA 最简约解项；

η 是好的反事实，柯尼格–阿尔奇布吉–阿齐·克里奇事实诺选择了整行作为产生理论引导的解项；

θ 是好的反事实，基于因果定向果期望 CONFORMITY * CAPABILITIES→SUPRA。

资料来源：Koenig-Archibugi，2004。

据理论指导推导了一个新的解项。为了获得这一解项,他做了这样一个假设:如果国家的人口有强烈的欧洲认同,并且他们与欧盟其他成员国的政策不一致、有一个多层次的国内治理结构、国家能力不高,那么这个国家就支持超国家的外交和安全政策(SUPRA)。简而言之,假定只有表 8.4 中第 15 行中的逻辑余数才能产生结果。这就产生了以下 TESA 解决方案:

	CONFORMITY* REGIONAL+	IDENTITIES* REGIONAL* ~CAPABIL
一致性	1	1
原始覆盖率	0.494	0.29
唯一覆盖率*	0.211	0.07
	德国、比利时、奥地利、 意大利、西班牙	比利时、西班牙
解项一致性	1	
解项覆盖率	0.501	

注:* 路径隶属值>0.5 的案例。

　　显然,这个解项比前面提到的任何其他解项都要复杂。除了在保守解项中出现的路径外,还确定了第二条路径。这第二条路径是在选择一个不考虑是否有助于"简约性"的逻辑余数作为看似合理的反事实的结果。作者用理论依据证明了第 15 行逻辑余数的反事实主张,并且为第二条路径提供了理论上合理的解释。虽然第二条路径使解项比保守解项更复杂,但是在经验上并不是多余的。第二条路径的唯一覆盖率(第 5.3 节)虽然很小,但不是 0。更重要的是,这条路径对于结果 SUPRA 的 9 个成员中的 2 个(比利时和西班牙)提供了很好的描述。简而言之,得出的这个相对更复杂的解项既基于坚实的理论论据,又在经验上无冗余。

8.3.2 规划组合定向期望

　　处理超出 SA 和 ESA 的逻辑余数的另一个相关策略是对条件组合

规划定向期望。支持这种做法的论据似乎是有道理的。在许多情况下，研究人员已经对条件组合对结果的影响有了期望（例如，Schneider，2008）。如果是这样的话，在单一条件下规划定向期望是不符合理论知识的，并可能导致做出与现有理论知识相悖的假设。换句话说，虽然目前将定向期望限制在单一条件下的做法并不违反 QCA 对组合因果关系本身的关注，但它在规划定向期望时，确实没有强调这种因果关系的概念可以而且应该发挥的作用。而且事实上，文献中组合定向期望的概念正在被认可（例如，参见 Amenta and Poulsen，1994；Amenta，Caren and Olasky，2005；Maggetti，2007；Schneider，2008；Blatter，Kreutzer，Rentl and Thiele，2009）。不过到目前为止，还没有文献以更系统的方式处理组合定向期望，也没有对处理逻辑余数的影响进行详细说明。我们认为，在标准分析程序中应当制定适当的策略来处理组合定向期望。

为了证明这一点，让我们回到前面柯尼格-阿齐布奇的例子，并假设现有的关于外交和安全政策中超国家安排的文献指向以下的组合定向期望：国家如果与欧盟其他成员国的政策高度一致（CONFORMITY），并且国家能力强（CAPABILITY），那么就有望支持超国家安排（SUPRA）。在布尔符号中，这个组合的定向期望如下所示：

$$CONFORMITY * CAPABILITIES \rightarrow SUPRA$$

第 13 行和第 16 行（表 8.4）中的两个逻辑余数暗示了这种结合。接下来基于我们的定向期望，我们假设有且只有这两个余数产生结果 SUPRA，那么我们得到以下解项：

	CONFORMITY* REGIONALISM	CONFORMITY* CAPABILITIES→SUPRA
一致性	1	1
原始覆盖率	0.494	0.334
唯一覆盖率*	0.185	0.025
	德国、比利时、奥地利、意大利、西班牙	德国、意大利
解项一致性	1	
解项覆盖率	0.519	

注：* 路径隶属值＞0.5 的案例。

组合定向期望策略产生的解项不同于基于处理逻辑余数的其他策略产生的解项。正如期望的那样,组合定向期望得出的解项比保守解项(REGIONALISM* CONFORMITY)更复杂[1],但同时,它比包含整个真值表行(REGIONALISM* CONFORMITY + IDENTITIES* REGIONALISM* ~CAPABILITIES)得到的解项更简单。这两条路径在经验上都是非冗余的,这一点可以通过它们独特的覆盖率和这两条路径都包含隶属值高于0.5的案例来表明。

请注意,上面第8.3.1节中所描述的为反事实主张选择整个逻辑余数行的策略,可以被视为规划组合定向期望的一种极端方式。通过制定只涉及两到三个条件的定向期望,研究人员在处理余数项时就不会像在选择整个真值表行时那么严格。同时,在单一条件下,组合定向期望比定向期望更具限制性。

还要注意,一些基于组合定向期望的反事实有助于简约,而另一些则不会。如果研究人员只接受那些有助于简约的反事实,那么所有允许的假设实际上都是简单的反事实的子集。在这种情况下,组合定向期望的实践应被视为(增强的)标准分析的进一步完善。然而,如果非简化的反事实也被接受,那么组合定向期望的实践是(增强的)标准分析的替代方案。

概览:理论指导的增强标准分析:处理逻辑余数的补充策略

如果我们处理**逻辑余数**的中心重点不放在简约性上,而是放在理论合理性上,那么就要使用和**(增强)标准分析程序**不同的**反事实**。用这种方法产生的解项也和(增强)标准分析程序不同。我们将这种策略标记为**理论指导的增强标准分析(TESA)**。基于这个策略,我们可以选择整个真值表行作为**好的反事实**,我们选择的方向期望也可以

---

[1] 在这里,TESA解项包含的一个路径 CONFORMITY* CAPABILITIES 正好是我们的组合定向期望,不过这是当前范例中的一个巧合,而不是一般规则。换句话说,即使定向期望是在条件组合的基础上形成的,这些组合也并不一定要自己形成一条路径。

基于组合而不是单一条件（或其补语）。一般来说，我们鼓励研究人员直接研究逻辑余数，并进行仔细的理论思考，以确定哪些可能是**好的反事实**，而不管它们是否有助于**简约**。

8.4　比较处理逻辑余数的不同策略

QCA 在分析过程中主要依赖于真值表，因此在面对无处不在的有限多样性现象时具有竞争优势。由于引入了标准分析程序（Ragin and Sonnett，2004；Ragin，2008a），在以有意识和理论指导的方式处理逻辑余数方面取得了很大进展。在本节中，我们试图进一步改进对逻辑余数的处理。

表 8.5　标准分析中包含的假设类型与其他策略相比

		可靠的假设	
		否	是
好的假设	简化 非简化	SA	SA；ESA；TESA TESA

注：SA＝标准分析；
　　ESA＝增强标准分析；
　　TESA＝理论指导的增强标准分析。

简而言之，我们的观点是：在对现有的经验证据进行实质性解释时，研究人员应仅依赖于那些既好又可靠的反事实主张的解项术语。如果用图形表述的话，这些解项的反事实主张也就是图 8.1 中的灰色区域。表 8.5 以不同的形式传达了相同的信息。我们可以把好的假设分为简化假设和非简化假设；而可靠的假设可以分为存在的假设和不存在的假设。首先，标准分析（SA）确实完全依赖于简化假设（表 8.5 上方行），但也接受了一些实际上是不可靠的反事实假设（左上角的单元格）。而增强标准分析（ESA）是反对接受这些实际上不可靠的反事实假设的。所以 ESA 接受了在选择反事实时简约性的主导地位,但严格禁止任何不可靠的假设(右上角的单元格)。而理论指导的增强标准分析(TESA)是另外一个逻辑:它在选择反事实主张的逻辑余数时将理论的可信度置于优先考虑的位置,将是否有助于简约放在次要位置(右侧列)。

在应用集合论方法中处理逻辑余数的策略有多大可能会碰到潜在缺陷?毫无疑问,通过只允许简单的反事实,SA 大大降低了在产生最简约解项时出现的不可靠的假设的风险。同样,在大多数情况下,SA 中使用的简单反事实确实是可靠的(ESA 所要求的),并且是好的(TESA 所要求的)。然而,当涉及反事实的主张时,有多少不可靠的假设就不那么重要了。一个单独的例子就足以让人对由此得出的解项产生怀疑。在本章中,我们已经证明了所有不同类型的不可靠的假设都可能发生在 SA 中。在这些类型中,我们认为最可能出现的是与必要性陈述相矛盾的假设,其次是相互矛盾的假设,最后是难以置信的假设。一般来说,条件的数量越多,出现不可靠的假设的可能性就越大,应用 ESA 或 TESA 而不是 SA 的好处就越多。

9 必要性和充分性分析中的潜在缺陷及避免建议

导 读

就像在第 8 章一样，在本章中，我们提供了解决常见问题的方案，这些解决方案超越了目前在应用 QCA 中占主导地位的最佳实践。在本章中，我们集中讨论在同时分析充分性和必要性时可能出现的缺陷。正如本书强调的那样，集合论方法本质上是揭示子集模式，而子集模式反过来又被解释为必要性和充分性及其衍生物，例如充分非必要条件和必要非充分条件。然而，当我们在教授和应用时，大多数 QCA 更强调充分性分析，而较少考虑必要性分析。充分性盛行的一个原因是真值表在 QCA 中发挥的核心作用。真值表的每一行都是充分性的陈述，因此，第 4—7 章所描述的真值表的分析就是充分性的分析。

这种基于 QCA 的研究中的"充分性偏差"增加了出现几个分析缺陷的风险。第一，对必要性的分析常常被错误地认为与充分性的分析在本质上是相同的，并被认为不需要再做任何单独的研究。第二，也许是由于在应用 QCA 过程中忽视了对必要性的处理，一些文献完全将必要性的分析与 QCA 的分析分开。就比如说格尔茨和斯塔尔(Goertz and Starr, 2003)关于必要条件的开创性工作并没有包含关于 QCA 的单独条目。第三，许多基于 QCA 的分析都对必要条件的存在与否保持沉默，即使有很好的理论和实证理由去探究这些必要条件。第四，也是最后，一些研究解决了必要条件是否存在的问题，但这些研究是基于充分性分析的结果，因此这些研究是认定必要条件是充分条件分析结果的自动副产品。

　　在本章中,我们提供了概念和技术上的论证以及经验证据,证明对必要性的普遍忽视是以分析为代价的。从充分性分析的结果来看,必要条件可能是不可见的。我们称之为隐藏必要条件问题(第9.1.1节)。反过来,它也可能发生,充分性分析的结果表明,一个条件是必要的,而事实上它不是。我们称之为假必要条件问题(第9.1.2节)。正如我们在本章中所展示的,补救方法很简单:简单地对必要性和充分性分别进行分析,最好先对必要性进行分析(Ragin, 2000:106)。

　　即使按照我们的建议对必要性和充分性分别进行分析,也会出现复杂的分析问题。其中之一就是在充分性分析中如何处理必要条件。在第8.2.1节中,我们曾说过,在充分性的分析中应当保留必要的条件,并且在处理逻辑余数时不应该做出与必要性的陈述相矛盾的假设。

　　另一个缺陷是将一个条件称为必要条件,而实际上它只是微不足道的必要条件。我们已经在第5.5节中谈到了这个问题。在这里,我们对此进行了扩展,并证明了为了正确捕捉微不足道的必要条件,我们不仅在条件 X 中,而且在结果 Y 中用"偏斜集隶属值"来构建概念是有用的。我们还表明,偏斜集隶属值触发的分析问题远远超出了微不足道的必要条件的分析问题,并且也以类似的方式影响充分性陈述。这就是为什么我们要对集合论方法中偏斜集隶属值的潜在缺陷进行更广泛的讨论(第9.2节)。

　　与第8章一样,阅读本章需要对真值表的分析以及(第9.2节)一致性和覆盖率参数有扎实的了解。在集合论术语中,充分利用本章的必要条件是读者对第1—8章中讨论的主题足够熟悉。

9.1　从充分性解项中推断必要性的缺陷

　　关于必要性的分析有两个缺陷:真必要条件的消失和假必要条件

的出现。在这里我们将继续用已发布的 QCA 的数据来说明这两个缺陷。与本书之前一样,我们的目的不是重新分析原始研究,而是对这些数据进行修改,以便更好地展示我们的方法论论点。

9.1.1　隐藏的必要条件

隐藏的必要条件的出现可能有两个原因,而且这两个原因并不是互斥的。其中一个原因是对逻辑余数的假设,另一个原因在于对不那么完美的集合关系的处理。在下文中,我们将为这两种导致隐藏的必要条件的原因提供一个范例。从这些例子中,我们可以推导出这种现象发生的一般条件。

9.1.1.1　因不连贯的反事实而产生的隐藏的必要条件

斯托克(Stokke, 2004)的研究旨在分析羞愧策略成功引导迄今为止不合规的国家遵守国际捕鱼规则的条件。作者确定了五个条件:建议(A)、承诺(C)、未来预期(S)、不便(I)和反响(R)。在作者选取的 10 个案例国家中,羞愧策略在 5 个国家成功了,在另外 5 个国家没有成功。这些案例隶属于 8 个不同的真值表行。如表 9.1 所示,在给定的五个条件组成的 2^5 个条件组合的真值表中,有 32－8＝24 个逻辑余数。

表 9.1　真值表

行	A	C	S	I	R	SUCCESS
1	0	0	0	1	0	0
2	1	0	0	0	0	1
3	1	0	0	1	0	0
4	1	0	0	1	1	0
5	1	0	1	1	1	1
6	1	1	1	0	0	1
7	1	1	1	1	0	0
8	1	1	1	1	1	1
9—32			逻辑余数			?

资料来源:Stokke, 2004。

最终得到的最简约解项如下：

$$\sim I + SR \rightarrow SUCCESS$$

乍一看，我们可能会认为这个解项里没有必要条件的痕迹，因为两条充分路径中不包含同一条件。然而，只要看一眼真值表就会发现，条件 A 在所有成功的羞愧策略的案例中都存在。[①]那么，为什么条件 A 在经验数据上是一个明显的必要条件，但是最简约解项却不包含条件 A 呢？

这个问题的答案在于如何处理逻辑余数。回想一下第 6 章和第 8 章，最简约解项依赖于对一些逻辑余数的假设。这些余数的选择方式使逻辑最小化的解项最均衡。因此，让我们首先找出那些为了得出最简约解项而假定会成功的逻辑余数。[②]16 个逻辑余数的布尔表达式如下：

$$\sim A \sim C(\sim S \sim I \sim R + \sim S \sim IR + S \sim I \sim R + S \sim IR + SIR) +$$
$$\sim AC(\sim S \sim I \sim R + \sim S \sim IR + S \sim I \sim R + S \sim IR + SIR) +$$
$$A \sim C(\sim S \sim IR + S \sim I \sim R + S \sim IR) +$$
$$AC(\sim S \sim I \sim R + \sim S \sim IR + S \sim IR)$$

可以看出，为了得到最简约解项，我们将 24 个逻辑余数中的 16 个假设为羞愧策略会成功。而且在这 16 个反事实假设中，我们发现其中有 10 个假设具备的是条件 A 的补集，也就是～A。正是由于这些不连贯的假设，我们在进行逻辑最小化时会认定必要条件 A 在逻辑上是冗余的，所以我们将条件 A 简化掉了。例如，我们把与羞愧策略会成功相关联的真值表第 2 行(A～C～S～I～R)，与逻辑余数～A～C～S～I～R 的组合相对比，就可以把条件 A 删除，从而实现这样的逻辑上的最小化公式：

$$\sim C \sim S \sim I \sim R \rightarrow SUCCESS$$

如果我们继续把有经验数据的真值表行与许多其他逻辑余数结合，

---

① 当然，在斯托克(Stokke，2007)、拉金和索内特(Ragin and Sonnett，2004)以及拉金(Ragin，2008a：ch.9)的研究中，他们也发现了条件 A 的必要性。

② 请参阅网上的"How To"部分，了解第 6 章如何识别简化假设(www.cambridge.org/schneider-wagemann)。

这个新项可以简化为～I，成为最简约解项的素数蕴涵式。[①]这意味着每一个包含～I的单一组合要么经验上暗示结果，要么被假定暗示结果，不管它是否在逻辑上与 A 是羞愧策略成功的必要条件的陈述相矛盾。

这个例子表明，在充分性陈述中，必要条件的消失是由于对逻辑余数的错误假设而导致的。事实上，如果条件 A 对于羞愧策略成功是必要的（A←SUCCESS），那么这意味着～A 和 SUCCESS 不能同时发生。换句话说，每当我们看到包含～A 的配置时，我们期望成功的结果不会出现。假设在～A 存在的情况下出现了成功的结果（正如我们在包含～A 的余数的最简约解项中所做的），这与我们根据经验观察得出的结论相矛盾，即只有在条件 A 存在时羞愧策略才会成功，并且因此后者应被解释为必要条件。在第 8.2 节中，我们将这样的假设标记为不连贯的反事实。

如果由于对不连贯的逻辑余数的假设而导致必要条件消失，避免这个问题的方法很简单：不要做任何不连贯的假设，即与特定条件是必要的这一主张相矛盾的假设。更具体地说，包含必要条件缺失的逻辑余数必须在逻辑最小化中被禁止。

让我们将这个策略应用到斯托克（Stokke，2004）提供的例子中。如果我们通过阻止所有不连贯的假设来生成增强的最简约解项（第 8.2.4 节）[②]，则我们从斯托克的数据中得到了以下关于成功结果的结果：

	A～I+	ASR→SUCCESS
一致性	1	1
原始覆盖率	0.6	0.4
唯一覆盖率	0.6	0.4
解项一致性	1	
解项覆盖率	1	

---

① A～C～S～I～R 和 ACS～I～R 在经验上存在（真值表行 2 和真值表行 6）。～A～C～S～I～R，～A～C～S～IR，～A～CS～I～R，～A～CS～IR，～AC～S～I～R，～AC～S～IR，～ACS～I～R，～ACS～IR，A～C～S～IR，A～CS～I～R，A～CS～IR，AC～S～I～R，AC～S～IR 和 ACS～IR 上面所列的简化假设的一部分。

② 具体操作可以参见第 8 章的线上资料（www.cambridge.org/schneider-wagemann）。

正如我们所看到的，将所有那些与必要性陈述相矛盾的逻辑余数从逻辑最小化的过程中排除，可以产生一个最简约解项，其中必要条件是所有通往成功的充分路径的一部分。因此，忽视必要条件的存在的危险可以通过增强最简约解项来避免。

作为一种防止必要条件消失的替代策略，拉金和索内特（另请参阅Ragin，2008a：ch.9；Stokke，2004）建议在必要性分析之后，仅将必要条件添加到每个充分路径中。这种策略始终产生与我们增强最简约解项相同的解项，并因此避免了与必要性陈述相矛盾的不一致假设的缺陷。然而，请注意，我们在充分性分析之前排除不一致的反事实假设的策略具有实际优势，即软件能够正确计算出解公式的一致性和覆盖率值。如果将必要条件重新插入充分解公式，则无法计算出正确的拟合参数。

总之，避免必要条件由于不一致的假设而消失的补救措施可以归结为我们在第8.2.1节中已作为增强标准分析的一部分引入的内容：在充分性分析中，不允许对与必要性陈述相矛盾的逻辑余数做出任何假设。当然，这要求我们在进行充分性分析之前必须先进行必要性分析。

表9.2　逻辑矛盾和隐藏必要条件的真值表

行	条件			结果			Y 的一致性
	A	B	C	Y	Y 的案例	～Y 的案例	
1	0	0	0	0	0	1	0
2	0	0	1	1	20	0	1
3	0	1	0	0	0	39	0
4	0	1	1	0	0	15	0
5	1	0	0	1	10	0	1
6	1	0	1	1	15	0	1
7	1	1	0	1	4	1	0.8
8	1	1	1	0	0	2	0

9.1.1.2　由于不一致的真值表行而隐藏的必要条件

关于逻辑余数的不连贯假设是必要条件消失的唯一原因吗？很遗

憾，并不是这样。即使在保守解项中，必要条件也可能会消失，而该解项根据定义对逻辑余数不做任何假设。当包含了不含必要条件的不一致的真值表行时，这种情况就可能发生。让我们来看看表 9.2 中显示的假设范例。

该真值表并不受有限多样性的困扰，因此，在逻辑最小化中没有对逻辑余数进行简化的假设。然而，第 7 行是矛盾的：它包含四个显示 Y 和一个结果为～Y 的案例。作为 Y 的充分条件，AB～C 的一致性值为 4/5 或 0.8（第 5.2 节）。如果我们将此值视为足够高的充分条件，则在分析必要性之后，将～A～BC 包括在最小化程序中，我们就可以得到 Y 的保守解项：

	A～C+	～BC→Y
一致性	0.93	1
原始覆盖率	0.286	0.714
唯一覆盖率	0.286	0.714
解项一致性	1	
解项覆盖率	0.98	

表 9.3　对结果 Y 的必要条件测试

条件	结果	条件	结果
A	0.59	～B	0.92
～A	0.41	C	0.71
B	0.08	～C	0.29

这里我们得到两条充分路径。两者都非常一致，而且它们共同覆盖了属于 Y 结果的所有案例。对于我们这里的观点而言，重要的是，没有任何单一条件出现在两条路径中。因此，我们很容易得出结论：Y 没有必要条件。这个结论正确吗？为了弄清楚，让我们进行必要性的适当测试。如在第 3.2.1.2 节中解释的那样，这始于对孤立条件的测试。测试每个条件及其补集可以得到以下一致性值，用于判断其作为 Y 的必要条件（表 9.3）。

我们可以看到，条件～B 在与 Y 的必要性陈述一致性方面几乎是完全一致的(0.92)。在 Y 的 49 个成员中,只有 4 个不是条件~B 的成员,即与必要性陈述相矛盾。由于~B 具有很高的覆盖率值(0.98),我们可以得出结论,它是一个相关的必要条件(第 5.5 节)。因此,基于经验证据,我们有充分的理由认为~B 是 Y 的必要条件。

那么,为什么~B 不是保守解项中所有充分路径的一部分呢? 在逻辑最小化中,将必要条件~B 与表 9.2 的真值表行 5(A~B~C)与不一致的行 7(AB~C)匹配,形成充分路径 A~C。因此,在这个例子中,由于前者和后者的经验案例都不完全一致,所以必要条件从充分性解项中消失了。换句话说,这是由于不一致子集关系而产生的隐藏必要条件的例子。

当必要条件由于不一致的集合关系而消失时,一种不完美的补救措施是增加真值表行和/或必要条件的原始一致性阈值。通过增加真值表行的原始一致性阈值,必要条件被最小化并从充分性解项中消失的可能性就会降低。例如,在我们上面的例子中,如果我们选择一致性阈值为 1,表 9.2 的真值表行 7 将不会被包括在逻辑最小化中,因此必要条件~B 将不会被逻辑最小化。[①]此外,通过增加必要条件的一致性阈值,我们使得任何条件被认为是必要性的可能性都降低了。显然,如果没有条件被认为是必要的,就不会有条件从充分性解项中消失。如果在同一个例子中,我们要求必要条件完全一致,我们将不会接受~B 作为必要条件,充分性解项 A~C+~BC→Y 将不与任何必要性陈述相矛盾。

总的来说,在只进行充分性分析时可能会忽略必要条件的事实中,我们可以总结几个教训。首先,始终进行必要性和充分性的单独分析。其次,除非进行这两个单独的分析,否则不能从充分性分析中推断必要性,反之亦然。最后,对于必要条件消失的两个原因来说,源于有限多样性的原因在分析上更加令人不安:必要条件会消失,尽管这种消失没有基于任何实证反例。相比之下,当由于不一致导致的必要条件从充分条件的解项中消失时,这些隐藏必要条件本身并不完全一致。然而,

---

① 将原始一致性阈值设为 1,将得到解公式~BA+~BC→Y。

由于子集关系在应用集合论方法中通常至少略微不一致，所以这个问题具有很高的实际相关性。

9.1.2 虚假的必要条件的出现

下面我们将讨论的一个谬误是：在实际上不存在必要条件的情况下，我们基于充分条件解公式假定存在推断出必要条件的存在。讨论这个复杂现象的一个很好的例子是韦斯(Vis, 2009)提供的，我们已经在第 5.3 节和第 8.2.1.6 节中使用过。[1]作者旨在解释政府在什么条件下实施不受欢迎的社会政策(U)。经过审慎分析后，韦斯确定了三个条件：政治地位薄弱(P)、社会经济状况薄弱(S)和右翼政府(R)。

这 25 个案例(代表 20 世纪 70 年代到 90 年代西欧各个国家的内阁)分布在 5 个不同的真值表行当中，而剩下的 3 个真值表行作为逻辑余数。

我们使用的一致性阈值为 0.85，因此在逻辑最小化过程中包括第 3 行和第 4 行。保守解项(即不假定逻辑余数)为：

	PS~R+	~PSR→U
一致性	1	0.857
原始覆盖率	0.154	0.462
唯一覆盖率	0.154	0.462
解项一致性	0.889	
解项覆盖率	0.615	

让我们不考虑覆盖率值，而只关注一致性值。这里存在两条高度一致的通向结果 U 的路径，整体解项也高度一致。我们注意到，这两条路径都包含条件 S。这表明如果没有条件 S 的存在，结果 U 将不会发生。如果是这样，为什么我们不像韦斯(Vis, 2009:31ff., 48)基于其

---

① 出于教学目的，我们使用了韦斯(Vis, 2009)原始模糊集数据的二分类版本。但请注意，在不存在必要条件时，出现错误的必要条件的问题也会出现在原始模糊集数据中，而不是我们将数据重新编码为清晰集的产物。

模糊集数据那样宣称 S 是 U 的必要条件呢?

如果我们对必要性进行直接测试就会发现,S 作为 U 的必要条件的一致性仅为 0.77,远远不足以被认为是一个必要条件(Schneider and Wagemann,2010;参见之前的第 5.4 节)。实际上,从表 9.4 的数据可

表 9.4　清晰集隶属值

政　　府	条件			结果
	P	S	R	U
吕贝尔斯 I	0	1	1	1
吕贝尔斯 II	0	0	1	0
吕贝尔斯 III	0	1	1	1
科克 I	0	0	0	1
科克 II	0	0	0	0
巴尔克嫩德 II	1	1	1	1
科尔 I	0	0	1	0
科尔 II	0	0	1	0
科尔 III	0	0	1	0
科尔 IV	1	1	1	1
施罗德 I	0	0	0	0
施罗德 II	1	0	0	1
施吕特 I	0	0	1	0
施吕特 II	0	1	1	1
施吕特 IV	0	1	1	0
施吕特 V	1	1	1	0
N.拉斯穆森 I	0	0	0	0
N.拉斯穆森 II（以及 III）	1	1	0	1
N.拉斯穆森 IV	0	0	0	1
撒切尔 I	0	1	1	1
撒切尔 II	0	0	1	1
撒切尔 III	0	1	1	1
梅杰 I	0	1	1	1
布莱尔 I	0	0	0	0
布莱尔 II	0	0	0	0

资料来源:Vis,2009。

以看出，在三个案例(N.拉斯穆森 IV、撒切尔 II 和科克 I)中，在没有所谓的必要条件 S 的情况下实施了不受欢迎的改革，这与必要性主张相矛盾。由于 13 个相关案例中有 3 个不支持具有隶属值的 U 的案例，因此我们需要拒绝 S 的必要性主张。

然而，为什么 S 被包含在所有针对 U 的充分条件组合中，使其看起来是一个必要条件呢？这个问题的答案在于一些真值表行是不一致的。在我们的例子中，属于 U 的三个政府成员并不显示虚假的必要条件 S，并且因此降低了 S 作为必要条件的一致性值，这些政府成员都属于真值表行第 1 行和第 2 行。但是这两个真值表行由于低原始一致性值问题而未包括在逻辑最小化中。仅仅是巧合，所有那些包含条件 S 的真值表行都被包括在逻辑最小化中。

总之，虚假的必要条件的问题取决于未完全指定的真值表的特定属性。从这个问题可以得出结论：在存在不一致行的情况下，并不总是会出现虚假的必要条件。这也并不意味着虚假的必要条件只出现在不一致的真值表行的情况下。为了说明后一点，想象一下我们在表 9.5 中对真值表行施加了一致性阈值 1。这将给出以下保守解项：PS~R→U。

表 9.5　真值表，结果 U

| 行 | 条件 | | | 结果 | | U 的一致性 | 案　　例 |
	P	S	R	U	N		
1	0	0	0	0	7	0.29	科克 I, II；施罗德 I；N.拉斯穆森 I, IV；布莱尔 I, II
2	0	0	1	0	6	0.17	吕贝尔斯 II；科尔 I, II, III；施吕特 I；撒切尔 II
3	0	1	1	1	7	0.86	吕贝尔斯 I, III；施吕特 II, IV；撒切尔 I, III；梅杰 I
4	1	1	0	1	2	1.00	施罗德 II；N.拉斯穆森 II/III
5	1	1	1	1	3	0.67	巴尔克嫩德 II；科尔 IV；施吕特 V
6	0	1	0	?	0	逻辑余数	—
7	1	0	0	?	0	逻辑余数	—
8	1	0	1	?	0	逻辑余数	—

资料来源：Vis，2009。

对于结果 U,只有一条路径,对应于表 9.5 中的第 4 行。从这个结果人们可能想推断 PS～R 对 U 也是必要的,但这显然是错误的。作为 U 的必要条件,PS～R 的一致性值只有 0.15。①这个低值的原因是许多属于 U 的案例在真值表行中与充分性不完全一致,因此未包括在逻辑最小化中。因此,即使所有充分路径和整个充分解项都是完全一致的,虚假的必要条件也可能会出现。发生这种情况时,整个解项(因此至少有一条路径)的覆盖率必须小于 1。这是因为不完美的覆盖意味着数据中存在一些不属于"充分解项"但属于结果的案例。如果这些未解释的属于 Y 的成员恰好不是所谓的必要条件的成员,那么这个条件就不再是必要条件。

避免在事实上条件不必要时却将其宣称为必要条件的分析缺陷的策略是,在充分性分析之前简单地进行一个单独的必要性测试。将这个策略应用于韦斯(Vis, 2009)的例子中,我们首先进行必要性测试,从中得出的结论是没有条件对于结果是必要的。然后,当面对 PS～R+～PSR→U 或仅有 PS～R→U 的解项时,就不会将任何条件解释为必要条件。在这一点上,研究人员明确地指出那些与条件 S 对 U 是必要的这一陈述相矛盾的案例,可能也是明智的(N.拉斯穆森 IV,撒切尔 II 和科克 I 政府,请参阅表 9.4)。

总之,必要条件是充分条件在集合论上的镜像。原则上,在一个完全适应子集关系(没有不一致性)和完全指定的真值表(没有逻辑余数)的理想世界中,通过简单地进行充分性分析,就可以正确推导出必要条件的存在或不存在。然而,社会科学家几乎从未遇到理想的世界。集合通常不处于完美的子集关系中,真值表由于一系列超出研究人员控制的原因而缺乏信息。由于这种缺乏完美信息以及处理这种缺陷所使用的策略(关于逻辑余数的假设和使用一致性概念),必要条件和充分条件不再是彼此的完美镜像。在实际操作中,这意味着不能通过进行充分性分析来简单地识别必要条件,反之亦然。相反,必要性和充分性必须分别进行分析,以避免隐藏或虚假的必要条件的缺陷。

---

① 每个单一条件作为 U 的必要条件的一致性值为:P(0.31),S(0.77),～R(0.31)。

概览：从充分性解项中推断必要性的缺陷

在分析**必要条件**和**充分条件**时，研究人员常常会试图从对充分条件的分析中推导出必要条件。然而，这可能会导致两个问题。

首先，被确定为必要条件的条件可能在充分条件分析的所有路径中不可见（**隐藏的必要条件**），这是由于在**逻辑最小化**中包含了与必要性陈述相矛盾的剩余行或不完全一致的**真值表行**。

其次，一个条件可能出现在所有充分条件路径中，尽管它不是一个必要条件（**虚假的必要条件**）。这可能发生在只有包含虚假的必要条件的行被包含在逻辑最小化中的情况下。

如果将必要条件和充分条件分别进行两个步骤分析，就可以避免这些缺陷。此外，在评估必要条件时选择相当高的**一致性**水平，并确保不对**逻辑余数**部分做出**不一致的**假设很有用。

9.2 偏斜集隶属值的分析结果

到目前为止，在本章中，我们已经介绍了对于必要条件的存在或缺失的推断可能存在缺陷的各种情况。在本节中，我们添加了关于集合关系推断的另一个潜在的缺陷源。以下缺陷的共同点在于它们或多或少地基于条件或结果（或两者）的隶属值分布有所偏斜。如果集合中绝大多数情况具有高或低的隶属值，那么该集合的隶属值就是偏斜的。与之前的缺陷来源不同，这个问题并不局限于对必要性的推断，对充分性的推断也同样具有扭曲的影响。

以往的文献已经讨论了与隶属值分布相关的两个问题，不过讨论这两个问题的文件却并未相互提及。其中一个争论涉及微不足道的必要条件的概念。一些研究已经开发了一些参数，旨在区分微不足道的必要条件和非微不足道的必要条件（Braumoeller and Goertz，2000；Dion，2003；Goertz，2003；Mahoney，2004；Ragin，2008a）。下面，我们将讨论微不足道性的概念,并提出一个用于计算适配度参数的更新版本(第 9.2.1 节)。第二个问题涉及模糊集的一个复杂特征的后果,但这个问题讨论得较少。[1]同一个集合 X 既可以是集合 Y 的子集,又可以是其补集~Y 的子集,这意味着 X 既可以通过对 Y 的充分性测试,也可以通过对~Y 的充分性测试。此外,同一个集合 Y 可以同时是集合 X 及其补集~X 的超集,这意味着 X 和~X 都可以通过对 Y 的充分性测试。这是可能的,因为在模糊集中,排中律不成立(第 2.4.1 节)。结合偏斜隶属值,模糊集的这一特征为有关充分性和必要性条件的错误推断提供了有利的条件。接下来,我们首先讨论微不足道性的概念,然后讨论排中律的缺失对充分性分析的实际影响,最后对集合论数据分析技术的偏斜分布的结果进行更广泛的思考。换句话说,我们从文献中偶尔讨论的两个特殊现象开始,然后将这些讨论融入更广泛的偏斜集成员框架中。

9.2.1　必要条件的覆盖率和微不足道性问题

9.2.1.1　微不足道性的两个来源

在第 5.5 节中,我们提出了"微不足道性"作为必要条件覆盖值的可能解释。在那里,我们提到了微不足道性的两个来源:X 可能比 Y 大得多,X 可能接近一个常数。目前用于计算相关性的公式(Ragin,2006)仅能充分捕捉这两个来源中的第一个。

为了证明这一点,我们回到第 5.5 节的例子。令 Y_1 为议会中议员们爆粗口行为的集合。X_1 是议会中男性议员的集合,X_2 是在该国出生的议员的集合。我们再添加另一个结果:关于政府政策的演讲行为(Y_2)。图 9.1 中的三张维恩图显示了三种实证模式。在所有三种情况中,条件都是结果的一个完全一致的超集,因此很容易通过必要性的形式测试(也称一致性值为 1)。

---

[1]　有一个例外情况,请参阅 Ragin,2008a:137f.。

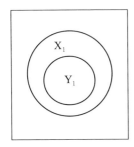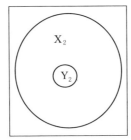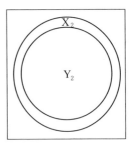

图 9.1 　维恩图：微不足道必要性的不同来源

如果应用标准的必要条件相关性公式,我们会得到以下结果。首先,X_1 会获得一个高值,因此被认为是 Y_1 的必要条件。其次,X_2 会获得一个低值,因此被认为是 Y_1 的微不足道的必要条件。这两个结果都是合理的。问题出现在我们评估 X_2 对 Y_2 的必要性时,两个集合的大小大致相等。因此,标准的相关性公式得出一个高值。这反过来可能会使研究人员推断出在议会演讲中出生于该国(X_2)是与政府政策有关的重要必要条件(Y_2)。然而,这种推断是有问题的。在这个研究背景下(议会演讲行为),X_2(出生于该国的议会成员的集合)几乎是一个常数。因此,默认情况下,它是结果集的超集——任何其他集合都很难避免成为 X_2 的子集。因此,X 通过接近一个常数,自动满足了被归类为结果集的必要条件的形式要求。它这样做并不是因为其实质或因果相关性,而是因为它的实证分布。标准相关性公式无法检测到这种明显的微不足道性的原因是 Y 结果集非常大。

这个例子揭示了要确定一个必要条件的相关性或微不足道性,必须考虑两个信息:集合 X 和 Y 的大小关系,以及 X 和~X 的大小关系。如果 X 比~X 大得多,那么 X 很容易成为结果集 Y 的超集。这应该清楚地表明微不足道性问题与偏斜成员分布的更一般的问题(第 9.2.3 节)相关。说 X 比~X 大得多,不过是说 X 中的案例的隶属值倾向于 X 中的高隶属值。

拉金提出的必要条件相关性公式(第 5.5 节)在捕捉 X 和 Y 之间的大小关系方面评估正确,但对 X 和~X 之间的大小关系不敏感。从算术上讲,如果 X 中的隶属值总是为 1(偏向程度的最极端情况),则相关性公式的分母等于正在研究的案例数。分子中使用的 X 和 Y 的最小值都对应于 Y 的值(因为 X 始终为 1)。换句话说,该公式等于所有 Y 值的算术平均值。现在,如果 Y 本身几乎只包含具有高隶属值的案例(例如上述关于政府政策的演讲行为的例子),那么这个算术平均值以及覆盖值将会很高。

　　总而言之,拉金(Ragin,2006)提出的覆盖参数正确捕捉到作为集合 X 和 Y 之间大小关系的微不足道性。然而,该公式没有考虑由于必要条件(接近)是一个常数而导致的微不足道性。那么,是否可以设计一个能捕捉这两个微不足道性来源的公式呢?

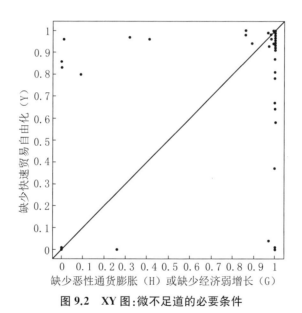

图 9.2　XY 图:微不足道的必要条件

9.2.1.2　对于微不足道必要性的更新公式的建议

　　为了论证的目的,我们以桑福德(Samford,2010)对拉美贸易自由化的研究为例。作者设定没有快速贸易自由化的国家集合为要解释的结果(Y)。此外,作者设定在七个条件中有两个构成了一个具有功能等效的必要条件(第 3.2.1.2 节):没有超通胀(H)或没有经济弱增长(G)。换句话说,所有在拉美地区放弃快速贸易自由化的政府要么没有面临超通胀，要么没有面临经济弱增长，要么二者都不是。形式上：

$$H+G \leftarrow Y$$

从经验上看，这个断言似乎得到了条件 H＋G 的高一致性值(0.9)和覆盖率值(0.87)的支持。然而，观察 Y 和 H＋G 的 XY 图(图 9.2)应该会引发一些疑问。我们注意到，Y 和 H＋G 两组都偏向高关联度。这从大多数情况聚集在 XY 图的右上角可以看出。这种模式对应于图 9.1 中 X_2 和 Y_2 的维恩图。因此，尽管其覆盖率高，但 H＋G 在本质上是微不足道的必要条件。

为了捕捉由偏斜集隶属值触发的微不足道性，我们提出了两个建议，它们在"必要条件相关性的标准公式"中未被注意到。首先，格尔茨提出"将 X 的微不足道性定义为 X_i 与 1 之间的平均距离，将其标准化为基于 Y_i 可能取到的最大重要性值"(Goertz，2006a：95)。基于这种推理，他得出了以下微不足道性公式[1]：

$$必要的微不足道性(格尔茨) = \frac{1}{N} \sum \frac{(1-x_i)}{(1-y_i)}$$

如果我们将格尔茨的公式应用于必要条件 H＋G，就会发现一个主要的缺陷：对于 H＋G，其返回值为 1.58。这有两个令人担忧的原因。首先，高值应该表示非微不足道性(相关性)。由于我们已经从 XY 图中看到 H＋G 是微不足道的必要条件，这个高值即便不是错误的，也是具有误导性的。其次，该值大于 1，这表明与迄今为止介绍的所有其他拟合参数的情况不同，格尔茨的微不足道性测量没有上限。这增加了解释该参数的困难。

导致这两个问题的共同原因是该公式对不一致性过于敏感。根据这个公式，只要与完美一致性略有偏差(例如我们例子中的 0.9)，它就可能返回大于 1 的值，表明非微不足道性，而实际上这个条件可能被认定为微不足道的。

---

[1] 以微不足道性来命名这个公式可能有一些让人困惑。因为在这里，低值表示微不足道，而高值代表非微不足道。

与拉金的公式相比,格尔茨的公式在应用于接近恒定条件时产生了更合理的结果。事实上,对于一个完全恒定的条件,格尔茨的公式返回值会为 0[①],而拉金的公式则不一定。然而,当存在不一致性时,格尔茨的公式返回的值是不合理的。作为对此的回应,我们提出了以下评估微不足道性的公式:

$$\text{必要的微不足道性(施耐德和瓦格曼)} = \frac{\sum (1 - x_i)}{\sum (1 - \min(x_i,\ y_i))}$$

该参数旨在兼具拉金和格尔茨公式的优势,同时避免各自的缺陷。像拉金的参数一样,它不会受到不一致案例的影响。[②]同时和格尔茨的参数一样,该公式考虑了 X 是否(接近)恒定。如果 X 是恒定的,我们的公式返回值为 0。与此同时,我们的公式永远不会返回大于 1 的值。

应用于条件 H+G,我们的公式得到一个值 0.56。这个值比拉金的值更低,因此更准确地表明条件 H+G 是微不足道的,对于快速贸易自由化(Y)不具相关性。

我们认为我们的参数可以被视为对一个必要条件相关性的有效评估。较低的值表示微不足道性,较高的值表示相关性。[③]因此,研究人员应该在通过一致性测试并在我们的公式上获得高值的条件上进行必要条件的实质性解释。

[①] 这是因为在这种情况下,所有分数的分子都为 0。

[②] 我们的公式是通过使用最小值而不是 Y 值,并首先将各项相加然后再相除(如拉金的公式),而不是首先相除然后再相加(格尔茨)。顺便提一句,后一种特征揭示了格尔茨针对微不足道性的公式的另一个潜在缺陷:它可能导致数学上未定义的除以 0 情况。格尔茨本人注意到了这一点,并建议将分数的值修正为 1(Goertz, 2006a:108)。然而,当提出这一建议时,完全的一致性会在 X=1 和 Y=1 的情况下消失。格尔茨的公式的分母为 0 的问题在不一致性的情况下也可能发生(例如,X=0.9 和 Y=1)。

[③] 相反,格尔茨(Goertz, 2006a)将微不足道性与相关性分开,并建议使用不同的公式来计算两者。对他而言,X 的相关性作为必要条件是通过 X 作为充分条件的一致程度来指示的(Goertz, 2006a:91)。该公式为:必要性的相关性(格尔茨)=$(1/N)\sum (y_i/x_i)$(Goertz, 2006a:96)。此外,格尔茨提出了必要条件的重要性概念,并通过将其相关性和微不足道性参数的算术平均值来计算(2006a:98)。我们对必要条件的"相关性"一词的使用使其成为"非微不足道性"而不是"也成立"的同义词,这也与格尔茨(Goertz, 2006a)所建议的一致。

正如我们所建议的,研究人员可能会认为,他们仅凭肉眼就能知道,所谓的必要条件的实例比结果的实例多得多,从而得出必要条件是微不足道的结论。然而,我们要知道,X 和 Y 集合的规模不太明显的情况也同样存在。这种情况一般会出现在将 Q<A 应用于更大的数据集和/或使用模糊集时。此外,当引入 SUIN 条件(Mahoney et al., 2009)的形式时,通过肉眼识别微不足道必要条件尤其困难。所有这些都指向使用能够有效揭示微不足道性和相关性的参数来对必要条件进行陈述的需要。

9.2.2　充分条件的一致性和同时子集关系问题

上一节中,如果条件 X 的集合很大,可能会出现关于必要性的不当推断。现在我们展示,类似的问题在分析充分性时也可能出现。如果 X 非常小,它可以通过"同时对 Y 和～Y 都充分"的形式测试。显然,声称同一个条件对一个结果及其补集都是充分的,这相当于一个逻辑谬误。接下来,我们首先提供一个简单的例子,展示 X 同时与 Y 和～Y 的子集关系,并解释这种现象出现的场景。之后,我们将介绍在模糊集 QCA 中应对同时子集关系的各种策略,并使用已发布的数据进行说明。

表 9.6　X 与 Y 和～Y 的同时子集关系

案例	条件	结果		子集关系	
	X	Y	～Y	X<Y	X<～Y
A	0.1	0.8	0.2	是	是
B	0.2	0.4	0.6	是	是
C	0.3	0.3	0.7	是	是
D	0	0.9	0.1	是	是
E	0.2	0.7	0.3	是	是

9.2.2.1　同时子集关系的来源

一个模糊集合 X 可以是模糊集合 Y 及其逻辑补集～Y 的完全一致子集。让我们用表 9.6 所示的情况来举例。在表 9.6 中,所有案例在 X① 中的隶属值小于它们在 Y 中的隶属值。因此,X 是 Y 的子集,因此可以被视为 Y 的完全一致充分条件。与此同时,令人惊讶的是,每个案例在 X 中的隶属值也小于其在～Y 中的隶属值。因此,X 也是～Y 的子集,因此通过了作为～Y 的完全一致充分条件的测试。

现在要讨论的同时子集关系现象只发生在模糊集合中,不同于上面讨论的由于偏斜的集合隶属值导致的评估相关性必要性的误导值(第 9.2.1 节),这影响了模糊集和清晰集。同时子集关系不会发生在清晰集中,因为如果 X 是 Y 的子集,那么 X 中的所有元素也是 Y 的元素。现在,如果 X 中的(一些)元素也是～Y 的元素,那么 Y 和～Y 的集合将部分重叠。然而,这在清晰集中是不可能的。这被称为排中律原则。然而,在模糊集合中,"排中律"不成立(第 2.4.1 节)。因此,正如表 9.6 所示,案例在 X 中的隶属值比它们在 Y 和～Y 中的值要小。从实质上讲,声称相同的条件对于结果发生和不发生都是充分的,这是一件荒谬的事②,所以我们必须避免这样的推断。③接下来,我们将展示如何避免这样的推断。

为了展开我们的论点,区分不同形式的同时子集关系至关重要。注意,在表 9.6 的范例中,X 中的所有隶属值都小于 0.5。根据当前的模糊集 QCA 原则,X 将被视为逻辑余数,因为没有一个案例在 X 集合内多于一半(超过 0.5)(第 6.1 节)。换句话说,如果模糊集合 X 的隶属值向非隶属偏斜,以至于在 X 中没有隶属值高于 0.5 的案例(或数量不足),则 X 被视为逻辑余数,那么同时子集关系的问题就不存在了。④

在应用模糊集 QCA 中,经常发生的情况是,条件 X 不是逻辑余

---

① 请注意,X 可以是一个复杂的布尔表达式的占位符,例如一个包含多个单一条件与逻辑和组合的真值表行。

② 单一条件可以作为产生 Y 和～Y 的 INUS 条件(第 3.3.2 节),这种现象被称为多终性。

③ 如第 8.2.2 节所示,当对逻辑余数做出矛盾的假设时,可能会出现类似的问题。在这两种情况下,逻辑最小化中都包含了相同的真值表行,用于得出结果 Y 和结果～Y。

④ 如果 X 代表一个真值表行,我们可能仍然决定将 X 包括在逻辑最小化过程中,即我们可能在反事实主张的分析中使用 X(第 6.4 节)。如果是这样,我们只能在 Y 或～Y 的分析中使用 X,而不能同时使用,否则,我们会得出矛盾的假设(第 8.2.2 节)。此外,在选择反事实主张的剩余项时,一般情况下,一致性通常不起任何作用。

数,但仍然是 Y 和～Y 的同时子集。与表 9.6 中所描述情况的唯一的区别是,非余数元素的同时子集关系永远不能完全一致。然而,它们很容易且通常会明显高于任何合理的充分条件一致性阈值。同时子集关系的问题是真实存在的。

为了便于说明,我们取表 9.6 中显示的数据的扩展版本,如表 9.7 所示。在 A—E 案例中,我们添加了 X＝0.7 且 Y＝0.6 的案例 F。条件 X 不再是逻辑余数,因为 F 的隶属值超过了 0.5 的定性锚点。然而,案例 F 在 X 中的隶属值超过了其在 Y 和～Y 中的隶属值。因此,案例 F 违背了 X 对 Y 足够充分的说法,也违背了 X 对～Y 足够充分的说法。如果考虑到所有案例的信息,并计算 X 作为对 Y 和～Y 充分条件的一致性值,我们发现 X 在两方面都通过了合理的阈值。它对 Y 的一致性为 0.93,对～Y 的一致性为 0.8。因此,即使 X 不是一个完全一致的子集,它仍然通过了 Y 和～Y 充分条件的常规测试。

表 9.7　X 与 Y 和～Y 的同时不一致子集关系

案例	X	Y	～Y	X＜Y	X＜～Y
A	0.1	0.8	0.2	是	是
B	0.2	0.4	0.6	是	是
C	0.3	0.3	0.7	是	是
D	0	0.9	0.1	是	是
E	0.2	0.7	0.3	是	是
F	0.7	0.6	0.4	否	否

请注意,不一致的同时子集关系总是意味着至少存在一个真正的逻辑矛盾案例(第 5.2 节)。①对于充分性而言,这些不一致的案例(即

① 请记住,一致性被定义为条件值和结果值的最小值之和除以条件值的总和。如果 X 不是余数(即至少在一个案例中 X＞0.5),那么在 X＞0.5 的案例中,X 自动大于 Y 或 1－Y(或两者)。这意味着 Y 或～Y(或两者)的一致性值不能再为 1。根据 X 与 Y (或～Y)在不一致案例中的距离,一致性的减少程度可能会有所不同:如果两个值都接近 0.5,则一致性值仍然会保持较高,甚至可能足够高到建议 Y 作为一致的充分条件。此外,如果存在一个 X＞0.5 的案例,该案例必须在 Y 或～Y 中具有＜0.5 的值,因此 Y 或～Y 至少存在一个真正不一致的案例。

X＞Y)在 X 的隶属值＞0.5 且 Y 的隶属值＜0.5。换句话说,如果 X
对 Y 和～Y 都是不一致的子集,那么至少有一个真正的逻辑矛盾案
例隐藏在这两个一致性值之一后面。在上面和下面的部分,我们认
为研究人员在决定如何解释这两个子集关系时应该利用这一模糊集
的特点。

　　总之,在模糊集合中,大多数案例隶属值较低(偏斜分布)的条件
可以同时是结果 Y 和～Y 的子集。这种同时子集关系通常不是完全
一致的(除非 X 是逻辑余数),但可以通过常规一致性阈值。由于避
免声称某个给定条件本身足以同时满足 Y 和～Y,且基于标准的充
分条件识别工具不能自动捕捉同时子集关系,因此需要制定更多的
策略。

表 9.8　真值表行对于结果及其补集的一致性

行	条件			对结果的一致性	
	P	S	R	U	～U
1	1	1	1	0.911	0.836
2	0	1	1	0.918	0.706
3	1	1	0	0.911	0.696
4	0	0	1	0.719	0.911
5	0	0	0	0.642	0.829
6—8	逻辑余数			—	—

9.2.2.2　处理同时子集关系的策略

　　为了展示潜在的策略,并进一步提供证据,证明应用模糊集 QCA
中的同时子集关系是一个比目前认识到的更常见的问题,让我们回顾
韦斯(Vis,2009)的例子,以及作者在不受欢迎的改革实施条件方面的
研究(第 5.3 节和第 8.2.1 节)。表 9.8 显示了韦斯数据的真值表。在八
行中,有三行是逻辑余数行,不过我们在这里没有显示出来,因为它们
与关于同时子集关系的错误推断的问题不相关。

　　该表还显示了每个相关真值表行的一致性,作为结果 U(不受欢迎
的改革)和～U(没有不受欢迎的改革)的充分条件。如果我们将原始

一致性的合理阈值设置为 0.8，我们发现第 1 行（PSR）对于 U 和～U 的充分性都超过了阈值。从本质上说，一个内阁处于政治困境（P）、社会经济状况恶化（S），并且被右翼党派主导（R）的特征的组合，在形式上足以使该内阁实施不受欢迎的改革，也能够不实施这样的改革。这是一个自相矛盾的、无法维持的说法。PSR 可以被解释为对 U 或～U 是充分的，或对两者都不充分，但绝对不可能对两者都是充分的。

条件 PSR 和结果 U 和～U 的 XY 图分别提供了图形证据，表明 PSR 可以被认为是 U 和～U 的充分条件。此外，这些图还显示了我们上面已经提到的，即在同时子集关系中，至少有一个关系必须包含至少一个真正的逻辑矛盾案例。在我们的例子中，对 U 的分析包含了一个这样的案例：施吕特 IV 政府（PSR＝0.6；U＝0.33）。对～U 的分析包含了两个这样的案例：巴尔克嫩德 II（PSR＝0.67；～U＝0.17）和科尔 IV（PSR＝0.67；～U＝0.33）。

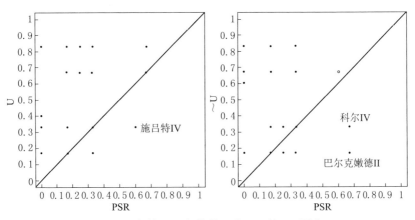

图 9.3　条件 PSR 与结果 U 和～U 的 XY 图 *

第一个，也是目前唯一一个着手解决由于同时子集关系而引起的分析问题的学者是拉金。[①]他提出了一种使用误差比例减少的概

---

　*　此图原书有误，已参照上下文修改。——编者注
　①　以下论点基于与查尔斯·拉金的个人交流，他慷慨地与我们分享了他尚未发表的关于这个复杂问题的思考（参见 Mendel and Ragin，2011）

念的公式,类似于许多统计关联测量的方法(PRI)。[①]所谓的 PRI 测量[②],也是在使用模糊集 QCA 2.5 软件包中的真值表算法时默认报告的,提供了一个数值测量。大致来讲,PRI 测量可以帮助我们了解一个给定的 X 是特定 Y 的子集而不是~Y 的子集。计算 PRI 的公式如下:

$$PRI = \frac{\sum \min(X, Y) - \sum \min(X, Y, \sim Y)}{\sum \min(X) - \sum \min(X, Y, \sim Y)}$$

PRI 对 X 同时是 Y 和~Y 的子集很敏感。一般来说,如果 Y 和~Y 的一致性值彼此接近,则 PRI 产生较低的值。如果 Y 和~Y 的一致性值差别较大,则 PRI 产生较高的值。这与 X 作为 Y 或~Y 的充分条件达到的一致性水平无关。因此,即使 X 作为 Y 或~Y 的充分条件不一致,PRI 也可能很高。这应该明确说明,PRI 不能替代传统的一致性测量。相反,需要将两个测量结合起来。拉金建议将一致性测量和 PRI 相乘。在模糊集 QCA 2.5 软件中,这个测量被标记为真值表算法中的 PRODUCT。如果一致性测量和 PRI 测量都很高,那么 PRODUCT 测量也会很高。高 PRODUCT 值的连词是那些存在明显的非同时子集关系,且在解释上没有问题的充分条件。

应用 PRI 测量到表 9.8 的第 1 行(PSR),我们得到表 9.9 中所显示的值。虽然传统的一致性测量表明 PSR 可以作为 U 和~U 的充分条件来解释,但是现在 PRI 测量表示,通过考虑同时子集关系,PSR 应该被认为只是 U 的充分条件,而不是~U 的充分条件。PRI 的值(因此也是 PRODUCT 的值)对 U 的分析来说很高,对~U 的分析来说很低。[③]

---

① 具体而言,它对应于误差比例减少计算(PRE),这是大多数统计关联测量的原理。众所周知,回归分析的 R^2 只不过是 PRE,用于衡量引入自变量相对于通过算术平均值估计因变量值时误差的减少程度。

② PRI 代表不一致性的比例减少(Mendel and Ragin, 2011:38)。

③ 这个推论也得到了支持,因为对于结果 U,存在两个真正的逻辑矛盾案例,而对于结果 U,只有一个案例。

表 9.9　同时子集关系的一致性、PRI 和 PRODUCT 值

行	结果 U			结果～U		
	一致性	PRI	PRODUCT	一致性	PRI	PRODUCT
PSR	0.911	0.647	0.589	0.836	0.353	0.295

我们认为 PRI 和 PRODUCT 参数是应用模糊集 QCA 的重要改进。某些相关软件包可以计算它们的值，并且利用它们不需要花费额外精力，但是却可以获得额外的研究价值。研究人员即使关心的是结果的发生，而不是结果的不发生，也应该使用 PRI 和 PRODUCT。PRI 和 PRODUCT 有助于识别并潜在地拒绝那些只因为集合非常小，也就是它们的隶属值高度偏斜，所以才通过充分条件一致性阈值的集合。

PRI，就像一致性一样，是一个连续的测量。当然，这就引发了一个问题，即在什么阈值以上，PRI（和 PRODUCT）高到足以将正在考虑的条件视为充分条件。在接下来的内容中我们会提供一些线索。首先，当然，只有通过了一致性阈值的条件才有意义去参考 PRI 和 PRODUCT 值。此外，我们鼓励读者始终询问 Y 和～Y 两个一致性值中的哪一个是由真正的逻辑矛盾案例驱动的（第 5.2 节）。研究人员可以将存在逻辑矛盾案例作为排除作为充分条件的 X 与 Y 和～Y 之间两个子集关系之一的证据。

总之，研究人员应该将 PRI 和 PRODUCT 的考虑与更以案例为导向的焦点相结合，并积极应对真正的逻辑矛盾案例。研究人员还应该意识到，在使用真值表算法时，条件中的隶属值偏斜是一个常见现象（第 7 章）。原因很简单。在真值表算法中，每个真值表行都被测试作为结果的充分条件一致性。如之前所示（第 4.2 节和第 7 章），大多数案例在大多数真值表行中的隶属值都很低。换句话说，大多数真值表行表示的是小集合。即使分析中的每个单独集合都不偏斜，也可能发生这种情况。因此，当研究人员认为自己是在安全边界时，偏斜性问题可能对他们隐藏起来，因为没有单一条件是偏斜的。

9.2.3 模糊集分析中偏斜集隶属值的一般处理

到目前为止,本章所讨论的所有潜在缺陷的深层次根本问题是集隶属值的分布偏斜对其产生的影响。对所有可能的缺陷及其潜在处理方法仍然是集合论文献中待完成的任务,而且超出了本书的范围和目标。我们以下概述仅旨在对这个主题产生敏感性,并概述进一步研究这个问题的潜在途径。

为了可视化我们的论点,我们使用了修改版本的 XY 图(图 9.4)。除了通常由左下到右上运行的主对角线外,我们还添加了另一条由左上到右下的对角线。与常用的对角线表示 X=Y 的含义相同,新的对角线表示 X=~Y 的含义。通过使用两条对角线,我们可以可视化 Y(标准主对角线)和~Y(新对角线)之间的子集关系(参见 Cooper and Glaesser,2011a)。例如,如果 X 是~Y 的子集,则所有案例都在新对角线下方。如果 X 对于~Y 是必要的,则所有案例都在新对角线上方。

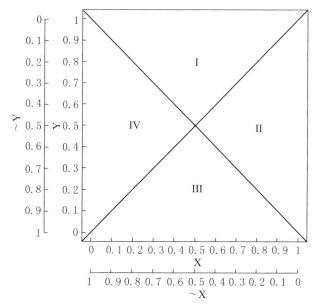

图 9.4　XY 图:四个区域和八个潜在的子集关系

两条对角线形成了四个不同的区域。接下来，我们详细说明了如果所有案例只落入这四个区域中的一个或两个，如何推断出它们的子集关系。我们为条件 X 和～X 之间以及结果 Y 和～Y 之间的在逻辑上可能的八种集合关系可以落入这些指定的区域：

1. 所有案例在区域 I 和/或区域 IV：X→Y
2. 所有案例在区域 II 和/或区域 III：X←Y

如果 X 对于 Y 是(完全)充分的，这意味着所有案例都遵从 X≤Y。我们可以反向推导并得到～X≥～Y。因此，如果所有案例都在区域 I 和 IV 中，这不仅意味着 X 对于 Y 是充分的(X≤Y)，而且～X 对于～Y 是必要的(～X≥～Y)。类似地，表示 X 对于 Y 的必要性的区域(X≥Y)也描述了子集关系～X≤～Y。因此，我们可以说：

3. 所有案例在区域 I 和/或区域 IV：～X←～Y
4. 所有案例在区域 II 和/或区域 III：～X→～Y

如上所述，如果 X 是～Y 的子集，则所有案例都在新对角线下方。同样地，如果～Y 是 X 的子集，那么所有案例都在新对角线上方。因此：

5. 所有案例在区域 III 和/或区域 IV：X→～Y
6. 所有案例在区域 I 和/或区域 II：X←～Y

我们可以再次反向推导陈述 5 和陈述 6 并得到以下结果：

7. 所有案例在区域 III 和/或区域 IV：～X←Y
8. 所有案例在区域 I 和/或区域 II：～X→Y

正如我们可以看到的，为了表示充分性和必要性，我们需要始终检查 XY 图的两个区域。请注意，通过表达式"和/或"，我们表示案例可以同时或者仅落入这两个区域中——重要的是它们不能落入任何其他区域。

现在，让我们考虑所有案例仅落入这四个区域中的一个区域的后果。我们将面临一个有趣的现象。为了解释这个现象，让我们从区域 I

开始。如果所有案例都落在区域 I 中,那么根据我们之前的列表,以下陈述是正确的:

所有案例在区域 I: X→Y & ～X←～Y & X←～Y & ～X→Y

我们可以看到,如果所有案例都在区域 I,那么 X 和～X 都是对 Y 充分的和对～Y 必要的。这显然是一个逻辑矛盾。当 Y 的隶属值越朝高隶属值偏斜时,这种现象发生得越严重,在这种现象发生的情况下,X 的隶属值变化的范围越大。

如果所有案例仅落入区域 II,那么以下结果成立:

所有案例在区域 II: ～X→Y & ～X→～Y & X←Y & X←～Y

用文字表示:～X 对 Y 和～Y 都是充分的,而将 X 放入 Y 和～Y 中都是必要的。当 X 的隶属值越朝高隶属值偏斜时,Y 的隶属值可以变化的范围就越大,并且仍允许这种现象发生。

如果所有案例都落入区域 III,那么以下结果成立:

所有案例在区域 III: X←Y & ～X←Y & X→～Y & ～X→～Y

用文字表示:X 和～X 对 Y 都是必要的,而 X 和～X 对～Y 都是充分的。当 Y 的隶属值越朝低隶属值偏斜时,X 的隶属值可以变化的范围就越大,并且仍允许这种现象发生。

如果所有案例都落入区域 IV,那么以下结果成立:

所有案例在区域 IV: X→Y & X→～Y & ～X←Y & ～X←～Y

用文字表示:X 对 Y 和～Y 都是充分的,而～X 对 Y 和～Y 都是必要的。当 X 的隶属值越朝低隶属值偏斜时,Y 的隶属值可以变化的范围就越大,并且仍允许这种现象发生。

除了正式的逻辑练习之外,这对应用模糊集 QCA 有哪些见解呢?第一,而且很重要的是,偏斜隶属值对使用集合论方法进行推论有严重影响,因为它们会导致不合逻辑的陈述。第二,所有这些分析问题即使 X 和 Y 都不是常数也可能发生。正如上述的 XY 图所示,只需要案例落入 XY 图的特定三角区域即可。反过来说,这在隶属值偏斜而不是恒定的情况下已经发生。第三，与前面的观点相关，只需要 X 或 Y 中的一个偏斜，这些缺陷就会发生。其中一个集合中的偏斜越大，另一个集合中的隶属值分布得越正常，逻辑上的缺陷仍然会出现。这两个观点使研究人员更难检测到偏斜存在及其对研究结果的影响。第四，通过允许不完全一致性值，所有案例不必都位于一个特定区域，但分析缺陷仍可能发生。

第五，迄今为止，文献仅讨论了由隶属值偏斜引起的四种情况中的一些。更准确地说，对于大多数案例位于区域 IV 的情况，我们已经在第 9.2.2 节对模糊集合中排中律规则不存在的讨论中进行了处理。如上所述，PRI 和 PRODUCT 参数可以作为补救 X 同时成为 Y 和 ~Y 的充分条件的谬误的可能工具。[1]此外，我们在关于相关和微不足道的必要条件问题的讨论中，讨论了大多数案例位于区域 II 的情况。对于必要条件相关性的不同公式旨在辨析那些在 X 集合中高度偏向高隶属值的微不足道的必要条件，即使 Y 的隶属值也高度偏向高隶属值。[2]

第六，正如第五点所示，目前文献中只讨论了 X 中成员偏斜的分析结果。而仅仅属于区域 I 或区域 II 的案例的结果并未被讨论，并且这些结果源于结果 Y 的偏斜。幸运的是，它们对实际研究的影响较小，因为 Y 的偏斜似乎不太可能，或者至少不容易被忽视。首先，与条件 X 不同，结果 Y 通常由单一集合组成，而不是由逻辑和（生成小集合）或逻辑或（生成大集合）组合的多个集合。其次，由于根源于定性推理的模糊集合方法倾向于更关注结果 Y，因此研究人员往往会更关注其案例在结果 Y 集合中的得分情况。反过来，这使得研究人员更有可能意识到隶属值的偏斜性——尽管不一定意识到其触发的分析后果。

显然，隶属值的偏斜性可能导致错误的结论。以下是一些建议，用来避免此类缺陷。最直接的建议是避免偏斜隶属值分布。然而，这通常说起来容易做起来难。首先，有时候所研究的情况中的所有案例可

---

① 我们现在看到 PRI 和 PRODUCT 也可以用来避免错误地声明 X 和 ~X 对 Y 都是必要的谬论。

② 根据我们在这里讨论的逻辑，这些公式可以用来避免错误地声明 X 对于 Y 和 Y 都是充分的谬论。

能都只在一个给定集合中有低的隶属值。例如,在研究欧盟成员国的公共债务时,大多数案例可能只在具有非常轻的公共债务负担的国家集合中有低的隶属值。如果是这样,研究人员可能希望通过重新概念化和因此重新校准集合,将其转变为具有适度公共债务负担的国家集合。其次,如上所述,即使单一条件完全没有偏斜,偏斜性通常也存在。在充分性分析中,这是因为我们通常在查看逻辑和的组合,而且经常有许多案例的隶属值在这样的组合中很低,即它们表示隶属值偏斜低的集合。在必要性分析中,我们有时会关注逻辑或的组合(在功能上等效的必要条件,请参见 3.2.1.2 节),而且经常有许多案例在这样的表达中具有较高隶属值,即表示偏向于高隶属值的集合。

所有这些说明了研究人员密切关注隶属值的分布及其是否可能影响结果的重要性。通过我们对必要性相关性的公式以及拉金的 PRI 和 PRODUCT 公式,可以为这项任务提供一些初始参数。此外,研究人员应始终通过 XY 图来可视化他们的研究结果,并查看其案例是否聚集在图 9.4 四个区域中的任一区域。

概览:隶属值偏斜的分析后果

具有隶属值偏斜的集合可能导致在**充分性**和**必要性**分析中产生错误的推论。

研究人员应始终检查是否有任何单个集合或它们的**解公式**具有隶属值偏斜的特征。

在必要性分析中,本书作者提出的关于**相关性**的公式可以帮助研究人员避免错误的必要性陈述。在充分性分析中,**PRI** 和 **PRODUCT** 的参数是有帮助的,并应在应用 QCA 中更频繁地使用。

偏斜性还有其他复杂的含义,目前还没有现成的解决办法。这使得研究人员不应失去对所考虑集合中案例及其隶属值的了解,这一点尤为重要。

第四部分　QCA 的变体及其运用

10 QCA 的变体

> **导　读**
>
> 　　在本书的前几部分,我们首先介绍了 QCA 的基础知识(第 1—6 章),将它们整合到了真值表算法(第 7 章),然后详细讨论了避免潜在缺陷的策略(第 8 章和第 9 章)。我们通过参考静态的清晰集或模糊集 QCA 来实现这一点。在本章中,我们将介绍 QCA 的更多变体。更具体地说,我们讨论了 QCA 的两步法(第 10.1 节)、多值 QCA(第 10.2 节)以及如何处理集合论方法中与因果相关的时间概念(第 10.3 节)。
>
> 　　初学者应该在阅读了第 1—9 章之后再去了解这些话题。高阶读者可能已经接触过这三种 QCA 的变体形式,但可能对它们的进一步反思和批判性评估感兴趣。

10.1　QCA 的两步法

　　两步法(Schneider and Wagemann,2006;Schneider,2008)的基本思想是,在比较社会科学研究中,条件可以被分为两组,或者说可以被标记为"远程"和"近程"因素(Schneider and Wagemann 2006:759;参见 Kitschelt,2003)。远程性和近程性可以根据多个维度进行定义。例如,远程因素在时间上相对稳定。此外,它们的起源通常远离要解释的结果在空间和时间维度上的位置。因此,远程因素通常不容易被行动者轻易改变，并被视为外生给定的因素。在许多研究情境中，远程因素可以被恰当地标记为结构性因素、背景、历史遗留等。相比之下，近程因素随时间变化，并且起源不那么久远。它们相对容易被行动者改变；通常，它们甚至描述了人类行为本身。因此，不仅可以从空间和时间的角度来解释远程性和近程性，而且可以从它们被认为具有的因果关系的密切程度来解释。

当然，两步思维不仅仅适用于 QCA。社会科学的许多子学科提到了在某些环境（远程因素）中展开的因果过程（近程因素）。例如，基奇特（Kitschelt，1999）认为，仅依赖远程（结构性）因素提供了因果深度，但未能展示将深层次、遥远的原因与结果联系起来的因果机制。相比之下，基于近程因素的解释显示了因果机制（通常是微观层面上）。因此，好的因果陈述需要在这两个核心特征之间找到正确平衡：因果深度和因果机制（Schneider and Wagemann，2006：761f.）。

两步 QCA 方法的一般原则如下。第一步，仅基于远程条件和结果构建一个真值表。然后对该真值表进行逻辑最小化，得到揭示我们所称的"结果可能条件"的解项（Schneider and Wagemann，2006：761）。由于我们有意排除了对结果有影响的近距离因素，第一步的分析是不完全规范的。因此，在第一步中应使用较低的一致性阈值，以便在第二步中引入近距离条件时留出改进的空间。

第二步包括为每个结果构建真值表，从而使第一步和近似条件成为可能。因此，如果第一步产生了三个导致结果的条件解项，那么我们在第二步就要为每个远程条件解项构建一个关于近程条件的真值表，这些表的逻辑最小化揭示了通向结果的充分路径。在第二步中，一致性阈值应设置得很高，并且不应做出关于逻辑余数部分的假设。[1]第二

---

① 在第二步中，对逻辑余数的替代处理方法是可行和合理的。例如，施奈德（Schneider，2009：ch.6）感兴趣的是哪些政治制度的配置条件（近因条件）对民主制度巩固是充分的。这些条件配置首先是基于一些远程因素的背景环境。作者建议在第二步中不进行任何逻辑最小化。否则，关于精确制度配置的关键信息将会丢失。除了不对逻辑余数进行假设这一方案，另一个解项是防止将任何意味着将远程因素条件用作反事实的逻辑余数，并产生中间解项。

步的目的是揭示将良好定义的远程条件与结果联系起来的近程条件的配置。

两步法应用的一个积极效用是,通过将条件分为两组,逻辑余数的数量可以大大减少(Schneider and Wagemann,2006:762)。这是因为我们可以避免那些还没有确定为结果充分条件的远程条件与近程条件之间的组合。当然,排除这些条件组合的合理性主要取决于研究人员设置的远程条件和近程条件的合理性。

尽管取决于研究人员的理论基础决策,但我们仍然认为两步法代表了一种可行的研究策略,适用于当研究人员面临大量条件和/或当存在明确的远程因素和近程因素分割(例如 Roehner,2011)时。两步 QCA 方法既适用于清晰集和模糊集,也适用于多值"集合"(第 10.2 节)。[①]

10.2 多值 QCA

到目前为止,在本书中,我们几乎只提到了清晰集 QCA 和模糊集 QCA。除了这两种 QCA 变体之外,多值 QCA 通常被提出作为 QCA 的另一种形式(Cronqvist,2005;Cronqvist and Berg-Schlosser,2008)。多值 QCA 使用了 QCA 的一些关键原则,比如真值表的逻辑最小化。不过多值 QCA 的逻辑最小化不是基于清晰集或模糊集,而是基于多值"集合"。

引入另一种形式的 QCA 最常见的论点是许多社会现象不能以明确的(清晰集)或素数蕴涵的(模糊集)二元对立形式呈现。[②]相反,许多社会现象直接由多项式类别组成。例如,考虑一个国家的地理位置(欧洲、美洲、亚洲等)、家庭状况(已婚、单身、丧偶)、职业关系(律师、学者、

---

① 关于 QCA 两步法的更详细的介绍,可以参见 Mannewitz,2011。

② 回想一下(第 1.1.3 节),模糊集合尽管具有"连续"的隶属值,但通过 0.5 的定性锚点,仍然保持二分法的概念,将案例分为两个在模糊集合中隶属值在本质上有所不同的群体。

失业等)，等等。对于任何多项式变量，我们没有明确的方法将案例的隶属值归到一个清晰集或模糊集中。

在标准的清晰集 QCA 或模糊集 QCA 中，具有 c 个类别的多项式变量可以通过创建 c−1 个不同的集合来捕捉。[①]例如，具有三个类别(已婚、单身、丧偶)的多项式变量可以通过两个集合"已婚"和"单身"来捕捉。第三个类别(丧偶)由"非已婚"和"非单身"的组合条件来表示。

正如克朗奎斯特和伯格-斯洛塞(Cronqvist and Berg-Schlosser，2008:70—72)指出的，通过多个集合来捕捉多值概念的这种策略会引发两个问题。首先，它增加了真值表行的数量，从而增加了有限多样性的问题。其次，其中一些逻辑余数是默认情况下我们所称的不可能余数(第 6.2.3 节和第 8.2.3 节)。例如，通过使用"已婚"和"单身"这两个集合来捕捉婚姻状况的三个类别，我们至少会创建一个不合理的真值表行，表示既已婚又单身的个体。多值 QCA 的支持者认为它的优点在于减轻了有限多样性和相关的分析挑战。

接下来，我们首先介绍多值 QCA 的原则，然后对其进行批判性评估。在这里，我们将关注多值 QCA 是否真的以优于现有 QCA 变体的方式处理有限多样性问题，以及多值 QCA 固有的局限性。

10.2.1 多值 QCA 的原则:符号表示和逻辑最小化

由于多值 QCA 处理的条件不再表示案例的某个特定特征的存在与否，而是允许不同的状态，因此不能只使用带波浪线或不带波浪线的字母(例如，A 和～A)来表示条件的存在与否。通常情况下，条件的状态要么进行索引，要么用括号表示。例如，如果一个案例在条件 A 中取值为 2，则索引表示法为 A_2，使用括号表示法为 A{2}。条件 A、B 和 C 的组合，其中 A 取值为 2，B 取值为 0，C 取值为 3，因此在索引形式下为 $A_2B_0C_3$，在使用括号的形式下为 A{2}B{0}C{3}。在本章中，

---

① 这个过程类似于在多元回归中创建多个虚拟变量。

我们使用括号表示法。[①]

真值表及其逻辑最小化也是多值 QCA 的核心内容。逻辑最小化的原则与清晰集 QCA 和模糊集 QCA 非常相似(第 4.3.1 节)。如果两个或多个表达式满足以下两个条件,那么它们可以进行简化。首先,在所有表达式中,除一个条件外,其他条件的取值都必须相同(例如,条件 A 在所有表达式中的取值都必须为 2,或条件 B 在所有表达式中的取值都必须为 1,即 A{2}B{1})。其次,剩余的条件(在我们的例子中为 C)必须出现在第一步(A{2}B{1})产生的每个基本表达式中,取每个可能的值。例如,如果每个条件都可以取值 0、1、2 和 3,那么条件 C 必须与 A{2}B{1} 的所有这些值组合。只有这样,通过逻辑最小化才能排除该条件。例如,在以下逻辑表达式中,所有素数蕴涵都由 A{2}B{1} 组成,而 C 在这些素数蕴涵中包含所有可能的值:

$$A\{2\}B\{1\}C\{0\}+A\{2\}B\{1\}C\{1\}+A\{2\}B\{1\}C\{2\}+A\{2\}B\{1\}C\{3\}\rightarrow Y$$

因此,条件 C 在逻辑上是多余的,可以被舍弃。这将得到新的、更简洁的表达式:

$$A\{2\}B\{1\}\rightarrow Y$$

如果缺少任何一个素数蕴涵,则无法进行这种逻辑最小化。例如:

$$A\{2\}B\{1\}C\{0\}+A\{2\}B\{1\}C\{1\}+A\{2\}B\{1\}C\{3\}\rightarrow Y$$

因为 C 不出现在状态 C{2} 中,即缺少素数蕴涵 A{2}B{1}C{2},所以我们无法最小化为 A{2}B{1}。

继续上述的例子,如果 A{2}B{0}、A{2}B{2} 和 A{2}B{3} 也可用于逻辑最小化,则 A{2}B{1} 可以进一步简化为 A{2}。然而,为了实现这一点,以下组合需要与结果连接在一起:

A{2}B{0}C{0}, A{2}B{0}C{1}, A{2}B{0}C{2} 和 A{2}B{0}C{3}

以使 A{2}B{0} 可用;

[①] 括号表示法也被用在 Tosmana 1.3.2 软件中。

A{2}B{2}C{0}，A{2}B{2}C{1}，A{2}B{2}C{2}和 A{2}B{2}C{3}

以使 A{2}B{2}可用；以及

A{2}B{3}C{0}，A{2}B{3}C{1}，A{2}B{3}C{2}和 A{2}B{3}C{3}

以使 A{2}B{3}可用。

可以看出，多值 QCA 中逻辑最小化的原则与清晰集 QCA 和模糊集 QCA 中真值表分析的原则非常相似。[①]

在清晰集 QCA 和模糊集 QCA 中，只需要一个合作组合条件就可以进行最小化。相比之下，在多值 QCA 中，单一条件可以出现在不同的状态中，我们因此需要更多（有时是许多）这样的合作组合条件。多值 QCA 中的逻辑最小化因为对数据要求更高，所以保守解项往往更复杂，而且和其他 QCA 变体相比，为了得到简约解项，需要基于更多简化假设。

总之，多值 QCA 在原则上与 QCA 的主要变体非常相似。首先，将数据矩阵转换为真值表。然后，按照与 QCA 非常相似的规则对真值表进行逻辑最小化，并产生可以根据充分性进行解释的解公式。不过在实践中我们需要进行一些限定。

10.2.2　多值 QCA 评估

在接下来的内容中，我们提出了一些与多值 QCA 相关的问题。这些问题迄今为止尚未被详细讨论过。我们旨在为研究人员决定选择哪种 QCA 变体提供一些启发。我们将探讨多值 QCA 作为集合论方法的地位，并简要说明多值 QCA 在处理多项概念和有限多样性方面是否优于清晰集 QCA 和模糊集 QCA。

10.2.2.1　多值 QCA 是否是集合论方法？

在接下来的内容中，我们提出了三个问题来质疑多值 QCA 作为

---

① 克朗奎斯特和伯格-斯洛塞（Cronqvist and Berg-Schlosser, 2008:74）认为，在多值 QCA 中使用的逻辑最小化是清晰集 QCA 中的广义版本。

集合论方法的地位。第一,多值变量数据完全符合集合的概念。第二,在多值变量类别中,存在两种完全不同的类型(一种是序数型,一种是分类型)。第三,多值 QCA 倾向于弱化集合论方法的核心认识论之一:对必要性和充分性子集关系的关注。

多值 QCA 的独特特点是它可以处理具有多个类别的变量。然而,这些多值变量是否可以被视为集合呢? 集合的一个显著特征是,某些案例是集合成员而其他案例不是集合成员,并且集合标签已经表达了成员和非成员之间的这种定性区别。例如,(清晰的或模糊的)富人集合建立了在这个集合中的成员(富人)与不在这个集合中的成员(非富人)之间的定性差异。现在,让我们尝试用一个典型的多值变量来做同样的事情,比如,"职业状态"具有四个类别:"白领(1)""蓝领(2)""农民(3)""管理者(4)"。在此多值变量中,不可能为任何人指定非成员身份。如果没有非成员身份,这表明多值变量确实不是集合。沿着这个思路,我们注意到缩略词 mvQCA 代表多值 QCA,而不是多集合 QCA,这表明至少多值 QCA 的集合论状态并不完全清楚。

支持多值 QCA 是一种简单的集合论方法的一个反对意见可能是,多项式变量只是简单地将多个清晰集合堆叠在一起。与使用清晰集合将焦点放在一个职业类别(例如清晰集合"蓝领工人")上,并将所有其他类别都归为非蓝领工人的余数类别不同,多值 QCA 解压缩了非成员的集合,允许多个类别存在。从这个角度来看,多值变量中的每个类别本身就是一个集合(Vink and van Vliet,2009:273)。尽管这种解释具有吸引力,但它存在一个致命缺陷。它未解决多值 QCA 中如何处理集合中的非成员的重要问题。例如,如果考虑专业类别"农民",我们并不清楚"农民"是不是其他哪个专业类别的成员。[①]集合的一个

---

① 　多值 QCA 最小化算法需要观察所有可能值的组合,以逻辑上最小化一个表达式(参见第 10.2.1 节)。该算法提出的解释是,一个"集合"中具有给定值的案例在同一"集合"的所有其他可能值中的隶属值为 0。如果这种解释是正确的——虽然多值 QCA 的文献对此并不明确——那么多值 QCA 可以被视为一种集合论方法。然而,我们依然不能因此声称多值 QCA 减少了逻辑余数的数量,因为多值"集合"实际上是多个确定的集合的聚合(参见第 10.2.2.2 节)。

基本特征是它们在给定集合中建立成员和非成员之间的定性差异。多值"集合"对此存在歧义。显然，这使得多值 QCA 与清晰集 QCA 和模糊集 QCA 不同。建立明确的隶属关系和非隶属关系的唯一解决方案是为多项变量中的每个类别创建（清晰或模糊）集合。只有这样，才有可能正确识别所有的集合，例如，农民是非成员（有关更多信息，请参见 Vink and van Vliet，2009：273）。

多值 QCA 作为集合论方法的地位被质疑的第二个原因是，许多多值 QCA 应用程序不能对多项式变量进行操作。相反，它们使用序数变量，这些序数变量通常是从基础区间尺度级别的数据派生而来（Vink and van Vliet，2009：271）。[1]例如，在介绍多值 QCA 的教科书示例中（Cronqvist and Berg-Schlosser，2008），唯一使用的多值变量"GNPCAP"包含三个不同类别，其中类别 1 的国家比类别 2 的国家的人均 GDP 低，而类别 2 的国家的人均 GDP 又低于类别 3 的国家。因此，虽然多值 QCA 的主要目的是处理多项式类别，但在研究实践和方法论介绍中，这被扩展到（或与）多值变量的序数概念。[2]然而，对于具有序数概念的多值变量，与模糊集相比的优势并不明显。

最后，如果我们回想一下集合论方法的主要目标和优势：解析被解释为必要性和充分性以及由此导出的 INUS 和 SUIN 等所有其他形式的条件的集合关系（尤其是第 3.3.2 节），我们就会认识到多值 QCA 不同于主要的 QCA 变体。并且，在多值 QCA 的出版物中，集合关系、必要性和充分性的概念明显缺失（尽管有例外）[3]。

总之，当面对多值变量时，我们有两种选择。要么应用多值 QCA，但并不确定这类数据的集合论地位（Vink and van Vliet，2009：286），

---

[1]　同时考虑到只有很小一部分发表的 QCA 研究使用了多值 QCA 方法（Rihoux et at.，in press）。

[2]　在同一篇文章中，另一个关于多值变量的范例也使用了测量尺度。作者将儿童的年龄分组为多值变量的 0、1、2 和 3 四个类别。

[3]　在克朗奎斯特和伯格-斯洛塞（Cronqvist and Berg-Schlosser，2008）对多值 QCA 的开创性介绍中，他们没有提到这些术语。此外，克朗奎斯特为多值 QCA 开发的软件 Tosmana 也没有提供分析必要条件的可能性。

要么创建多个(清晰或模糊)集合并应用清晰集 QCA 或模糊集 QCA,
从而确保我们使用的方法的集合论地位。如果多值 QCA 操作于序数
的多值变量,那么其独特的方法论贡献就不那么明确了。

10.2.2.2　多值 QCA 减少了有限多样性吗?

支持多值 QCA 并反对使用多个(清晰或模糊)集合代表多项概念
的论点之一是,多值 QCA 可以保持较少的条件数量,从而更好地控制
有限多样性的问题(Cronqvist and Berg-Schlosser,2008:70ff.)。然
而,我们很容易看出,这种说法很难持续下去。

使用三个清晰或模糊条件 A、B 和 C,可以得到八个逻辑上可能的
组合,即真值表行。但是,如果我们允许,比如说,条件 A 和条件 B 有
三个状态,条件 C 有四个状态,那么至少会产生 $3\times3\times4=36$ 个逻辑上
可能的组合。五个条件,每个条件有四个可能的状态,将导致 $4^5=256$
个真值表行。显然,其中许多行都有逻辑余数,其中一些甚至是不可能
的逻辑余数。

缓解这个问题的一种策略是限制条件类别的数量。克朗奎斯特和
伯格-斯洛塞(Cronqvist and Berg-Schlosser,2008:84)提出应该把类
别最大限制为四个。然而,即使在这种情况下,仍然会产生许多真值表
行。具有讽刺意味的是,将有限多样性控制在一定程度上的最佳方法
是使多值 QCA 尽可能与清晰集 QCA 或模糊集 QCA 相似。

减少有限多样性的第二种策略是,用包含有限多项概念的 c 个
类别表示,既不是具有 c 个值的多值条件,也不是 c—1 个清晰集。研
究人员可以因此建立一个新的清晰集,只捕捉每个案例在每个类别
中的隶属关系和非隶属关系(例如,专业类别:农民和非农民),从而
只关注概念可能采用的一个可能值(Vink and van Vliet,2009:
271f.)。显然,这种策略是在减少有限多样性与概念的测量效度之间
进行权衡。其次,由于许多不同的案例被捕捉在同一类别中(例如,
"非农民"),这种策略容易增加矛盾的真值表行的数量。最后,每当
这样一个集合的否定出现在解项中时,无论这个组合的否定是单独的
还是作为 INUS 或 SUIN 条件,都很难在实质上进行解释,因为我们只

知道关于农民集合否定的成员是非农民，而不知道他们是医生、学者还是清洁工。

回想一下，支持多值 QCA 的一个论点是，相对于将具有 c 个类别的多值概念转换为 c−1 个清晰或模糊集合的策略，它减少了有限多样性的问题（Cronqvist and Berg-Schlosser，2008：72；Herrmann and Cronqvist，2009：39）。有人认为，将多项变量转换为清晰或模糊集合时，不可避免地会产生一些不可能的真值表行。[①]只有在多值 QCA 中产生的这些不可能的逻辑余数比上述将多项变量转换为各种清晰或模糊集的策略而产生的逻辑余数少的情况下，我们才能支持多值 QCA 而反对清晰集 QCA 和模糊集 QCA。然而，实际情况并非如此。正如所示，处理多项概念的两种策略——多值 QCA 和创建 c−1 个清晰或模糊集合——产生的不可能真值表行的数量完全相同。[②]因此，使用多

[①]　如果一个具有三个值的条件 A 被分为三个清晰集合 A1、A2 和 A3，那么这三个条件形成了八个真值表行。在这八行中，只有三行是可能的，即描述案例是且仅是一个集合成员的情况。剩下的五行是指具有多个集合隶属值或没有集合隶属值的假设案例，因此是不可能的（参见第 6.2.3 节和第 8.2.3 节）。

[②]　让我们设 c 为多值变量中的类别数。那么每个多值概念可以用 c−1 个清晰集表示。从这样的 m 个多值概念中，可以推导出 $\sum_m (c-1) = \sum_m (c) - m$ 个清晰集。因此，最终的真值表将包含 $2^{\sum (c)-m}$ 行。每个添加了 c−1 个清晰集的多值概念，将真值表行数乘以 $2^{c-1} = \frac{1}{2} * 2^c$。然而，对于 m 个前多值概念中的每一个，只有那些只显示一个类别存在且其他类别不存在的真值表行才是可行的。这等于相应概念的类别数 c。因此，通过多值概念转化为清晰集的真值表的实际乘法不是 $\frac{1}{2} * 2^c$，而是 $c/(\frac{1}{2} * 2^c)$，它表示可行真值表行的占比（在所有添加的真值表行中）。如果对前 m 个多值概念（现在是清晰集）进行这些乘法运算，那么就是公式 $2^{\sum (c)-m} * \prod_m (c/(\frac{1}{2} * 2^c))$ 的结果。它等于原始多值 QCA 分析中的真值表行数，可以表示为所有多值条件的类别数的乘积，即 $\prod_m (c)$。数学证明如下：$2^{\sum (c)-m} = \prod_m (2^c)/2^m$，而每 m 个其他因子的计算结果为 $c/(\frac{1}{2} * 2^c) = 2c/2^c$。因此，$\prod_m (2^c)/2^m * \prod_m (2c/2^c) = \prod_m (2^c)/2^m * \prod_m (2c)/\prod_m (2^c) = \prod_m (2^c)/\prod_m (2^c) * \prod_m (2c)/2^m = \prod_m (2c)/2^m$。此外，$\prod_m (2c) = 2^m * \prod (c)$。因此，公式变为 $2^m * \prod_m (c)/2^m = \prod_m (c)$。这正是多值 QCA 中真值表行的数量。

对于我们的例子，A 和 B 都有三个类别，C 有四个类别，多值 QCA 产生 36 个真值表行。对于清晰集 QCA，根据我们的公式计算，有 $2^{3+3+4} - 3 * (3/(\frac{1}{2} * 2^3)) * (3/(\frac{1}{2} * 2^3)) * (4/(\frac{1}{2} * 2^4)) = 2^7 * (\frac{3}{4}) * (\frac{3}{4}) * (4/8) = 128 * 0.75 * 0.75 * 0.5 = 36$ 个可行真值表行。

值 QCA 并没有减少相关逻辑余数的数量。[①]这可能是一个令人惊讶的结论,因为支持多值 QCA 的一个论点是它避免了通过多个清晰集捕捉多值变量的缺陷,而如上所述,这会增加有限多样性并产生不可能的逻辑余数。

多值 QCA 提出的初始问题——许多社会现象并不完全适用于一个清晰集——是一个有效的关注点。研究人员在应用集合论方法时应该意识到这个问题并准备处理它。然而,我们认为,在初始的上游(Rihoux and Lobe,2009)或预先 QCA(Schneider and Rohlfing, in press)的研究阶段使用多值 QCA 可以在了解案例和数据中的潜在模式方面提供帮助。然而,正如已经明确的,我们对于无论是清晰集 QCA 还是模糊集 QCA 可以实现的最重要的分析目标能否同样通过多值 QCA 实现持怀疑态度。

最后,我们认为有必要澄清与多值 QCA 相关的另外两个误解。第一,多值 QCA 不能使清晰集的使用过时。其中,在多值 QCA 中,结果必须是一个清晰集合(Cronqvist and Berg-Schlosser,2008:84)。[②]即使在那里,也是建议使用尽可能多的清晰集合,甚至在多值 QCA 中也是如此。第二,选择多值 QCA 与其他 QCA 变体之间的联系(或应该)不受研究的案例数量驱动。因此,所谓清晰集 QCA 适用于小 N,多值 QCA 适用于中等 N,模糊集 QCA 适用于大 N 的说法(Herrmann and Cronqvist,2009)是站不住脚的,因为它似乎假设小 N 研究默认情况下只涉及二元概念,而大 N 研究涉及的概念总是最适合用模糊集来捕捉。相反,我们认为,选择应用哪种 QCA 变体应该仅基于概念的特性。如果在小 N 分析中,所有概念都适合用模糊集来表示,那就这样做。

---

①　请注意,将多值概念转换为 c—1 个确定集合只是不可能余数的一个来源。所有其他类型的不可能余数,如第 6.2.3 节和第 8.2.3 节所讨论的那样,当然也会在多值 QCA 中出现,就像在清晰集 QCA 和模糊集 QCA 中一样。

②　然而,原则上没有理由不能处理多值结果(Cronqvist and Berg-Schlosser,2006)。在这种情况下,每个分析仍然只关注结果的各个值之一。如果允许四个条件级别,则可以为 Y{0}、Y{1}、Y{2}和 Y{3}导出不同的解项公式。

概览：多值 QCA

多值 QCA 旨在处理本质上不是二元的多项概念。然而，结果必须是**清晰集**。

多值 QCA 使用索引形式的符号或括号，例如 A{2}。**逻辑最小化原则**与**清晰集 QCA** 和**模糊集 QCA** 类似，但是使用多值 QCA 获得的解项往往更复杂或基于更多的**简化假设**，从而增加了做出**不可行假设**的风险。

多值 QCA 的集合论地位尚不清晰，因为多值变量完全符合集合的概念；存在两种完全不同的多值变量类型（有序变量和分类变量）；并且多值 QCA 减弱了对必要性和充分性子集关系的关注。

使用多值 QCA 的替代方法是将具有 k 个类别的多项概念转化为 k−1 个清晰或模糊集，并使用清晰集 QCA 或模糊集 QCA。一旦舍弃了**不可能余数**，该策略将产生与多值 QCA 完全相同数量的**逻辑余数**。

10.3　集合论方法和时间

到目前为止，我们已经介绍了集合论方法作为横截面数据分析工具。在报告解项公式时，通过逻辑和与逻辑或将条件连接起来的条件顺序并不重要。A*B 等同于 B*A，A＋B 等同于 B＋A。就像在正常代数中一样，这些逻辑运算符遵循交换律（第 2.4.1 节）。因此，除非采用特定的策略，QCA 生成的解项在很大程度上对时间在不同方面可能扮演的潜在因果作用不敏感。

很明显，任何忽视时间相关性的横截面方法都将受到批评。由于定性研究的一个标志性特征是对时间的不同方面进行仔细处理（Mahoney，2000；Grzymala-Busse，2010），这个遗漏对于一种被称为"定性比较分析"的技术而言尤为尴尬。在定性研究中，因果性断言

的可信度往往极大程度上取决于对序列的论证(Mahoney et al.，
2009)、因果过程的观察(Brady and Collier，2004，2010)、缓慢移动的
过程的监测(Pierson，2003)、过程追踪(George and Bennett 2005;
Hall，2006)、路径依赖的概念(Bennett and Elman，2006)，等等。接
下来,我们将概述使集合论方法更具时间敏感性的策略。为此,我们
首先区分不同形式的与因果相关的时间概念(第 10.3.1 节),讨论一
些将这些概念整合到分析中的非正式方法(第 10.3.2 节),然后介绍
序列阐述的形式化集合论处理方法(第 10.3.3 节)。在本节的主要部
分,我们将解释 QCA 的另一种变体,也就是时间 QCA(tQCA)原则
和实践(第 10.3.4 节)。

10.3.1　时间的因果相关形式

时间在广义上可能有多种因果相关的方式。在这里,我们只简单
提及其中一些(有关详尽的处理,请参见,例如:Mahoney，2000;Pier-
son，2000，2004;Abbott，2001;Cappocia and Kelemen，2007;Grzy-
mala-Busse，2010)。

事件的时间顺序可能很重要。那些先建立一个有效的法律框架
(A),然后再实行经济自由化(B)的原社会主义国家,可能比相反的做
法更有可能实现正常的市场经济(Y)。如果我们用"/"表示逻辑上的
THEN,从而捕捉到时间顺序的方面,我们可以说 A/B 对于 Y 来说是
充分的,但 B/A 则不然。类似地,事件的因果顺序可能很重要。有一
种经典的因果过程论证形式,可以用 A→B→C→Y 来表示。与前面的
例子不同,这里的条件 A、B 和 C 在一个序列中有因果性联系,C 是这
个序列的结尾,并最终导致了结果 Y。第三种可能性是过程的速度可
能会有影响。某些事件因发生突然、持续时间短暂且非常显著而具有
因果影响。[1]军事政变、战争的爆发,甚至自然灾害都是这种"与时间有

---

① 请参阅格日玛拉-巴斯(Grzymala-Busse，2010)以了解有关"节奏"和"持续时间"
之间差异的有趣讨论。

关的原因类别"的典型实例（Collier-Berins and Collier, 1991；Mahoney, 2000）。与此相反，其他一些过程之所以产生结果，是因为它们演变得非常缓慢，通常需要几十年，甚至几个世纪的时间。由于变化是渐进的，通常看不见，它们的因果作用正是源于这些特点（Pierson, 2003, 2004）。关于与时间有关的更为复杂的论证在定性文献中也有很多。学者们发现了反馈循环(A 产生 B，然后在后续阶段对 A 产生影响)或预期的效应(B 发生是因为 A 的发生被预期，即使 A 最后实际上没有发生)等。

　　简言之，如果在基于集合论的研究中不尝试至少包括其中一些时间因素，那么集合论作为一种基本的定性研究工具的资格将会存疑。拉金(Ragin, 1987：162f.)因此在早先的研究中就提到了关于时间因素的问题。而且经常忽视时间可能意味着得出错误的结论，并认为一些条件无关紧要时它们实际上并非如此(或反之)，这是任何纯粹的横截面方法都可能面临的危险。最后，将时间融入基于集合论的技术中将会有益，因为它极大地促进了案例研究与横截面方法在多方法研究设计(第 11.4 节)中的结合。

　　接下来，我们将描述一些将时间概念融入基于集合论方法的研究的策略。根据研究设计和兴趣的不同，其中一些策略比其他策略更合适。

10.3.2　将时间概念融入基于集合论方法的非正式方法

　　在 QCA 中，考虑时间的最基本方式之一是针对不同的时间点运行独立的 QCA。例如，一个研究可能对解释欧盟成员国财政纪律变化的条件感兴趣。可以针对 1980 年、1990 年、2000 年和 2010 年等不同的时间点生成相同的国家和条件的真值表。对这些真值表进行逻辑最小化将得到不同的解项。与时间相关的分析上的相关信息将存储在这些解项之间的差异中。

　　另一种策略是在不同时间点收集每个案例的数据，然后将它们作为不同案例分类到一个汇总的真值表中。在这种情况下，相关信息通过案例在属性空间中随时间的变化提供，即它们从一个真值表行移动到另一个真值表行。在这样的设置中，研究人员可能不一定想要对汇总的真值表进行逻辑最小化，因为这样的解项的含义是可疑的。相反，当分析多维概念随时间变化时，在时间上合并数据的策略似乎更有前景。当使用只有两个或三个模糊集合时，用二维或三维图形表示每个案例随时间变化的方向是非常有用的［比如参见奎斯特（Kvist，2007）关于福利国家研究的例子］。

另外还有四种更直接的策略。前三种策略通过条件的校准来融入时间概念。第一，原始数据可以在给定的时间段内进行平均，然后将这些信息用于集合的校准。第二，计算原始分数（或隶属值）随时间的差异，并创建一个新的集合来捕捉这些差异。第三种策略已经被拉金（Ragin，1987：162f.)提及。它涉及生成一个表示两个或多个事件顺序的条件。例如，研究人员可能不仅知道每个案例在高通胀（A）和低增长（B）集合中的隶属值，还知道在某个案例中 A 是发生在 B 之前还是之后。基于这个信息，可以为每个案例在集合"高通胀发生在低增长之前"（A_before_B）中分配一个隶属值。然后，这个以顺序为特征的条件将与其他条件一起形成一个真值表。这本质上就是时间 QCA 的核心策略，我们将在第 10.3.4 节中进一步详细描述。

第四种策略是调整两步法（第 10.1 节），使远程条件和近程条件之间的差异以纯粹的时间相关方式进行界定。远程条件是指在近程条件之前发生的条件。分析的第一步，只考虑远程条件，可以给我们一些有利于结果发生的历史遗留的指示，而第二步则揭示了随后发生的因素的哪些组合足以在特定的历史遗留中产生结果。

10.3.3 序列细化

马奥尼等人（Mahoney et al.，2009）提出了一种名为序列细化的方法。本质上，这可以解释为将历史制度主义的众所周知的研究原则转化为集合论语言和实践的尝试。序列细化的目的是确定作为因果因素序列一部分的个别条件的相对重要性。根据作者的说法，这样的分析通常以 X 和 Y 之间的双变量关系开始，然后引入一个进一步的条件 Z 来扩展或细化该关系。Z 可以是前因条件或干预因素。此外，X 和 Z 可以是基于集合论方法中的五种可能的因果类型之一：必要、充分、必要充分、INUS 和 SUIN。

作者提出了以下标记，用于通过引入前因和干预条件来细化序列的研究设计：

$$\text{前因条件：} \begin{array}{c} Z\text{--?}\rightarrow X-n(s)\rightarrow Y \\ \parallel\text{------?------}\uparrow \end{array}$$

$$\text{干预条件：} \begin{array}{c} X\text{--?}\rightarrow Z-\text{?}\rightarrow Y \\ \parallel\text{----n(s)----}\uparrow \end{array}$$

Y 始终表示感兴趣的结果，X 表示初始原因，Z 表示随后添加到分析中的条件。符号 $\parallel$ 表示序列的开始，"↑"表示结束；"n"代表必要性，"s"代表充分性，"?"代表未知的集合关系。箭头"→"仅表示因果方向，与集合论中的标准符号相反，它不表示充分性，但是如果箭头"→"前面带有字母"n"，则表示必要性。

马奥尼等人（Mahoney et al.，2009）表明，根据 Z 在序列中的位置，Z 要么将 X 的因果作用放在情境中，要么削弱 X 的因果作用。例如，让我们考虑"前因条件"情景。一个研究人员对解释导致威权政权大规模抗议爆发的事件序列（Y）感兴趣，可能发现全国选举中的严重选举舞弊（X）是充分条件。然后作者发现青年贫困（Z）是 X 的必要条件和 Y 的充分条件。形式上：

$$\begin{array}{c} Z-n\rightarrow X-s\rightarrow Y \\ \parallel\text{-----s-----}\uparrow \end{array}$$

根据马奥尼等人（Mahoney et al.，2009:135）所列举的序列细化结果，这是 Z 削弱了 X 和 Y 之间初始关系的一个实例。即使没有选举舞弊（X），当青年贫困高时（Z），反政权街头抗议（Y）仍会发生。

假设我们用相同的例子，唯一的区别是这次发现 Z 对 Y 也是必要的。形式上：

$$Z-n\rightarrow X-s\rightarrow Y$$
$$\parallel -----n-----\uparrow$$

现在,前因条件 Z 的引入将 X 在实现 Y 方面的初始作用置于情境中。只有在青年贫困水平高的国家中,选举舞弊(X)才会引发反政权抗议(Y)。

总之,通过将路径依赖文献中的常见论点转化为集合论和形式逻辑的语言,序列细化极大地揭示了历史社会现象研究中许多(如果不是大多数)常见论证的潜在结构。反过来说,序列细化通过将历史制度主义者坚持的原则进行集合论陈述,使得集合论方法对时间敏感。对于有兴趣揭示给定现象生成序列的研究人员来说,基于集合论的序列细化提供了一个吸引人的分析框架。序列细化有助于澄清已经提出的论证,并防止研究人员做出逻辑上不可能的主张。[①]

需要注意的是,序列细化还揭示了研究人员在将因果关联归因于事件序列时所遇到的复杂性困境。请注意,尽管马奥尼等人(Mahoney et al.,2009)的讨论仅限于两个条件(X 和 Z)和两种集合关系(必要性和充分性),但序列的数量和复杂性已经相当显著。当涉及更多的条件和集合关系形式(INUS 和 SUIN)时,序列的映射以及避免逻辑错误主张的能力迅速达到极限。这是在社会研究中关注时间的一个常见特点,它极大地增加了分析的复杂性,因此面临着显著的实质性和方法论障碍。

序列细化不涉及真值表或逻辑最小化的标准原则,也不旨在比较。因此,序列细化并不代表一种将 QCA 更加时间敏感的策略。接下来,我们将描述到目前为止最详细的时间敏感性策略:时间 QCA。

10.3.4 时间 QCA

迄今为止,使 QCA 更适合捕捉时间的因果相关作用的最正式方

---

① 作者表明,有几个形式上逻辑上可能的序列实际上描述的是逻辑上不可能的情况。

法来自卡伦和帕诺夫斯基(Caren and Panofsky，2005)以及拉金和斯特兰德(Ragin and Strand，2008)。我们首先介绍在尝试将时间作为因果相关信息正式化到 QCA 中时出现的一般困难。然后我们解释时间定性比较分析(tQCA)的逻辑和原则,最后是一些注意事项。

10.3.4.1 时间与属性空间:控制逻辑余数

在上面提到的各种关于时间的概念中(第 10.3.1 节),时间 QCA 试图合并关于事件序列的信息。除了逻辑或(A＋B)与逻辑和(A*B)之外,在时间 QCA 中,也允许使用时间运算符"/"(A/B,读作"A 然后 B")。这对于逻辑可能组合的数量产生了巨大的影响。当有两个条件 A 和 B 时,会产生 8 种逻辑上可能的序列。①三个条件会产生 48 个序列,四个条件已经产生了令人惊讶的 384 个序列。计算逻辑可能序列数量的公式为:

$$k! * 2^k$$

其中 k 是条件的数量。因此,在基于适度数量的条件(例如五到八个条件)的 QCA 中,如果考虑到所有可能的事件序列,真值表的复杂性将无法控制。幸运的是,有几种研究设计策略可用于减少时间 QCA 中的逻辑余数数量。接下来,我们介绍其中一些策略。

第一种策略由卡伦和帕诺夫斯基(Caren and Panofsky，2005:158)以及拉金和斯特兰德(Ragin and Strand，2008)提出,是仅关注涉及条件事件存在的序列。这种限制的实质性论证听起来很有道理。如果事件 A 没有发生(～A),那么确定～A 是否在事件 B 之前发生(～A/B)或者在事件 B 之后发生(B/～A)都是徒劳的,甚至是不可能的。这个论证显然适用于多于两个条件的排序以及多个事件条件都没有发生的情况。

第二种策略是仅关注事件配对及其序列,而不是三个或更多事件的序列。例如,对于三个条件 A、B 和 C,存在三个事件配对(A*B、

---

① 它们是 A/B，A/～B，～A/B，～A/～B，B/A，B/～A，～B/A，～B/～A。

A*C、B*C)，可产生 $2^3=8$ 个逻辑上可能的事件序列。正如拉金和斯特兰德(Ragin and Strand，2008:439f.)所示，某些两个事件配对的序列在逻辑上可能的，但却是不可传递的。这意味着它们无法发生，因此是不可能余数(第 6.2.3 节和第 8.2.3 节)。[1]这样的无意义序列必须从任何逻辑最小化过程中排除，从而减少有限多样性的问题。当仅考虑涉及两个条件存在的序列时，用于计算由传递序列创建的传递真值表行的公式是 $k!$[2]，其中 k 是要排序的初始条件的数量(Ragin and Strand，2008:439)。因此，对于三个初始条件，只有六个事件序列。[3]虽然这个真值表行数量更容易管理，但这仍然意味着在排序超过几个事件时，复杂性容易失控。这就是为什么作者建议不涉及超过四个排序事件(Ragin and Strand，2008:439f.)。

另一种大大减少属性空间的有效方法是为一个或多个初始条件确定时间顺序(Caren and Panofsky，2005；Ragin and Strand，2008)。为了展示这种策略如何降低复杂性，我们在这里以卡伦和帕诺夫斯基(Caren and Panofsky，2005)的案例为例。他们试图找到导致研究型大学承认研究生工会(Y)的事件序列。他们的四个条件是：潜在的工会是公立大学(P)、具有精英盟友(E)、具有国家工会隶属(A)，以及组织(威胁)罢工(S)。基于以这些集合的含义为基础的实质性论证，可以说条件 P(或其否定~P)总是首先出现，而条件 S(或~S)总是最后出现在任何实证可观测的事件序列中。这意味着只有 E 和 A 可以在不同的顺序中发生。原则上，四个条件会产生八个序列，但由于作者仅允许对事件存在排序(而不涉及其否定)，所以这个数量减少到了两个。案例要么属于集合 E_before_A，要么属于集合 A_before_E。

---

① 例如，如果事件 A 在事件 B 之前发生，但在事件 C 之前没有发生，那么事件 B 就不能在事件 C 之前发生。

② 完整的公式为 $k! * 1^k$。表达式 1^k 表示对于每个单一条件，只考虑其存在而不考虑其否定。无论 k 值如何，都可以省略 1^k，因为它总是得到 1 的值。

③ 它们是 A/B，A/C，B/C，B/A，C/A 和 C/B。

10.3.4.2　时间 QCA 的逻辑和原则

将事件序列引入形式逻辑陈述需要额外的逻辑最小化规则。根据卡伦和帕诺夫斯基（Caren and Panofsky，2005：160—162）的说法，这些规则如下：

首先，研究人员需要检查时间边界的因果相关性。像陈述 A/B＋B/A→Y 可以简化为 A*B→Y，因为如果这两个事件序列都导致 Y，那么它们的顺序是无关紧要的。

其次，只有属于相同时间区块的条件才能进行逻辑最小化。例如，A/B/C＋A/B/〜C→Y 可以逻辑最小化为 A/B→Y。换句话说，在序列 A/B 中，条件 C 的有无对于引发 Y 没有任何影响。[①]

在卡伦和帕诺夫斯基（Caren and Panofsky，2005）以及拉金和斯特兰德（Ragin and Strand，2008）讨论的例子中，有五个序列得到学生会的认可。根据逻辑最小化规则，这五个序列可以被简化为仅三个序列，如图 10.1 所示。

有三个序列足以得到大学学生会的认可。在公立大学中，学生首先得到精英支持，然后威胁罢工或加入国家协会（P/E/(S＋A)），或者学生首先加入，然后得到精英支持，然后威胁罢工（A/E/S）。

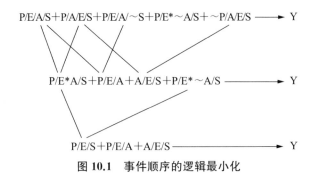

图 10.1　事件顺序的逻辑最小化

① 根据这个规则，表达式 A/B/D＋A/B/C/〜D→Y 无法进行逻辑最小化，因为 D 和〜D 是不同序列的一部分（A/B/D 相对于 A/B/C）。这个表达式只能通过使用条件分解规则进行重写：A/B/(C/〜D＋D)→Y。

　　与手动进行逻辑最小化不同,拉金和斯特兰德(Ragin and Strand,
2008)建议使用软件包 fsQCA 2.5。具体操作如下:将捕捉到序列"E
发生在 A 之前"的条件添加到真值表中,真值表由五个条件(P、E、A、
S 和 E_before_A)组成。每个案例在 E_before_A 中的隶属值是通过
以下方式确定的:属于条件 E 和 A 的案例需要分成两组,一组是 E 先
于 A 发生的案例,另一组是 A 先于 E 发生的案例。前一组案例完全属
于条件 E_before_A,而后一组案例完全不属于 E_before_A。这很简
单。然而,还有第三组案例,即那些在 E、A 或两者中都不属于的案
例。由于在时间 QCA 中假设不会形成涉及事件条件取非的序列,因
此这些案例在集合 E_before_A 中的隶属值应该用-表示(Ragin and
Strand,2008)。当在条件组合中遇到"-"时,软件将此条件视为在逻辑
最小化过程中无关紧要。例如,在学生工会的例子中,有一个真值表行
P~EAS -(其中"-"表示条件 E_before_A 的逻辑状态)。[1]这一行相当
于陈述 P~EAS(E_before_A)+P~EAS(~E_before_A)。[2]对条件
E_before_A 使用这种编码,软件生成以下逻辑最小化结果:

$$PES+EAS(\sim E\_before\_A)+PEA(E\_before\_A)\rightarrow Y[3]$$

　　通过观察结果项,我们可能会惊讶地发现它没有任何表示事件序
列的运算符。然而,我们仍然可以推断事件的时间顺序。首先,根据假
设,我们知道 P 始终在前,S 始终在后。其次,条件 E_before_A 提供了
条件 E 和 A 的顺序信息。因此,我们可以使用时间 THEN 重新编写
解项,如下所示:

$$P/E/S+A/E/S+P/E/A\rightarrow Y$$

　　这又恰好与上面手动进行的逻辑最小化得到的结果相同。由于手

[1]　请参阅在线附录以获取真值表(www.cambridge.org/schneider-wagemann)。
[2]　请注意,在编码结果时使用短线(-),可以要求软件将短线替换为 1 或 0。相反,
当为条件分配短线时,软件不会为该条件分配任何值。我们感谢查尔斯·拉金向我们指
出这一点(个人通信,2011 年 3 月)。
[3]　请注意,在选择[分析][模糊集][奎恩(QCA 3.0)]选项时,软件才会接受短横线
作为条件输入,而在选择[真值表算法]选项时则不支持短横线。

动逻辑最小化容易导致"得出错误结论"，拉金和斯特兰德(Ragin and Strand，2008)强烈建议在进行 QCA 事件序列分析时使用计算机软件。

10.3.4.3 评估时间 QCA

每当研究人员对涉及有限数量事件的有限数量序列具有理论直觉时，时间 QCA 提供了一种将这些直觉融入分析的正式、逻辑上正确的方法。利用计算机，可以使用模糊集 QCA 2.5 或 R 进行序列分析。因此，时间 QCA 是 QCA 的有价值的扩展，应该得到更广泛的使用。

但是，我们应该认识到，在考虑时间因素时，时间 QCA 仅在复杂程度可控的情况下进行了一些有限的假设。这些假设与任何假设一样都可能受到质疑。首先，我们假设只有在事件发生时才能形成序列。但是请注意，有时事件的缺席本身也是一个事件。例如，如果 X 表示"对国际货币基金组织措施的骚乱回应"这一集合，那么～X("对国际货币基金组织措施没有骚乱回应")显然也是一个可以确定时间和空间的事件。因此，包括～X 的事件序列是可能和合理的(Caren and Panofsky，2005:158)。其次，我们只调查涉及两个条件的序列。然而，定性研究人员通常对较长且更复杂的序列有直觉。最后，只允许特定的一组初始条件成为序列的一部分。这是通过将某些条件限制为始终发生在序列中的特定位置来实现的(在上面的例子中，条件 P 始终在前，S 始终在后)。在研究实践中，这样明确的分类可能常常是不可行的。

概览：集合论方法和时间

时间因素对我们理解社会现象至关重要。许多历史制度主义方法都提出了集合论的论点，比如序列阐述方法所揭示的那样。然而，通过包含时间因素，我们分析的复杂性大大增加。一个有用的方法是计算逻辑上可能的序列数量。

非正式的方法包括在不同时间点上运行单独的 QCA，使用与时间相关的信息来校准集合，或相应地调整两步法。到目前为止，时间 QCA 是将时间因素纳入分析的最正式的策略。它使用逻辑 THEN

运算符并人工进行**逻辑最小化**,或者指定"表示事件序列的条件"并使用计算机软件进行逻辑最小化。通过人工或者计算机进行逻辑最小化的策略产生的结果是一样的。

将时间因素整合进形式化的逻辑方法实际上只有在对时间的概念非常简化且只有少量序列时才可行。值得强调的是,这是一种固有问题,与所使用的任何数据分析技术无关。如果我们只关注可信的序列,排除非事件,则可以形成 k! 个传递性序列。通过固定一个或多个条件的时间顺序,可以进一步减少属性空间。

11 数据分析技术遇见集合论方法

导读

　　QCA 作为一种研究方法和数据分析技术,其双重性质至关重要(请参阅本书的引言)。在本书中,我们主要将 QCA 作为一种数据分析技术来介绍。在本章中,我们从集合论的角度加强对 QCA 作为研究方法的视角,并从集合论的角度讨论了几个经典的比较方法论问题。本章应该能够帮助初学者和高级研究人员提高基于集合论方法的研究的质量,并进一步将集合论原则融入更广泛的社会科学方法论文献中。

　　我们首先介绍一个良好的 QCA 的步骤(第 11.1 节)。即使不提供新的技术性见解,我们仍建议初学者和高阶读者仔细阅读此步骤的说明,因为它包含了如何以技术上正确、合理和完整的方式进行 QCA 的指导。所有后续部分都可以单独阅读,也可以按读者的选择顺序阅读。我们从集合论的角度讨论基本的方法论问题:稳健性(第 11.2 节)、理论评估(第 11.3 节),以及基于集合论的多方法研究设计中的案例选择原则(第 11.4 节)。

11.1 良好的 QCA 的步骤

以下步骤概述了一个理想的 QCA 应该具备的特点。[1]我们相信，提供一个典型 QCA 的概要是有益和有必要的。因为即使在研究实践中，由于空间和时间的限制，多数发表的 QCA 都无法满足所有的标准。我们的列表可以帮助作者、读者和审稿人意识到给定研究与理想应用的偏差，并为为什么省略了列表中的某些项目提供明确的论据。

11.1.1 集合论方法的适用性

第一个也是最基本的问题是，集合论方法的使用是否对所研究的项目有意义。在本书中，我们一再强调，只有当研究人员有充分的理由相信（或需要验证的直接假设），感兴趣的现象最好以集合关系的方式理解时，使用集合论方法才有意义。这必然意味着研究人员赞同以因果复杂的方式进行描述（第 3.3 节）。换句话说，研究人员必须发现，他们可以合理的主张，他们感兴趣的结果可以用必要、充分、INUS 和/或 SUIN 条件来描述对等性、联合因果性和非对称性等集合关系。

显然，并非所有——有人甚至认为只有少数——研究问题适合使用集合论方法。为了方法论目的，我们无须参与这场辩论。我们只需声明，集合论方法如 QCA 只在研究人员对集合之间的关系感兴趣而非变量之间的相关性感兴趣时才是适当的工具。

除此之外，在使用 QCA 时可以追求不同的特定目标。伯格-斯洛塞、德默尔、里豪克斯和拉金（Berg-Schlosser, De Meur, Rihoux and Ragin，2008；另见 Ragin and Rihoux，2004：6）提到使用 QCA 的几个可能目标：总结数据，以真值表的形式来表示数据；检查手头的经验证

---

[1] 请参见施奈德和瓦格曼（Schneider and Wagemann，2010），了解更多对本章的扩展介绍。

据是否符合子集关系的现有要求,即评估现有的假设和理论[①];发展新的理论论证。此外,我们还可以在研究项目框架内利用 QCA 来创建实证分类体系(更多细节参见 Kvist,2006,2007)。当然,可以在一个研究项目中追求所有或只是其中某些 QCA 的目标。

11.1.2 条件和结果的选择

QCA 中包含的条件数量应保持在适度水平。QCA 中条件过多是无效的。最重要的原因是,过多的条件会让逻辑余数的数量显著增加,导致严重的"有限多样性"问题(第 6 章和第 8 章)。过多的条件得到的解项往往要么过于复杂,要么基于太多对逻辑余数的假设。复杂的解项通常仅适用于个别案例,并且难以以理论上有意义的方式进行解释,而过多的假设增加了某些假设不可持续的风险(第 8.2 节)。

对于如何减少条件数量,有数种相互非排斥的策略可供选择(Amcnta and Poulsen,1994)。例如,可以通过所谓的"宏观变量"(Berg-Schlosser and De Meur,1997;Rokkan,1999)创建高阶概念来减少条件数量(Ragin,2000:321—328)。此外,条件的选择和结果的概念化应通过先前的理论知识和研究过程中获得的经验洞察力之间的迭代对话来进行(第 11.4 节以及施奈德和罗尔芬即将发表的文章)。由于社会科学理论在具体选择哪些条件方面提供的指导程度有限,不断完善和减少条件数量是良好 QCA 的一个组成部分。

11.1.3 QCA 变量的选择

选择不同类型的 QCA 取决于所涉及的概念类型以及手头的实证数据是否适用于清晰集或模糊集。在可能的情况下,我们应该使用模糊集。模糊集比清晰集包含更多的信息(第 1.1.2 节),并为子集关系设

[①] 请记住,如果目标是进行假设检验,这些假设需要以子集关系的形式进行表述(参见第 11.3 节)。

定更高的标准(第 5 章)。不用说,如果一个概念本质上以二元形式呈现,那么必须用清晰集表示。清晰集条件虽然不能成为清晰集结果,但可以轻松地集成到模糊集 QCA 中,而反之则不成立。出于第 10.2 节规定的原因,应谨慎选择多值 QCA。并且 QCA 变体的选择不取决于案例数量。

11.1.4　集合隶属值的校准

详细讨论和记录集合隶属值的校准过程是非常必要的(Ragin,2008a,2008b;chs.4 and 5)。这里最重要的问题是使用哪些标准来判断案例是否属于某个集合。需要在数据之外的理论知识来确定和证明定性锚点 0、0.5 和 1 的位置(或清晰集 QCA 中 0 和 1 之间的分界线)。除此之外,还应提供明确的论证,说明哪些实证证据能够符合在 0.5 定性锚点上的不同集合隶属值程度之间的差异。可以通过使用常规的指标建立形式或通过直接或间接的校准方法(第 1.2.3 节;Ragin,2008a;ch.5)为案例赋予权重。我们鼓励使用多个实证来源校准一个单一的集合。

11.1.5　必要条件的分析

必要条件的分析应与充分条件的分析分开进行,并且应在充分条件的分析之前进行。只有在进行了必要性测试后,才能对必要性做出陈述;必要性不能自动推断出充分条件的结果(第 9.1 节)。必要条件的一致性值必须高于充分条件的一致性值。建议使用 0.9 或更高的阈值。如果研究人员利用逻辑或来组合单一条件,以创建一个通过一致性测试的必要条件集(功能等价物),则这些新的逻辑或条件必须在理论上进行仔细的证明。只有通过相关性测试并且不是微不足道的必要条件才应被宣称为必要条件(第 5.5 节和第 9.2.1 节)。在进行充分条件的分析时,当提出必要条件的陈述时,研究人员必须避免与这些必要条件陈述不一致的假设,这可以通过应用增强标准分析(第 8.2.1 节)来实现。

11.1.6　充分条件的分析

对于充分条件的分析,研究人员应该直接查阅真值表,并对每一行进行判断,判断该行是否为逻辑余数项,如果不是,是否可以解释为所关注的结果的充分条件。根据真值表算法(第 7 章),这些决策是基于每行案例数量及其一致性水平的。我们还要注意,在宣布非剩余行作为充分条件之前,研究人员应关注同时子集关系(第 9.2.2 节)和真正的逻辑矛盾案例的存在(第 5.2 节)。

11.1.6.1　原始一致性值的阈值水平

在最小化过程之前,应解决真值表中的逻辑矛盾。每个真值表行的原始一致性值必须得到明确说明,并报告原始一致性的最低阈值。正如提到的,真正的逻辑矛盾案例(第 5.2 节)可能被一致性值所掩盖,应予以识别。如果该真值表行存在真正的逻辑矛盾案例,研究人员在将该行划定为充分条件时应更加犹豫。

如何选择适当的充分条件一致性水平是因每个独立的研究项目具体情况而异的,并且需要进行明确的证明。充分条件的一致性水平取决于研究中的案例数量、研究人员对案例的了解、数据质量、所涉及的理论和假设的特异性、研究目标、两组行之间的一致性差距是否较大,以及某一行是否包含逻辑矛盾案例。一般而言,建议一致性水平高于0.75。包含一致性低于 0.5 的真值表行根本没有任何意义,因为有更多的证据来反对充分性的主张,而不是支持它。

11.1.6.2　逻辑余数和解项的选择

处理逻辑余数的过程应该是透明的。我们首先需要明确是否存在逻辑余数,如果存在,则需指明在经验证据上未观察到的逻辑可能配置的类型(最好用布尔表达式表示)。研究人员应在逻辑最小化中排除会导致不可持续假设的所有逻辑余数(第 8.2 节)。关于单一条件和(理论允许的情况下)条件的组合,都应明确表述定向期望(第 8.3 节)。在此之后,研究人员应报告保守解项、增强最简约解项和增强中间解项。通常,增强中间解约是实质性讨论的核心。

11.1.6.3   对结果的否定的分析

我们应该始终把对结果及其否定的研究当成两个独立的分析来处理。仅当真值表中不包含任何逻辑余数,且所有真值表行的一致性值完美(即 0 或 1)时,德摩根定律在生成结果不出现的解公式时才有意义。不过这样的情况在基于观察数据的实证研究中几乎从未出现(第 5.1 节)。在同时分析结果出现和结果不出现时,要注意不在两种最小化中包含相同的真值表行。否则可能会导致对"逻辑余数"进行矛盾的假设(第 8.2.2 节)或者导致相同的经验观察行在结果及其否定的分析中均通过一致性阈值(第 9.2.2 节)。然而,通常在将分析从结果的出现转移到结果的不出现时,需要改变条件的选择,从而构建一个新的真值表。

11.1.7   结果的呈现

我们应该使用多种形式来呈现结果。总体而言,这些形式应传达以下三个相互关联但又不同的分析方面的信息:(1)哪些条件解释了结果;(2)哪些案例由解决方案的哪部分解释(或未解释);以及(3)解决方案与基础经验证据的拟合程度如何(Schneider and Grofman,2006)。为了描绘 QCA 的案例导向和条件导向的两个方面,研究人员应使用全面的呈现形式。最重要的图形呈现形式是维恩图(例如,图 3.2)和XY 图(例如,图 3.5)。[①]表格呈现形式包括真值表(第 4.1 节)和显示每个案例在所有充分路径、总体解项和结果中的隶属值的表格(例如,表

[①]   两种潜在有用但到目前为止很少被使用的图形呈现形式是施奈德和格罗夫曼(Schneider and Grofman,2006)提到的树状图,可以很好地显示条件的顺序(第 10.3.3 节),或者是拉金和菲斯(Ragin and Fiss,2008)的表 11.5,该表区分了核心和贡献性的因果条件,这两种形式可能非常适合呈现结果。

5.3)。每个发表的 QCA 研究都应该提供真值表以及每个案例在单一集合和结果中的隶属值的信息。另一个不可或缺的呈现形式是解项。除了用布尔表达式陈述结果外,研究人员还应添加以下信息:对于每个路径和整个解项,拟合度的参数(一致性和覆盖率)(第 5 章);对于每个路径,唯一被覆盖的案例(第 5.3 节)和真正的逻辑矛盾案例(第 5.2 节);以及对于整个解项,未被覆盖且在结果集中覆盖较多的案例。第 11.2 节的一些解公式提供了如何呈现这些信息的范例。

11.1.8 解释结果

11.1.8.1 关注案例

解公式和高拟合参数不应被视为 QCA 的终极目标。相反,它们需要与个体案例相关联。如果案例的重要性被计算机的算法和拟合参数所掩盖,那么该方法将失去其中一个主要优势。研究人员应明确指出特定案例是由解公式中的哪些路径唯一覆盖的(典型案例),以及哪些案例具有较低水平的一致性或覆盖率(异常案例;也参见第 11.3 节)。

11.1.8.2 关注部分解项

几乎在默认情况下,集合论解项由多个组合项组成。只有通过预先确定的一致性阈值的路径才能进行解释。相比之下,整个解项的一致性并不那么重要。研究人员在某些情况下,当认为与其他路径相比,朝向结果的某个路径对实质性结论更为重要时,应提供明确的理由。理论重要性往往与经验重要性(覆盖率)不同,可能更加有趣。有时,一个在经验上不那么重要的路径,它只覆盖少数案例,甚至只覆盖一个案例,可能在理论上和实质上比具有高覆盖率值的路径更有趣和重要。不过通常情况下,将注意力集中在联合因果条件的 QCA 解项中的单一条件上,与该方法的逻辑相悖。在因果复杂的解项中,单一条件是具有因果相关性的 INUS 条件,只有与其他条件相结合才具有因果关联性。然而,如果在某个研究领域有强烈的共识认为特定的个别条件对于产生(或防止)结果是不可或缺的,那么研究人员可能会在解释 QCA 结果时强调其突出地位。研究人员可以通过 QCA 得出结论,即所讨论的单一条件不能阻止结果的发生或对结果不是不可或缺的(必要条件)。

11.1.9　研究的循环

我们在本书中反复强调的观点是,QCA 既是一种研究方法,又是一种数据分析技术。一旦按照以上指南分析数据,研究人员可能会找到重新开始并重新设计研究的理由。根据证据,研究的范围条件可能会被改变,因此添加或删除案例;条件可能会被添加、删除或重新概念化,从而可能改变这些集合中某些案例的隶属值(Rihoux and Lobe, 2009; Schneider and Rohlfing, in press)。对于这种重新定义来说,一个好的(但并非唯一的)起点是"查看 QCA 解项中的异常案例"。由于集合关系的非对称性,研究人员需要区分不同类型的异常案例。这些案例可以是与必要性或者充分性的陈述有关的异常案例。此外,对于这两种类型的集合关系,分别存在与一致性和覆盖率有关的异常案例。每种类型的异常案例都具有不同的分析意义,并建议在 QCA 中进行不同的改变(第 11.4 节; Schneider and Rohlfing, in press)。

QCA 作为方法的一部分,意味着基于 QCA 的研究本身就是多方法研究。仅仅使用 QCA 作为技术生成的研究结果比起跟随其他分析(可能是但不仅限于根据 QCA 鉴定为典型和异常的案例的案例内研究)产生的结果,说服力较低。

11.1.10　软件的使用

数据分析应当借助适用的软件进行。软件可以帮我们完成集合论方法研究的很多内容,包括:集合需要进行校准;数据矩阵以真值表格式显示;计算一致性和覆盖率;识别和分类逻辑余数;对这些逻辑余数做出假设;真值表中的信息逻辑最小化;以图形形式显示解项,等等。

所有这些操作单纯依靠手工的话都很困难，如果不是不可能的话。

表 11.1 提供了目前每个程序可以执行的分析功能的概要，从而区分了基本的、演示性的和方便的工具。在在线附录①的逐章"How to"部分中，我们详细讨论了目前用于执行 QCA 的四个软件包：fsQCA 2.5（Ragin，Drass and Davey，2006）、Tosmana 1.3.2（Cronqvist，2006）、Stata 中的 ado 文件"fuzzy"（Longest and Vaisey，2008），以及 R 中的"QCA"、"QCAGUI"（Dusa，2009，2010）和"QCA3"（Huang，2009）（另请参阅 Thiem and Dusa，2012）。

有几点值得强调。首先，没有任何一个软件包能够执行一个良好的 QCA 所需的所有分析任务。其次，如果不使用 fsQCA 2.5，就不能执行适当的 QCA。它是目前唯一允许指定定向期望并因此产生中间解项的软件包。到目前为止，所有其他软件包只能产生保守解项和最简约解项。通过使用一些技巧，我们可以在所有其他软件包中允许"包含或舍弃特定真值表行"，但这些需要我们事先知道，而软件本身无法识别。最后，面向集合理论分析的软件开发正在快速发展。

表 11.1 提供了四个不同软件包集成的功能概述。它显示了目前使 fsQCA 2.5 成为应用 QCA 中最常选择的软件包的其他几个功能。它可以生成所有标准的拟合参数；指示哪些案例是解公式所涉及的不同集合的成员，并允许对必要性进行单独分析。fsQCA 2.5 的其他功能还包括：它很容易生成 XY 图表；可以快速执行子集/超集分析，这个功能在当隐藏着存在特定条件的组合时，是一个特别有用的功能；此外，它是免费软件，并且它可以执行直接和间接校准。不过，fsQCA 2.5 在用户友好性方面表现较差，比如它不是基于语法来进行操作的，数据处理能力较差（如创建新的或操作现有数据集），在案例数量较高时运行速度较慢，容易经常出现故障，并且与几个重要的操作系统不兼容。

不过我们可以通过使用其他软件包来弥补这些部分的缺点。Tosmana 1.3.2 是唯一具有可供产生维恩图和布尔计算器的预制工具的软件。此外，它列出了生成最简约解项的所有简化假设，在相应行中

---

① www.cambridge.org/schneider-wagemann.

提供带案例标签的真值表,并且可以处理清晰集和多值数据(第 10.2 节),尽管不能处理模糊集。Tosmana 1.3.2 最大的缺点是其既不计算拟合参数,也不允许指定定向期望。这使得 Tosmana 1.3.2 不能作为唯一的软件包在应用真值表算法和标准分析时使用,但是真值表算法和标准分析几乎是始终如一地需要的。

表 11.1 执行集合论分析的软件包概述

分析特征	fsQCA 2.5	Tosmana 1.3.2	Stata	R*
核心				
可用代码制作真值表	X		(X)	(X)
中间解项	X			
自动删除不可靠的假设				
拟合参数	X		X	X
在清晰集 QCA 中生成充分性分析	X	X	X	X
在模糊集 QCA 中生成充分性分析	X		X	X
多值 QCA 操作		X		X
分析必要性	X		X	X
呈现结果				
维恩图		X		(X)
XY 图	X		X	X
确认在解项中的案例	X	X	X	X
呈现真值表行的案例		X		X
呈现简单假设		X		X
便捷属性				
模糊集校准	X		X	(X)
基于语法			X	X
免费软件	X	X		X
布尔计算器		X		(X)
开放的开发平台			X	X
PRI 和 PRODUCT	X			
拟合的统计测量			X	(X)
兼容所有主要操作系统		X	X	X

注:* 指的是软件包 QCA(0.6—5)、QCAGUI(1.3—7)和 QCA3(0.0—4)(X)不在特定软件包中提供但在软件环境中可能实现。

Stata 和 R 中的 ado 文件和软件包是集合论分析中最新的工具。两者的优点是它们可以插入允许执行大量操作的软件环境中。尤其是在 R 中，通过适当的培训，几乎可以执行集合论分析中所需和所期望的所有操作。这就是为什么 fsQCA 2.5 软件中实现的真值表算法可以被模仿的原因，但这些功能目前仅在 R 最近版本的相应软件包中使用一些额外的操作来实现。此外，当分析大 N 数据时，当我们看重保存命令语法的功能，以及需要为 XY 图添加更多信息，和/或需要使用概率测量集合关系时，Stata 和 R 具有优势（第 5.2 节）。

11.2　QCA 中的稳健性和不确定性

我们在前面关于进行良好 QCA 的方法的讨论中已经提到了在执行 QCA 过程中研究人员面临的决策，这些决策存在相当大的自由裁量空间，比如案例和条件被添加和删除、校准函数被更改、一致性阈值被改变，等等。根据这些决策，所得到的结果可能会发生变化。这引发了关于 QCA 研究结果的稳健性的问题。QCA 方法的固有特点是研究人员最终保留了对所有这些决策的很大影响力，而不是将它们外包给那些在量化方法中通常达成共识的标准。我们确实相信 QCA 的研究结果应该接受稳健性测试。然而，这些测试需要忠实于集合论方法的基本原理和性质，因此不能仅仅是标准量化技术已知的稳健性测试的简单复制。尽管现有研究对 QCA 的稳健性有一些有价值的尝试（Goldthorpe，1997；Lieberson，2004；Seawright，2005；Marx，2006；Skaaning，2011），但到目前为止，有关稳健性的论述在 QCA 文献中尚未得到足够的系统处理。

在本节中，我们将重点放在研究过程中那些只有作为集合论方法 QCA 所独有的决策，而研究人员通常具有足够的自由裁量权，以产生对于如果（稍微）不同但同样合理的决策得到的结果将会发生实质性变化的怀疑，也就是集合成员资格校准过程（定性锚点的位置和功能形式的选择)、对真值表行一致性水平的选择,以及添加和删除单个案例的选择。①

11.2.1 在集合论方法中稳健性是如何被看待的?

在多元回归中,稳健性的概念基本上是无争议的。如果系数的显著性、方向和强度在不同的模型规范和不同的样本中保持不变,那么对于感兴趣的变量的效应的研究结果被认为是稳健的。在 QCA 中,稳健性的概念需要扩展。在 QCA 中,如果解项涉及类似的必要条件和充分条件,并且一致性和覆盖率在不同的模型规范下大致相同,那么解项可以被认为是稳健的。在这里,"类似"是指解项之间存在明显的子集关系,并且拟合参数没有不同的实际解释。

因此,我们提出了两个与集合论方法相关的稳健性维度:拟合参数的差异和不同公式之间的关系状态。首先,如果不同的选择导致拟合参数的差异足够大,需要进行有实质不同的解释,那么结果就不是稳健的。然而,如果一致性和覆盖率的差异太小,无法为有意义的实质性不同的解释提供基础,那么结果可以被认为是稳健的。其次,如果不同的选择导致的解项之间不存在子集关系,那么结果就不是稳健的。然而,如果不同解项之间存在明确的子集关系,那么结果可以被解释为稳健的,即使这些解项在表面上看起来非常不同。接下来,我们将讨论更改一致性水平、案例选择和校准函数对充分性解项的子集关系②和拟合参数的影响。

为了阐明我们的论点,我们使用埃芒内格尔(Emmenegger, 2011)对19 个西方民主国家中的欧洲就业安全规定的分析。在这篇文章中③,我

---

① 处理逻辑余数对于所得结果也是有影响的。然而,我们在这个关于稳健性的讨论中没有包括这个问题,因为首先,在第 6 章和第 8 章中我们已经对它做了广泛的处理。其次,正如这些章节中所解释的那样,通过关于逻辑余数的不同假设得到的所有解项都是现有经验证据的超集,如保守解项所表示的那样。相比之下,对于案例选择、校准或一致性阈值的不同决策来说,解项并不一定会是保守解项的超集。

② 我们不讨论必要性分析的稳健性,原因有两点:一是为了不与充分性的稳健性混淆,二是因为充分性分析的稳健性比必要性分析的稳健性更有吸引力。主要原因是必要性分析几乎全部专注于单一条件而非条件组合,在稳健性分析上更加容易(第 3.2.1.2 节)。

③ 这篇文章的更详细介绍请参见 www.cambridge.org/schneider-wagemann。

们感兴趣的结果是高水平的就业安全规定(JSR)。作者指定了六个条件：强大的国家-社会关系(S)、非市场经济的主导协调(C)、强大的劳工运动(L)、天主教宗教派系的主导地位(R)、强大的宗教政党(P)、政治体系中存在强烈的否决点(V)。埃芒内格尔选择对 JSR 条件进行基于理论导向的校准。①作者在校准中参照的是定量的数据信息，但并没有将这些数据进行等比例的数学转换。作者在校准时改变了原始值的排序，并结合理论思考和具体案例信息来验证自己的校准原则，这个问题我们在第 11.2.2 节中会更详细地讨论。

在充分条件的分析中②，确定原始一致性阈值的位置是困难的。③几乎所有具有充分性实证证据的行要么高度一致，要么高度不一致。然而，表示组合∼SCL∼R∼P∼V 的真值表行，其原始一致性值为 0.84④，并且包含两个隶属值大于 0.5 的案例，但这两个案例在结果中显示了"定性上不同的隶属值——瑞典(0.6；0.86)和丹麦(0.6；0.29)"。因此，如果将这一行包括在逻辑最小化中会产生一个真正的逻辑矛盾案例(丹麦)，而排除这一行则意味着瑞典将成为不被覆盖的案例。

我们在逻辑最小化中排除了这一行，并采用了埃芒内格尔的定向期望。⑤这个设置导致了以下中间解项：

	SR∼V+	SRPL+	SRPC+	LCP∼V→JSR
原始覆盖率	0.402	0.354	0.277	0.297
唯一覆盖率	0.152	0.027	0.041	0.138
一致性	0.990	1.000	0.965	0.964
覆盖案例*	芬兰、葡萄牙、冰岛	西班牙、意大利、奥地利	比利时、丹麦、奥地利	挪威
解项一致性	0.97			
解项覆盖率		0.69		
未覆盖案例**	瑞典、荷兰			

注：* 在路径中隶属值＞0.5 的案例；
   ** 在解项中隶属值＜0.5 并且结果＞0.5 的案例。

---

① 请参阅第 1.2.2 节，了解有关具体的校准原则。
② 在这个研究中，作者没有发现必要条件的存在。
③ 这个研究的另一个挑战是大量逻辑余数的存在：在 64 个真值表行中，有 51 个逻辑余数存在。
④ 按照原始一致性值的顺序排列，相邻的真值表行分别显示了 0.94 和 0.72 的数值。
⑤ 假设所有条件在其存在时都对 JSR 有贡献，并假定 V 不存在时对 JSR 有贡献。

相对较低的覆盖率值主要是由于两个在结果中具有高值但在解公式中的隶属值较低的案例引起的：瑞典和荷兰。接下来，我们将评估这些结果在结果校准和某些条件中的变化、原始一致性阈值以及特定案例删除方面的稳健性。

11.2.2　改变校准的效果

在清晰集 QCA 和模糊集 QCA 中，如果决定案例是否（更）属于一个集合的阈值改变，一些案例也会随之改变它们所属的真值表行（第 4.2 节）。这反过来可能会将一行从逻辑余数变为经验观测行（反之亦然），或将一行从不一致变为一致（反之亦然）。因此，选择 0.5 的定性锚点是校准过程中最重要的决策。

虽然改变集合隶属值的定性锚点对解项的影响取决于手头数据的特征和分析过程中其他决策的特点，但仍可以得出一些一般的推论。如果条件 X 的隶属值阈值提高，属于 X 的案例将减少。因此，X 作为一个 INUS 条件的所有充分路径的覆盖范围要么减少，要么保持不变，但永远不会增加。这些路径的一致性也会随之保持不变或增加，但永远不会减少。然而，请注意，提高 X 的隶属值阈值自动意味着降低~X的阈值。因此，对于任何涉及~X 作为 INUS 条件的路径，覆盖范围要么增加要么保持不变，但永远不会减少，而一致性要么保持不变要么减少，但永远不会增加。一般而言，INUS 条件 X（或~X）的 0.5 定性锚点的改变是否对充分组合式的拟合参数产生影响取决于 X（或~X）是否为该组合式提供最小或最大分数。如果它既不提供最小分数也不提供最大分数，则不会发生任何变化。

我们无法预测改变定性锚点对解项的影响。如果 X 和~X 都是某些路径中的 INUS 条件，那么拟合参数可能增加或减少，而且这种变化取决于具体的数据。唯一可以说明的是：如果包含 X 或~X 的真值表行的一致性低于充分条件的一致性阈值，则改变定性锚点会产生一个不同的解项。然而，这个解项将是先前解项的子集。如果真值表行的一致性增加超过充分条件的一致性阈值，那么新解将是先前方案的超集。

在模糊集中,除了确定交叉点之外,还必须做出其他两个与校准相关的决策:首先,确定其他两个定性锚点(完全成员和完全非成员)的精确位置;其次,根据所选的定性锚点,确定底层原始数据转化为集合隶属值的函数形式。重要的是要意识到,只要条件的 0.5 锚点保持不变,这些决策就不会改变案例所属的真值表行。因此,可以预期这些校准决策几乎不会对解项产生实质性影响。[①]然而,它们可能会影响拟合参数[②]。

总体而言,校准的改变确实会导致拟合参数的变化。然而,大多数情况下,这些变化对实质的影响是微不足道的。此外,原始解项和修改后的解项之间的集合关系通常保持不变。只有在交叉点位置发生重大改变时,解项才可能不同。不过我们必须正确看待 QCA 结果对 0.5 定性锚点选择的敏感性。请记住,将给定案例视为集合成员与非成员之间的校准定义了案例的定性差异(第 1.1.1 节)。集合论方法由于关注的是定性差异和相似性,因此应该对此类决策敏感。研究人员一般使用稍微修改的校准标准进行不同的分析。通常情况下,因校准而产生的解项变化也只是适度的。如果解项因校准调整而出现了较大的变化,那么我们就要特别注意这些微调校准决策和随后的合理性。

应用埃芒内格尔的范例,我们介绍了三种校准方式的效果。

(1)重新校准条件 R:如果我们将条件宗教派别(R)的宗教归属模糊值指定为 0.55 而不是 0.4,那么丹麦、芬兰、挪威和瑞典在宗教派别(R)条件集合归属的定性特征也会随之改变,这四个国家更加属于有主导天主教宗教归属的国家的集合。那么我们随之得到的解公式是[③]:

---

① 我们在这里说"几乎没有"是因为功能形式的改变可能会引发原始一致性的变化,这种变化足以使真值表的一行从充分一致变得不够一致(或反之亦然),无法包含在逻辑最小化中。然而,如果定性锚点固定不变,这种效应应该很少发生。

② 蒂姆(Thiem, 2010)对不同校准函数与 0.5 定性锚点的不同位置之间的交互效应以及对单一一致性条件的覆盖率进行的研究实质上表明,校准函数的选择对高度倾斜的单一集合隶属值并不重要。

③ 为了与原始结果进行比较,原始一致性的阈值设定为 0.9。

	SR~C~V+	SRLP+	SRCP+	LCRP~V→JSR
原始覆盖率	0.329	0.354	0.277	0.283
唯一覆盖率	0.152	0.027	0.041	0.124
一致性	0.988	1.000	0.965	0.963
覆盖案例*	芬兰、葡萄牙、冰岛	西班牙、意大利、奥地利	比利时、丹麦、奥地利	挪威
解项一致性	0.96			
解项覆盖率	0.67			
未覆盖案例**	瑞典、荷兰			

注：* 在路径中隶属值＞0.5 的案例；
　　** 在解项中隶属值＜0.5 并且结果＞0.5 的案例。

我们可以看到，有两条路径与原始解项的两条路径完全相同，而另外两条路径略有不同。然而，这个解项与之前的解项存在完美的子集关系。另外一个观察是，所有的一致性和覆盖率参数只有轻微的变化。

（2）重新校准新西兰在结果 JSR 的身份：埃芒内格尔主要使用 OECD 的就业保护立法指标（EPLI）作为校准结果 JSR 中的实证证据。如果尊重 EPLI 的排名顺序，新西兰应该获得 0.29 的得分，但埃芒内格尔通过使用额外的实证和理论论证将其得分调整为 0.14。[1]因此，让我们以新西兰在 JSR 中的得分为 0.29 重新运行分析。实际上，这样得到的解项几乎没有什么变化。中间解项的四条路径保持完全相同，只有解项的一致性（0.96）和覆盖度（0.67）稍微降低。大多数一致性值、原始覆盖率和唯一覆盖率的变化仅在第二位小数点后发生，即变化过小，没有实质性含义。

（3）重新校准丹麦在 JSR 中的成员身份：在埃芒内格尔的数据中，丹麦（0.29）在结果集中得分较低，而瑞典（0.86）得分较高。考虑到丹麦的"灵活安全"制度，这是合理的。这两个案例位于同一真值表行中，导致了一个真正的逻辑矛盾（第 5.2 节）。如果一个研究人员被对斯堪的纳维亚地区统一严格的劳动市场法规的刻板思维误导，将丹麦和瑞典在结果中分配相同的高集合隶属值，那么解项会发生什么变化？这种错误的重编码案例的行为，意味着丹麦在结果集合隶属值上的定性变

---

① 这些指的是新西兰在集体解雇方面的低度监管、低公司保护度和低度集体谈判覆盖率。

化,因为它越过了 0.5 的定性锚点,因此会影响解公式:

	SR~V+	SRLP+	SRCP+	LC~S~V→JSR
原始覆盖率	0.380	0.335	0.262	0.298
唯一覆盖率	0.144	0.026	0.039	0.298
一致性	0.990	1.000	0.965	0.957
覆盖案例*	芬兰、葡萄牙、冰岛	西班牙、意大利、奥地利	比利时、德国、奥地利	丹麦、挪威、瑞典
解项一致性	0.97			
解项覆盖率	0.75			
未覆盖案例**	荷兰			

注:* 在路径中隶属值>0.5 的案例;
  ** 在解项中隶属值<0.5 并且结果>0.5 的案例。

可以看到,解项的一致性与原始公式类似,但解项的覆盖率更高。此外,四条路径中有三条保持相同;只有原始路径 LCP~V 变为 LC~S~V。新的路径 LC~S~V 既覆盖了原始解项中的挪威,但现在也覆盖原始解项中没有的案例丹麦和瑞典。因此,改变丹麦的结果值会增加它们所属的真值表的原始一致性,因此被包括在逻辑最小化中,从而产生覆盖这两个案例的解项。请注意,这个修订后的解项与原始解项之间没有完美的集合关系。

这些例子证明,校准的变化往往不会引发过于严重的变化。这应该使那些怀疑在 QCA 中可以根据研究人员的任意处置来简单操纵数据从而得出特定结果的人稍作停顿。这既不是可行的策略,也不是可信的怀疑。首先,由于集合所代表的概念的实质意义,校准中的自由裁量范围是有限的。荒谬的隶属值将被挑剔的读者发现。其次,只要保持在合理范围内,重新校准的影响是相当有限和微小的。最后,这些影响很大程度上是不可预测的,因此研究人员将不得不花费大量时间进行反复试验和校准所有集合,以得出期望的解项。

11.2.3 改变一致性水平的影响

在整个 QCA 过程中,研究人员还需要做出一个关键决策,即选择真值表行(第5.2节和第7.2节)的一致性阈值。与校准的变化相比,对原始一致性阈值的更改对所得到的解公式具有明确且可预测的影响。

通过增加原始一致性阈值,用于逻辑最小化的真值表行数量减少。因此,新的解项将会有:(1)更高的一致性水平,(2)较低的覆盖率,并且(3)它将是基于较低一致性阈值生成的解项的完美子集。相反地,通过降低一致性阈值,解项将有:(1)更低的一致性水平,(2)较高的覆盖率,并且(3)它将是基于较高阈值的解项的超集。[1]请注意,关于(3)的两点变化只适用于保守的公式,不适用于最简约解项或任何中间解项。这是因为对于后两者,不同的逻辑余数一旦通过了一致性测试,就有可能成为简化假设。

鉴于一致性阈值对拟合度参数和所得结果的集合关系特征有着相当明显的影响,研究人员应该始终使用至少两个不同的一致性阈值进行其分析,并观察拟合参数是否发生了重大变化。与重新校准集合一样,在这里也有一定的自由度范围限制。首先,任何一致性水平都应高于下限标准值0.75。其次,如果真值表行之间存在明显的一致性水平差距,可以选择原始的一致性阈值(Ragin,2008b:ch.7),那么稳健性测试需要选择一个高于该差距的阈值和另一个低于该差距的阈值。

在针对不同一致性阈值进行稳健性测试时,研究人员应该始终检查哪些案例受到这些变化的影响:由于较高一致性阈值而使得哪些案例无法被解项包括?由于较低一致性阈值而与充分性陈述相矛盾的案例有哪些?在后者中,降低一致性阈值是否会产生真正的逻辑矛盾案例(第5.2节)?

正如在介绍埃芒内格尔(Emmenegger,2011)分析时所提到的(第11.2.1节),真值表行($\sim SCL \sim R \sim P \sim V$)作为充分条件的状态仍存在争议,其一致性为0.84。丹麦是一个真正的逻辑矛盾案例(在真值表行

---

[1]　这个新结果是否比之前的更复杂,取决于真值表行的性质。由于一致性水平的变化,它要么被包括在最小化过程中,要么被排除在外。可以想象在提高一致性阈值的情况下,会向结果中添加一个无法进一步极简化的单个真值表行,从而增加解项的复杂性。

中的隶属值是 0.6；在 JSR 中的隶属值是 0.29）。我们将一致性阈值从原始值 0.9 降低到 0.8（无疑仍然是一个可接受的值），并将该行包括在逻辑最小化中，从而获得以下新的中间解项：

	SR~V+	SRPL+	SRPC+	LC~S~V→JSR
原始覆盖率	0.402	0.354	0.277	0.211
唯一覆盖率	0.152	0.027	0.041	0.178
一致性	0.990	1.000	0.965	0.872
覆盖案例*	芬兰、葡萄牙、冰岛	西班牙、意大利、奥地利	比利时、德国、奥地利	挪威、丹麦、瑞典
解项一致性	0.94			
解项覆盖率		0.73		
未覆盖案例**	荷兰			

注：* 在路径中隶属值>0.5 的案例；
　　** 在解项中隶属值<0.5 并且结果>0.5 的案例。

四个路径中有三个与原始解项相同（SR~V＋SRPL＋SRPC）。第四个路径现在是 LC~S~V，而在原始分析中它是 LCP~V。此外，大多数路径的拟合参数与原始分析中报告的参数相同（参见第 11.2.1 节）。正如预期的，新解项在一致性上略有降低，但实现了更高的覆盖率。

然而，在这些拟合参数相对较小的变化背后，隐藏着一些重要的差异。丹麦现在是一个真正的逻辑矛盾案例，其在路径 LC~S~V 中的隶属值为 0.67，在 JSR 中的隶属值为 0.29。

11.2.4　删除或添加案例的影响

在 QCA 中，研究人员必须谨慎选择要研究的案例。如前所述，这不是一条单行道，而是一个来回进行的过程，在此过程中，研究人员要根据初步的经验证据和更新的概念见解，添加和删除案例。尽管案例选择过程对拟合参数的影响遵循一些系统模式，但对解项集合关系的影响是无法预测的。

删除与一致性陈述相矛盾的案例会提高一致性，但在实质上不影响覆盖率。①同样地,删除(部分)未覆盖的案例,也就是说,在其成员拥有超过解项的隶属值的情况下,会增加覆盖率,并在实质上不影响一致性。②最后,删除一个典型案例,即在解项和结果中几乎具有相同(相对较高)隶属值的案例,应在实质上不影响一致性和覆盖率。然而,我们不能预期异常案例的删除是否会改变所得到的解公式的子集关系。因为这取决于一个案例的包含或删除是否会改变真值表行的原始一致性水平,以至于它(不)被包括在逻辑最小化中,或者一个真值表行是从逻辑余数行变成一个具有充分经验证据的(一致的)行,反之亦然。

应用埃芒内格尔的例子,如果我们删除丹麦——丹麦在真值表中是一个逻辑矛盾的案例,而且没有包括在原始分析的逻辑最小化中——那么解项将变为:

	SR~V+	SRLP+	SRCP+	LC~S~V→JSR
原始覆盖率	0.414	0.365	0.285	0.255
唯一覆盖率	0.157	0.028	0.042	0.187
一致性	0.990	1.000	0.965	0.947
覆盖案例*	芬兰、葡萄牙、冰岛	西班牙、意大利、奥地利	比利时、德国、奥地利	挪威、瑞典
解项一致性	0.96			
解项覆盖率	0.75			
未覆盖案例**	荷兰			

注:* 在路径中隶属值>0.5 的案例;
** 在解项中隶属值<0.5 并且结果>0.5 的案例。

总的来说,虽然很难确定 QCA 的稳健性测试的普遍规律(也请参阅 Skaaning,2011),但使用 QCA 的研究人员应当在关注其结果的稳健性方面保持谨慎,并坚称 QCA 在稳健性和充分传达稳健性程度方面并不比社会科学中的其他比较方法明显逊色。稳健性的主题与不确定性的概念密切相关。为自己的研究结果附加一些不确定性指示是任

---

① 在此及以下情况下,"在实质上不受影响"是因为一致性的变化总是稍微影响到覆盖率,反之亦然。这是因为所有 X 值的总和是一致性和覆盖率公式的一部分(第 5.2 节和第 5.3 节)。当删除或添加一个或多个案例时,即使这些案例是典型的,这些总和也会发生变化。

② 在第 11.4.1 节,我们分别用一致性和覆盖率来标记这些异常案例。

何科学研究的必需品(King et al.，1994)。在集合论方法中，可以用几种不同的方式表示不确定性，其中包括统计显著性检验(作为一种不完美的方式)(例如，Schrodt，2006)。例如，将模糊集隶属值附上说明性定性词，如"几乎完全一致"或"更多地在集合内而不是在集合外"，表示了一种不确定性形式，应以此方式阅读。此外，报告拟合参数并在结果的实质性解释中说明其含义也是报告不确定性的另一种方式。最后，研究人员应按照上述讨论的方式进行并报告不同稳健性测试的结果。

概览：QCA 中的稳健性和不确定性

QCA 生成的结果的稳健性是一个合理的关注点。鉴于集合论方法的特殊性质，稳健性的评估必须遵循与基于统计的研究中的稳健性测试不同的逻辑。

QCA 的结果对研究人员在校准策略、案例选择和一致性阈值的选择等问题上所做的决策非常敏感。这种敏感性既是一种优点，也是一种潜在的缺陷。如果研究人员有非常充分的理由以某种方式对其案例进行分类，那么结果将反映出研究人员做出的这些决策的意图，这是一件好事。

大多数研究人员所做的自主决策只会在合理和可信范围内产生微小的影响。我们通常无法准确预测这些自主决策变化的具体后果，因为这还取决于数据特征和分析中做出的其他决策。只有原始一致性阈值的变化可以进行精确预测。增加(减少)阈值会使解项更(不)一致，覆盖率更低(更高)，并且保守解项将是一个基于较低(较高)一致性阈值的保守解项的真子集(真超集)。

11.3 集合论方法中理论的评估

大多数定量社会科学研究的核心业务是对理论进行检验。相比之下，大多数定性研究，尤其是 QCA，更具归纳精神。QCA 是基于一些最初的直觉,根据已有知识和理论考虑,选择与所关心结果有关的条件(Amenta and Poulsen,1994;Berg-Schlosser and De Meur,2008)。研究分析之后,QCA 通常的任务是找到对所得解释公式的合理解释,最好还能通过其他方法提供进一步的经验证据,例如案例内分析(第 11.4 节)。尽管 QCA 将发展假设而非检验假设作为目标的重点,但检验理论预期与 QCA 生成的经验结果之间的重叠程度似乎也是合理的。

在接下来的部分,我们首先详细阐述为什么标准假设检验的原则和实践无法有意义地应用于集合论方法(11.3.1)。其次,我们概述如何在保持集合论方法的原则和实践的前提下评估理论(11.3.2)。在这里,我们遵循拉金(Ragin,1987:118—121)首次提出的想法。主要要点是,基于集合论方法,理论假设并不是被全盘接受或支持的。相反,通过对理论引导的直觉进行评估,可以揭示现有理论中哪些部分得到了经验证据的支持,理论需要在哪个方向上扩展,以及理论的哪些部分需要舍弃。在最后一个步骤(第 11.3.3 节)中,我们通过辩论指出,在研究分析时我们需要考虑到 QCA 的研究发现通常不完全一致,也无法完全覆盖结果(关于拟合参数,请参阅第 5 章)。正如我们所展示的,考虑到不一致性和不完美覆盖率可以更加细致地进行集合论方法的理论评估过程。

11.3.1　为何标准假设检验不适用于集合论方法?

集合论方法,总体而言,尤其是 QCA 方法,与经典的定性研究方法有很强的关联。定性研究人员通常致力于在严密特定的案例中制定可能的结果解释。这些解释本身常常被视为假设。然而,它们是根据实证发现发展而来的,因此出现在研究过程的最后而非开始。因此,不足为奇的是,在标准的集合论方法应用中,假设检验并不是主要目标,这是应用定量方法中广泛理解的假设检验的特点。

在描述社会现实的可能解释过程中,运用集合论方法的研究人员需要在观念和证据之间来回移动(Ragin,2000:ch.11),这个过程有时也被称为上游和下游(Rihoux and Lobe,2009),或前 QCA 和后 QCA

的研究阶段(Schneider and Rohlfing，in press：ch.11)。良好的 QCA
研究实践标准(Schneider and Wagemann，2010：ch.11)规定,初步发现
要作为改变现有数据的关键要素的理由,包括:添加或删除案例和条
件;重新概念化条件和结果,改变案例的隶属值;或者塑造案例的范围
条件(Walker and Cohen，1985)。

我们知道,大多数主流假设检验统计方法的基石,是要求研究人员
在测试假设之前没有进行数据筛选。而 QCA 的研究与这些基于推断
统计的研究原理和实践形成了鲜明对比。换句话说,通过统计显著性
对假设进行检验,只有在研究人员没有第二次机会返回数据并根据前
面统计检验的结果进行纯粹的模型调整时才有效。所有这些意味着,
当使用集合论方法时,要么坚持良好的实践标准,仔细构建数据,因此
无法进行直接的假设检验[1],要么通过违反集合论方法良好实践的标
准的方式执行适当的假设检验。[2]

另一个直接将标准假设检验的概念转化为集合论方法的困难之处
在于,集合论学者倾向于支持因果复杂性的观念。这意味着他们接受
对等性和组合因果性的概念。因此,他们对多个条件的各种组合所起
的作用感兴趣。虽然关于不同变量的交互效应的假设可以经过统计
检验,但在统计模型中,可以交互的变量数量存在实际限制。关于三
阶交互效应的检验已经非常罕见,几乎没有关于四阶交互效应的文
献存在。[3]

然而,研究在将从 QCA 中获得的解项置于标准假设检验程序中
时,面临着更大的问题。因为在 QCA 中,通常假设替代组合是导致给
定结果的原因。我们将其引入为对等性原则(第 3.3.1 节)。与之相反,
根植于潜在结果框架和实验模板的多元统计研究中,每个模型只允许

---

[1]　请注意,这并不意味着在评估子集关系的声明时不使用统计推断。重点是子集
关系是集合论经验研究的产物,而不是在经验研究开始时明确定义的理论推导假设。

[2]　这种违反也可能被证明是合理的,如果是这样的话,应该明确地进行论证。例
如,如果在特定的集合关系中存在强烈的兴趣或期望或两者都存在,这个假设的关系可以
成为一个统计检验。

[3]　参考布劳米勒(Braumoeller，2003)的研究,作者试图在统计框架内模拟集合论
中的因果复杂性概念。

一种推断(Morgan and Winship，2007；Brady，2008；Sekhon，2008；Dunning，2010；Gerring，2012)。也就是说，只有一个变量(或变量的一种特定交互作用)可以作为处理变量，即原因变量。而其他变量则作为控制变量。

考虑到集合论方法的原则和实践与假设检验之间的不兼容性，研究人员如何能够并应该确定初始的理论期望与实证结果是一致的、相互矛盾的还是两者兼而有之呢?

11.3.2　集合论方法中理论评估的基础

拉金(Ragin，1987:118—121)对如何评估集合论方法中的理论提供了详细的论述，然而，这些建议在文献中迄今并没有被广泛使用。为了说明，我们假定有一个包含 130 个案例的清晰集 QCA 研究。[1]结果集是稳定民主国家(Y)。其中 78 个案例是 Y 的成员。假设条件包括总统制政府(A)、经济繁荣(B)和英国殖民历史(C)。[2]假设可以从现有文献中得出以下结论:民主稳定是通过经济繁荣，和/或通过英国殖民历史和没有总统政府的组合实现的。用布尔符号表示，理论假设(T)可以写成如下形式:

$$理论假设(T)：B+\sim AC \rightarrow Y$$

必要性分析表明，没有任何单一条件或它们的补集对 Y 是必要的。这与理论预期一致，理论也不要求存在必要条件。我们通过充分性分析得出以下解项[3]:

$$解项(S)：B\sim C+AC \rightarrow Y$$

我们的数据显示，有两条充分的路径可以实现民主稳定:一是经济

---

① 　出于教学目的，我们选择使用清晰集 QCA，但是这些原则同样也适用于模糊集 QCA。

② 　数据资料请访问在线附录(www.cambridge.org/schneider-wagemann)。

③ 　因为我们的假设真值表(在线附录 www.cambridge.org/schneider-wagemann)暂时不包含任何逻辑余数，所以没有进行任何简化假设。

繁荣与没有英国殖民史(B～C)的结合,二是总统制政府与英国殖民历史(AC)的组合。

这些结果是否证实或否定了我们的理论假设？答案是:两者都有。为了理解这个违反直觉的答案,我们将最初的问题分为四个部分:哪些案例是符合理论假设(T)并且解项(S)确认的结果(TS)？哪些案例是不符合理论假设(T)且解项(S)没有确认的结果(～T～S)？哪些案例是符合理论假设(T)而解项(S)没有确认的结果(T～S)？哪些案例是不符合理论假设(T)但解项(S)确认的结果(～TS)？

因此,集合 T 和 S 之间有 $2^2=4$ 个可能的交集。每个交集突出了关于我们的经验结果如何确认或否定现有理论的不同方面。对于每个区域,我们提供布尔表达式,解释其对当前理论的意义,并标记包含在这些区域中的案例。

首先,理论和经验解项(TS)的交集是理论和经验发现重叠的区域。这是由经验证据支持的理论的一部分。该区域的布尔表达式如下:

$$交集 TS：(B+～AC)^*(AC+B～C)=ABC+B～C①$$

从中可以得出各种见解。最重要的是,它表明仅仅条件 B 对 Y 的充分性期望是过于冒进的。

与其说是充分条件,不如说 B 是几个 INUS 条件之一。它需要与 AC 或～C 结合才能推导出 Y。此外,我们还需要重新评估条件 A 的作用。理论文献强调了 A 的缺失(即～A)是一个 INUS 条件。然而,从经验上来看,我们只能确认 A 的存在是一个 INUS 条件。交集 TS 所覆盖的案例可以解释为最有可能被确认的案例。

第二个有趣的领域是经验研究结果与理论预期不符的案例重叠的地方(～TS)。这个领域的布尔表达式如下:

$$交集～TS：(A～B+～B～C)^*(AC+B～C)=A～BC②$$

---

① 请参阅第 2.4.2 节了解相交复合集的规则。

② 通过首先在关于 T 的表达式上应用德摩根定律(第 2.3 节),得到～T,然后将～T 与 S 取交集,可以得到这个公式。

因此,我们发现一些在非繁荣国家(∼B)中的总统制(A)的案例,这些国家曾经是英国的殖民地(C),与我们的理论预期相反,它们是稳定民主国家的成员(A∼BC→Y)。这个领域的案例是已发现的最不可能案例的变体。这样的结果可以用来重新构建现有理论,以包括这些迄今被忽视的案例。总的来说,交集∼TS的结果表明现有理论的扩展。

第三个领域 T∼S 捕捉到那些理论预测会发生 Y,但我们的解项却没有捕捉到的案例。在我们的例子中,这些案例的布尔表达式是:

交集 T∼S:(B+∼AC)*(∼A∼B+∼AC+∼B∼C)=∼AC

与我们的理论预期相反,我们的跨案例模型没有将非总统制在前英国殖民地的组合识别为结果 Y 的充分条件。这个领域的案例也是一种未经证实的最可能案例。总的来说,交集 T∼S 的结果表明现有理论的界定。

第四个交集∼T∼S 表示既不被理论也不被我们的跨案例发现认为足以产生结果的条件配置。应用于我们的例子,∼T∼S 的公式如下:

交集∼T∼S:(A∼B+∼B∼C)*(∼A∼B+∼AC+∼B∼C)=∼B∼C

根据现有理论和我们的经验证据,既不经济繁荣(∼B),也不是前英国殖民地(∼C)的案例不应该是稳定民主国家(∼Y)。属于集合∼B∼C 的不稳定民主国家符合理论预期。然而,由于集合论方法固有的不对称性,它们不应被视为典型案例,而只是与假设的集合关系一致但实质上无关的案例(第 3.3.3 节和第 11.4 节)。

11.3.3   通过整合一致性和覆盖率扩展理论评估

然而,如果交集∼T∼S 中存在一些稳定民主国家(Y)怎么办? 或者,如果交集 TS 中的一些案例不是稳定民主国家(∼Y)怎么办? 换句话说,如果位于 T 和 S 之间的不同案例在结果中显示不同的隶属值,那么理论评估会是什么样子? 这种情况的发生是可能的,也就是每当解项无法实现完全一致性和覆盖率时。而这种情况在应用的 QCA 中几乎总是发生的。在下面，我们通过将一致性和覆盖率的概念添加到程序中，对理论评估的原则进行了细化。

上述解项术语的拟合参数如下[①]：

	B~C+	AC→Y
一致性	0.89	0.88
原始覆盖率	0.42	0.37
唯一覆盖率	0.42	0.37
解项一致性	0.88	
解项覆盖率	0.79	

两条路径的一致性水平都在可接受范围内（＞0.87），每条路径都覆盖了相当数量的结果，但并未解释所有案例。解项的一致性（0.79）意味着有 8 个案例与充分性陈述相矛盾，解项的覆盖率为 0.79，表示 78 个结果 Y 中的 62 个成员被覆盖，即还有 16 个案例未被该解项解释。

表 11.2　理论假设（T）和解项（S）与案例类型的交叉点

	解项预测的结果（S） Y：覆盖的案例 ~Y：未被覆盖的案例	解项未预测的结果（~S） Y：未被覆盖的案例 ~Y：一致的案例
理论假设的结果（T） 最可能的案例	ABC+BC Y：覆盖最可能的案例（58）* ~Y：不一致的最可能的案例（8）	~AC Y：未被覆盖的最可能的案例（0） ~Y：一致的案例（0）
未被理论假设的结果（~T） 最不可能的案例	A~BC Y：覆盖最可能的案例（4） ~Y：不一致的最可能的案例（0）	~B~C Y：未被覆盖的最可能的案例（16） ~Y：一致的最可能的案例（40）

注：* 括号中的数字表示在实证示例中找到的案例数量。

[①]　对于真值表算法，我们采用的频率阈值为 1 和原始一致性阈值为 0.85。

表 11.2 中的四个单元格对应于 T 和 S 之间的四个交叉点。对于每一个交叉点,我们不仅报告布尔表达式,还要区分属于 Y 的案例和不属于 Y 的案例。因此,有八种不同类型的案例。T 行中的案例被标记为最可能的案例,而～T 行中的案例被标记为最不可能的案例(Eckstein,1975;George and Bennett,2005)。对于 S 行和～S 行中的案例,我们需要区分它们是 Y 的实例还是～Y 的实例。根据一致性和覆盖性的概念(第 5 章),我们将属于 S 和 Y 的案例标记为覆盖的案例。既属于 S 又属于～Y 的案例被标记为不一致的案例。此外,属于～S 但是属于 Y 的案例被标记为未覆盖的案例,而既属于～S 又属于～Y 的案例被标记为一致的案例。[①]根据这些术语,我们可以为表 11.2 中的四个单元格标记八种不同类型的案例。

第一,对于 TS 的交叉点(在我们的例子中为 ABC＋B～C),我们声称它可以识别支持理论的案例。然而,这只对同时属于这个交叉点和结果 Y 的案例成立(即 TSY 的案例)。这些是被覆盖的最可能的案例。在 78 个 Y 成员中,有 58 个案例属于这个类别。每个案例都可以进行案例内分析,以揭示将充分条件与结果联系起来的因果机制(第 11.4 节)。相反,该区域中不属于 Y 的案例(TS～Y)强烈反驳了 T 和 S。我们建议将它们标记为不一致的最可能的案例。我们的数据中有八个案例符合这样的标准。由于理论和经验都预测了结果,但结果并未实现,对这些案例进行案例内分析尤为有趣。它应该旨在找到涉及迄今为止被忽视的条件的替代解释 Y 的理论。

从另一个角度看,同一交集中的 T 和 S 案例在结果中没有共享相同的隶属值,可以使用拟合参数来解释其含义。对于 T 和 S 之间的四个交叉点,我们可以计算作为 Y 和～Y 的充分条件的一致性和覆盖率值。如果 TS 表达式是 Y 的一致子集,那么对 T 的支持就越强。此外,如果 TS 覆盖的案例越多,对 T 的支持就越强。

对于我们的例子,计算 ABC＋B～C 的重叠作为 Y 的充分条件,得

到一致性为 0.88,覆盖率为 0.74。[①]一致性值表示 TS 中的大多数案例也是 Y 的成员。在不完全一致性值背后,隐藏着上述提到的八个不一致的最有可能的案例。覆盖率值显示大多数 Y 的成员(78 个中的 58 个,即 74%)被 T 预测并被 S 覆盖。这意味着 ABC＋B～C 所描述的理论部分得到了强有力的实证支持。

第二,对于交叉点～TS(在我们的例子中是 A～BC),它被认为是识别出了一些案例,这些案例表明理论期望应该扩展。然而,这仅适用于也是 Y 成员的案例(～TSY)。对于这四个被覆盖的最不可能的案例中的一个或多个进行案例分析,应该能够找到扩展理论的方向线索。相反,属于～TS 和～Y(～TS～Y)的案例——不一致的最不可能的案例——从理论视角来看并不令人困惑,因此削弱了对理论修改的需求。在我们的实证例子中,数据中不存在这样的案例。使用拟合参数的观点来看,～TS 作为 Y 的子集的一致性越高,扩展 T 的支持就越强。此外,Y 中落入～TS 区域的案例越多,就有越多的实证证据支持扩展 T 的需要。因此,～TS 对 Y 的覆盖率越高,对扩展 T 的支持就越强。

在我们的例子中,A～BC 作为 Y 的充分条件的一致性为 1,覆盖率为 0.05。完全的一致性意味着这个组合描述的所有案例都是 Y 的成员。这为扩展现有理论提供了良好的基础。然而,相对较低的覆盖率(Y 的 78 个成员中的 4 个)使得对这种理论扩展的需求相对较小。尽管如此,如果这四个案例具有特殊的实质重要性,那么对于理论扩展就有更强的动力。

第三,关于交集 T～S(在我们的例子中为～AC),它被认为是确定 T 范围的案例。然而,这只对属于～Y(T～S～Y)的案例成立,即所谓的一致性最有可能的案例,在我们的数据中有四个。相反,属于 T～S 和 Y(T～SY)的案例,即未被覆盖的最有可能的案例,支持 T 并削弱了 S 的可信度。然而,数据中没有这样的案例。从拟合的角度来看,我们可以说,T～S 作为～Y 的充分条件的一致性越高,就越需要通过删

---

① 这些参数可以通过使用 fsQCA 2.5 软件中的子集/超集函数轻松计算得出(请参见在线附录,网址为 www.cambridge.org/schneider-wagemann)。

除～AC 来确定 T 的范围。此外,T～S 作为～Y 的充分条件的覆盖率越高,确定 T 的经验重要性就越高。在我们的例子中,～AC 作为 Y 的充分条件的一致性为 1,覆盖率为 0.08。完全的一致性表明,所有属于～AC 的(四个)案例也是～Y 的成员。它们都提供了对理论期望的经验证据,即～AC 作为充分条件的假设,并且需要对该理论的部分进行改进。然而,较低的覆盖率值表明对于 T 的这种改进的需求并不急迫。

第四,对于交集～T～S(在我们的例子中是～B～C),我们预期不会找到属于 Y 的案例。如果～T～S 中的所有案例也是～Y 的成员,即所谓的一致最不可能的案例,那么就没有经验证据同时与 T 和 S 相矛盾。然而,～T～S 中也有一些属于 Y 的案例(～T～SY)。这 16 个未被发现的最不可能的案例真是令人困惑,因为既有理论也没有预测到它们,解项也没有覆盖它们,但它们显示了结果。对它们进行深入研究应该能揭示出我们的理论和经验模型都缺少哪些条件。一般来说,～T～S 作为 Y 的充分条件的一致性和覆盖率越高,就越需要通过包括迄今忽视的条件来扩展理论和经验模型。

在我们的假设例子中,表达式～B～C 作为 Y 的充分条件的一致性为 0.29,覆盖率为 0.21。低一致性意味着大多数具有～B～C 的案例实际上是～Y 的实例,不会对我们的理论期望或经验发现构成挑战。然而,这些案例中有 26％确实构成了挑战。此外,21％的覆盖率也强调了这个挑战。它显示出 78 个具有 Y 的案例中有 16 个无法解释,既不符合我们的理论,也不符合经验发现。对这些案例的个案分析是为了揭示迄今被忽视的通向结果的充分路径,而不仅仅是单个的 INUS 条件,这些条件应该被添加到已经确定的路径中。

11.3.4 集合论理论评估总结

在集合论方法中,理论评估旨在提供对于初始理论直觉是否得到经验发现支持的细致答案。通过在理论假设和经验发现之间创建不同的交集,可以得出关于在下一轮思想和证据的来回过程中应该详细研究哪些案例的线索。这样的交集也可以帮助重新阐述理论,要么增加其简洁性,要么减少其简洁性。值得指出的是,在这种类型的假设检验中,理论并不完全被证伪。相反,它确定了与经验发现不一致的理论的区域或部分。这使得理论评估与假设检验非常不同,后者的重点通常是拒绝或不拒绝零假设或类似的基准。

在进行理论评估时,我们认为不仅计算由 T 和 S 表示的集合之间可能的四个不同交集的布尔表达式至关重要。此外,确定每个交集中的结果和非结果成员的数量也至关重要。只有当我们知道每个交集中有多少个案例是 Y 和 ～Y 的成员(如果有的话),我们才能决定给定的交集是否为支持或挑战我们初始理论信念提供证据。

请注意,上面的范例没有包含任何逻辑余数。如果存在逻辑余数,并且解项(S)包含关于其中一些逻辑余数的假设,那么 T 和 S 之间的一个或多个交集也可能描述一些逻辑余数。如果存在有限多样性,那么研究人员不仅必须区分 T 和 S 之间的四个交集中的 Y 和 ～Y 的案例,还必须确定逻辑余数的案例。例如,如果交集 TS 几乎完全覆盖逻辑余数,那么显然对于 T 的经验支持非常有限。实际上,这意味着解项 S 与 T 的重叠仅仅是因为研究人员对逻辑余数做出了假设。由于这些假设应该是理论引导的,因此在这种情况下声称 S 为 T 提供了经验支持是错误的。

概览:集合论方法中的理论评估

在绝大多数应用定量方法中,假设检验并不是基于集合论方法的标准应用的主要目标。然而,从理论中得出的直觉可以通过集合论方法对创建理论假设(T)和经验解项(S)的布尔表达式来进行评估。

交集 TS 描述了受经验证据支持的理论部分。在交集 ～TS 中,经验发现与理论不符的案例重叠。这个交集的结果表明了现有理论的扩展。T～S 捕捉到了理论预测出现 Y,但我们的解项却未能捕捉到的案例,它暗示了现有理论的界定。最后,～T～S 表示既不被理论也不被经验发现视为对产生结果充分的条件配置。

通过整合一致性和覆盖率的概念,我们可以进一步细化理论评估程序,并定义:(1)覆盖最可能的案例(交集 TS 中显示 Y 的案例);(2)不一致的最可能的案例(TS 和~Y);(3)覆盖最不可能的案例(~TS 和 Y);(4)不一致的最不可能的案例(~TS 和~Y);(5)未覆盖的最可能的案例(T~S 和 Y);(6)一致的最可能的案例(T~S 和~Y);(7)未覆盖的最不可能的案例(~T~S 和 Y);(8)一致的最不可能的案例(~T~S 和~Y)。

11.4　集合论方法和案例选择[①]

成功的 QCA 强调了对案例深入了解的重要性(Ragin,1987,2000,2008a;Rihoux and Ragin,2009)。事实上,QCA 作为一种研究方法,以及在观点和证据之间来回切换的想法(Ragin,2000),主要是将(比较)案例研究和 QCA 作为一种技术相结合。到目前为止,文献主要关注的是如何在 QCA 之前和其间选择案例,而不是在 QCA 之后选择案例。因此,令人困惑的是,迄今为止,尚未提供关于根据 QCA 结果选择案例进行案例内研究的系统和具体的指导(初步尝试见 Ragin,2000:90;2006:19;Goertz,2008:11—12;Rihoux and Lobe,2009)。这很奇怪,因为集合论方法和(比较)案例研究在许多方面是相似的——它们在认识论上主要侧重于复杂的因果关系模式,而不是多方法研究已经普遍受到欢迎的简洁但更具普遍性的社会现象解释。

为了试图弥合这一差距,在本节中,我们将重点关注在满足 QCA 分析的充分条件之后的案例选择原则。[②]我们表明,尽管在跨案例证据

[①]　本节中表达的观点在很大程度上借鉴了英戈·罗尔芬和卡斯滕·Q. 施奈德的共同工作。

[②]　在基于 QCA 的研究项目开始阶段选择案例的问题由里豪克斯和洛本(Rihoux and Lobe,2009)进行了讨论。在必要性分析之后的案例选择原则与充分性的逻辑类似,但并不完全相同。关于必要性分析之后案例选择原则的具体处理,请参见 Schneider and Rohlfing, in press。

来自集合论方法而不是回归分析时，典型案例和异常案例的概念也可以应用，但它们的分析意义及其在经验分布中的位置有重要的区别。取决于哪种类型的案例被选择，后 QCA 案例内分析的目的是验证或更新跨案例模型（第 11.4.1 节）。我们还指明了研究人员在选择比较过程追踪案例时需要考虑的因素（第 11.4.2 节）。最后，我们总结了明确的集合论案例选择原则（第 11.4.3 节）。

请注意，在本节中，我们纯粹根据案例的经验特性来定义案例类型，即它们是否符合数据中的一般趋势（典型案例）或不符合（不同类型的异常案例），而在前一节关于集合论方法的理论评估（第 11.3 节）中，我们通过交叉理论假设和案例的经验特性来定义案例类型。

11.4.1　QCA 之后的案例类型

如果我们将 XY 图解释为一个因变量和独立变量摘要之间的散点图，那么我们可能会倾向于声称主对角线上的所有案例都是典型的，而所有不在对角线上的案例都是异常的。这是基于回归的案例选择框架中的标准（也是适当的）方法。然而，在基于集合论方法的框架中，这种方法过于简化，甚至是错误的。对于有意义的 QCA 后的案例选择来说，关键是要认识到集合论方法对案例之间施加了定性差异，并且集合关系是非对称的。简而言之，0.5 集合隶属值以上或以下的案例在定性上是不同的（第 1.1.3 节），并且对于 X 的成员与非 X 的成员来说，充分性陈述在 Y 的隶属值方面具有不同的含义。因此，在基于集合论的研究中，并不是主对角线上的所有案例都是典型的，而在对角线之外的案例表示不同类型的异常案例，具体取决于它们落在对角线的哪一侧。

图形表示有助于说明这一点。图 11.1 显示了一个增强的 XY 图。①主对角线上方的所有案例都与充分性陈述一致，而下方的案例则

---

①　重要的是要记住，X 是对条件组合的占位符，而不是单一的集合。

不一致(第 3.1.2.1 节和第 5.2 节)。注意,模糊集合中一致性的概念,如主对角线所代表的,没有考虑案例之间的定性差异。这些定性差异是通过案例在条件 X 和结果 Y 中的 0.5 定性锚点上方或下方的隶属值来确定的。这就是为什么在图 11.1 的 XY 图中叠加了一个 2×2 表。后者以图形方式显示了基于案例在 X 和 Y 中的隶属值的定性差异。因此,图 11.1 被分为六个区域,其中大部分包含具有不同分析含义的案例类型,与其在交叉案例模式中的状态有关。这些定性差异对于在案例内分析中有意义的案例选择至关重要。

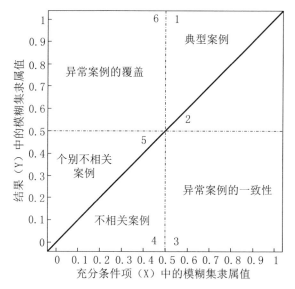

图 11.1 2×2 表案例类型在 XY 图上的呈现

典型的案例既符合充分性的陈述(位于主对角线以上),又是结果 Y 和条件 X 的良好实证实例(第 1 区域①)。更多超出 X 和 Y 的案例(图 11.1 左下象限,第 4 区域和第 5 区域)与评估充分性的主张从不直接相关(第 3.1.2.1 节)。我们称第 4 区域的案例为"个别不相关",因为

---

① 第 2 区域中的案例也是 X 和 Y 的成员,但与充分性的陈述相矛盾。因此,当目标是研究典型案例时,它们不是适当的选择。

它们本身并无分析意义，只有当用于比较案例内分析时才有意义（请参见第 11.4.2 节）。而第 5 区域的案例对于研究来说从不相关，因为它们与 X、Y 的充分性陈述和实证实例相矛盾。X>0.5 且 Y<0.5 的案例（第 3 区域）是真正的逻辑矛盾（第 5.2 节）。在案例选择原则的背景下，它们可以被称为"异常案例的一致性"。位于左上象限的案例（第 6 区域）也是异常的案例。然而，它们并不与充分性的陈述相矛盾。相反，它们未能被跨案例模型解释，因为它们是结果的良好实例（Y>0.5）但不是充分条件的实例（X<0.5）。因此，我们建议称其为"异常案例的覆盖"[①]。

11.4.2 在 QCA 之后，(比较)案例内研究的形式和目标

对于异常案例的案例内分析具有固有的比较性，特别是当旨在更新跨案例研究结果时（Mahoney，1999；Tarrow，2010）。我们有充分的理由进行明确的比较性案例内研究。在选择案例进行案例内研究时，研究人员必须区分刚刚介绍的案例类型。在具有充分性陈述的情况下，只有三种逻辑上可能的案例类型比较是有意义的，每种比较都有不同的分析目的。

第一，对于两个典型案例的案例内比较分析应该侧重于揭示将条件与结果联系起来的因果机制（Shively，2006；Gerring，2010）。与仅研究一个案例相比，比较两个典型案例对于推断因果机制而言是更强的依据。特别是如果研究人员能够在图 11.1 的第 1 区域中位于对角线两端，即在 X 和 Y 的隶属值差异最大的两个典型案例中阐明相同的因果机制，那么这一点尤为明显。

第二，对于典型案例以及与之一致性的异常案例的案例内分析，应该重点确定在充分路径下缺失的条件。在这种情况下，典型案例必须

[①] 在定义案例类型的每个区域内，可以根据每个案例的模糊集隶属值来确定程度上的差异。最适合的典型案例位于右上角，最偏离一致性的案例位于右下角，最偏离覆盖率的案例位于左上角。请参阅罗尔芬和施奈德（Rohlfing and Schneider，in press），他们提出了识别最典型和最偏离案例的公式。

具有较高的隶属值,而异常案例则具有较低的隶属值。[①]假设 X 代表连接 $A^* B^* C$ 的条件。与一致性相关的异常案例是指在 Y 方面具有较低隶属值的案例,而在 $A^* B^* C$ 方面具有较高隶属值。通过将条件 E 添加到路径中,异常案例在新路径中的隶属值降低,并且在 XY 图中向左偏移,使其成为相对于 $A^* B^* C^* E$ 对 Y 具有充分性陈述来说个别不相关的案例。

第三,应该将覆盖的异常案例与属于相同真值表行的个别不相关案例进行比较。因此,首先需要确定最能描述覆盖的异常案例和个别不相关案例的真值表行(即每个案例都具有隶属值大于 0.5 的行)。从纯逻辑上来说,这必须是不由路径 $A^* B^* C$ 所暗示的行。举例说明,假设它是真值表行 $A^* \sim B^* C^* \sim D$。这样就创建了一种类似于刚刚介绍的典型案例和一致性的异常案例之间的案例内比较分析设置。因此,案例内比较应该集中于确定在连结 $A^* \sim B^* C^* \sim D$ 中缺失且将覆盖的异常案例与个别不相关案例区分开的条件。让我们称这个条件为 F。这种比较性的案例内分析的结果是添加一个新路径——$A^* \sim B^* C^* \sim D^* F$-,而不是给交叉案例模型的已有路径增加一个单一的 INUS 条件。[②]

原则上存在三种比较可能性,但都是徒劳的。其一,在异常案例的一致性与个别不相关案例之间的比较是没有意义的。由于这些案例都不是所关注结果的成员,不存在可以告诉我们结果发生原因的参考点。其二,比较一致性的异常案例与覆盖的异常案例也没有太多意义。这对案例来说没有什么令人困惑的地方,因为它们既不共享路径的隶属值,也不共享结果的隶属值。

其三,令人惊讶的是,覆盖的异常案例与典型案例之间的案例内比较在逻辑上也是有缺陷的,我们不建议这样做,原因有几个。首先,在路径 X 中添加一个条件,就像在典型案例与一致性的异常案例的比较

---

① 如果这两种类型的案例都具有低的隶属值,那么这种情况不符合要求,因为它会将典型案例变为相对于新路径而言的覆盖的异常案例。

② 或者,条件 E 被添加到真值表中,并在更新后的真值表上进行新的 QCA 运行。

中所做的那样，将加剧而不是减轻这类案例的偏离，使其在 XY 图上更偏向左侧。其次，从路径 X 中删除一个条件可能会将覆盖的异常案例向右偏移，从而使其成为新的、更简单路径的典型案例。例如，对于路径 A*B*C 而言，其在 C 方面具有低的隶属值，但在 A 和 B 方面具有高的隶属值的覆盖的异常案例，将成为路径 A*B 的典型案例。然而，请注意，这种策略有两个缺陷。一个是它与典型案例和一致性的异常案例的比较恰恰相反，在该比较中，明确的指导方针是在路径 A*B*C 中添加一个条件，而不是删除一个条件。另一个是这种典型案例和覆盖的异常案例的案例内比较恰恰模仿了逻辑最小化过程所做的工作（第 4.3.1 节）。这意味着，如果条件 C 可以从路径 A*B*C 中删除，那么在基于 QCA 的案例交叉分析过程中已经删除了它。但是，显然，路径 A*B 不能作为充分条件符合一致性标准的条件。[①] 比较典型案例和覆盖的异常案例的第三个论点是，路径 A*B*C 根本不是理解为什么覆盖的异常案例显示结果 Y 的良好参考点，因为根据定义，这些案例是该路径的不良实证实例。而且仅仅知道它们不是路径 A*B*C 的成员，对于案例内分析来说并不是一个足够好的起点，我们建议根据上文确定最能描述覆盖的异常案例的真值表行，并将它们与来自同一行的个别不相关案例进行比较。

11.4.3　后 QCA 案例选择原则

后 QCA 案例选择策略受到原则列表的控制（Schneider and Rohlfing，in press）。其中一些适用于清晰集 QCA 和模糊集 QCA，其他只适用于模糊集 QCA。其中一些适用于单个和比较内部案例分析，而其他则适用于比较案例研究。除非另有明确说明，每个原则都适用于必要性和充分性的分析。

---

① 这是因为通过删除条件 C，不仅覆盖的异常案例，还可能有一些个别不相关的案例会在 XY 图中向右移动，将后者变成路径 A*B 的一致性的异常案例。

表 11.3　后 QCA 案例选择原则

	清晰集 QCA 和模糊集 QCA	模糊集 QCA
单一案例和比较过程追踪	多样案例选择原则:选择至少一个案例来代表每个解项。 唯一成员原则:选择只被一个术语所覆盖的案例。 充分性真值表原则:对于选择一个异常案例进行分析,需要确定该案例属于哪一个真值表行。	最大集合成员原则:最典型的案例在子集和超集中显示最大的集合成员评分。 最大集合成员差异原则:最异常的案例在子集和超集中显示最大的集合成员差异。 程度差异原则:只应在相似种类且位于次对角线同一侧的案例之间建立程度差异。
比较过程追踪	正面结果原则:至少有一个案例必须是比较过程追踪中结果的成员。 必要性的真值表原则:当比较一个典型案例和一个个别不相关的案例时,选择两个案例,在必要条件和结果的隶属值上有所不同,但在构成真值表的所有其他条件上具有相同的定性隶属值。	种类偏差原则:选择与典型案例在它们对超集的隶属值上有质的不同的异常案例。 最大-最大差异原则:当比较两个典型案例或一个典型案例与一个个别不相关的案例时,最大化案例在超集和子集的隶属值上的差异。 最大-最小差异原则:当比较一个典型案例与一个异常案例时,将案例在超集的隶属值上的差异最大化,在子集上的差异最小化。

　　表 11.3 包含了所有 11 个原则。在理论上,它们并不是互斥的。这意味着在理想条件下,研究人员能够执行符合所有原则的集合论多方法研究。然而,在实践中,有限的时间精力和不完整的数据可能要求在遵循某些原则和不遵循其他原则之间进行选择。例如,研究人员可能没有时间对所有类型的典型和异常案例进行内部案例分析,或者,数据可能不包含适用于上述比较内部案例策略之一的案例。

概览:集合论方法和案例选择

　　QCA 的结果为随后的案例选择提供了有用的线索。我们可以分别定义一致性和覆盖率的典型案例、个体不相关案例和异常案例。除了对各种类型案例的内部案例分析,我们建议比较分析两个典型案例，以揭示将条件与结果相连的因果机制；通过与典型案例比较，分析一致性异常案例以确定正在研究的充分路径；比较覆盖率异常案例和属于相同真值表行的个体不相关案例，以确定分析中缺少的条件和公式中缺少的充分路径。其他几种类型的比较是徒劳的：一致性异常案例与个体不相关案例之间的比较；一致性异常案例与覆盖率异常案例之间的比较；以及覆盖率异常案例与典型案例之间的比较。

　　这个概览阐述了在进行 QCA 后选择案例时应记住的一些基本概念。我们提出的所有论点同样适用于清晰集 QCA。仅当研究人员不仅想要确定典型和异常案例，而且还想要确定最典型和最异常的案例时，才需要使用模糊集 QCA(Rohlfing and Schneider，in press)。为简单起见，我们并未讨论因等效性而产生的案例选择问题，或者当跨案例分析是必要性而不是充分性时的问题(Schneider and Rohlfing，in press)。此外，我们专注于与模型相关的异常原因。不用说，案例内研究也可以帮助我们识别其他潜在的偏差来源，例如概念形成错误、测量误差或人数设定错误。然而，后者的偏差来源通常在 QCA 研究的前阶段处理，而与模型相关的偏差原因更多与我们在这里关注的 QCA 之后的阶段有关。

12 回顾与展望

12.1　回顾：本书的要点

本书从一个总体观察出发,介绍了社会科学中普遍存在的有关集合关系的论述。集合论方法是相关性方法的重要补充。我们将集合论方法定义为那些在研究社会现实时基于集合而非变量操作的方法;通过集合关系而不是协变关系来建立现象之间的模型关系;强调充分条件和必要条件及其推导的 INUS 和 SUIN 条件,从而揭示因果复杂模式的对等性、联合因果性和非对称性因果关系。在集合论方法家族中,QCA 通过明确使用真值表、应用逻辑最小化原则以及对其结果的因果解释感兴趣而得以区分。我们将清晰集 QCA 和模糊集 QCA 作为QCA 的两个主要变体进行重点研究,其中清晰集 QCA 是模糊集 QCA的一个特例。多值 QCA 和时间 QCA 是主要 QCA 变体的扩展之一。

在第 1 章中,我们展示了如何定义集合以及如何校准集合隶属值。第 2 章介绍了集合论、布尔代数和命题逻辑的主要原则——QCA 的三个基础,为分析奠定了基础。在第 3 章中,我们详细阐明了充分性和必要性的基本概念,这是任何集合论分析的核心。第 3 章的一个重要发现是,充分性和必要性都表示子集关系,并且这种子集关系适用于清晰集和模糊集。此外,我们还指出,必要和/或充分条件分析不可避免地要接受因果复杂性,在集合论方法中,这是以对等性、联合因果性和非对称性因果关系来定义的。在第 4 章中,我们解释了构建基于隶属值数据矩阵的真值表所需的三个步骤：首先，定义真值表行（即条件的逻辑可能组合）；其次，将案例分配到最适合它们的单个真值表行；最后，对于每个真值表行，结果值必须通过测试它是否为感兴趣的结果的一个子集来确定。通过这个测试的行代表充分条件。随后，QCA 会对真值表进行逻辑最小化。该过程的结果得到了充分条件的解公式，这是任何 QCA 的一个重要目标。

第 5 章讨论了真值表行不一致的问题，即当一些真值表行不是结果的完全子集时的情况。我们引入一致性参数作为评估真值表行是否应被视为充分条件（因此在逻辑最小化中包括或删除）的工具。一旦一个集合通过了一致性的正式测试，充分条件的覆盖率参数表达了这个条件对结果的解释程度。我们展示了如何计算必要条件的一致性和覆盖率，并认为覆盖率参数表达了必要条件的相关性。

在第 6 章中，我们讨论了 QCA 中另一个随处可见的现象，也出现在其他类型的实证社会研究中，即不完整真值表相关的种种问题：有限多样性。当一个或多个真值表行不包含足够的实证证据时，就会产生所谓的逻辑余数。在这种情况下，取决于对这些余项行的处理方式，真值表的逻辑最小化会得出多个解公式。我们展示了这些解项从未违背实证证据。然而，它们在复杂程度上存在差异，因此有时看起来相当不同，并有助于在实质性结论中进行不同的强调。所有这些都需要透明的策略来合理处理逻辑余数。我们解释了在 QCA 中，对这种有意识处理的策略包括考虑到关于逻辑余数的假设可以变化的三个维度：集合关系的维度、复杂性的维度和理论适宜性的维度。在 QCA 中，有三个解项起着关键作用：保守解项不基于任何关于逻辑余数的假设；最简约解项基于对许多甚至所有逻辑余数的简化假设；中间解项基于只有简单的反事实，并且在集合关系和复杂性方面介于前两种解项之间。第 7 章介绍了所谓的真值表算法，作为目前在 QCA 中分析数据的流行模式。

本书的其他部分超越了 QCA 的默认操作方法。在第 8 章中，我们确定了使用标准分析程序处理有限多样性时可能遇到的各种缺陷。我们证明了最简约解项，甚至中间解项都可能基于不可靠假设。我们还提出了各种策略来识别并避免这些假设,从而得到我们所谓的增强标准分析程序。我们鼓励研究人员更直接、更有意识地处理逻辑余数,并根据理论推理进行反事实推断,而不管这些反事实是否有助于简洁性——我们称之为理论引导的增强标准分析策略。

在第 9 章中,我们讨论了在同时分析必要条件和充分条件时可能存在的缺陷。我们展示了充分解公式可能会暗示存在并非真正必要的必要条件(虚假必要条件),并且一些真正必要的条件可能会在充分解公式中消失(隐藏必要条件)。如果将必要条件和充分条件分别在两个分析步骤中进行分析,最好是先分析必要条件,就可以避免错误的结论。与必要条件和充分条件的分析相关的缺陷还包括由于隶属值不平衡而引发的问题。文献已经讨论了微不足道的必要条件的问题。我们证明了对于必要性的标准覆盖率公式只能部分解决这个问题,并且当前备选的衡量相关性的方法在不完全一致的子集关系的常见场景中效果较差。因此,我们提出了一种新的公式来经验性评估必要条件的相关性和微不足道性。作为隶属值偏斜的进一步后果,我们还讨论了同时子集关系的现象,这种现象只会影响模糊集,并提出了可能的检测方法。在最后一节中,我们展示了隶属值偏斜引发的潜在缺陷,远远超出了当前文献所讨论的范围。

在第 10 章中,我们介绍了 QCA 的进一步变体。多值 QCA 通过使用不同类型的集合与清晰集 QCA 和模糊集 QCA 区分开来,而两步 QCA 和时间 QCA 可与清晰集和模糊集甚至多值"集合"一起使用。在对多值 QCA 的讨论中,我们对它能够比传统 QCA 产生更少的逻辑余数的观点提出了质疑,并对多值 QCA 实际上是否是集合论性质表示了一些怀疑。我们将时间 QCA 作为目前最规范化的将时间整合到 QCA 中的策略提出来。其他更非正式的策略也存在,但是一旦将时间视为因果相关因素,所有这些策略将面临指数级增加的复杂性之谜。

第 11 章的目标是阐明 QCA 作为一种技术的良好实践标准与作为一种方法的良好实践标准相遇时所涉及的各种问题。我们首先提供了进行良好 QCA 的步骤,其中还包括了与 QCA 相关的四个软件包的概述:fsQCA 2.5、Tosmana 1.3.2、R 和 STATA。然后,我们从集合论的角度讨论了任何比较社会研究中的三个核心问题:稳健性、理论评估和案例选择原则。关于稳健性测试,我们提出了一个观点,即集合论方法不能豁免这些测试,但这些测试在非集合论方法中与众不同。我们看到,结果公式的校准、一致性阈值和案例选择的变化是最具影响力的。尽管具体效果在很大程度上取决于手头数据的具体情况,但大多数修改只会产生较小的效果。关于理论评估,我们认为这与测试理论不同,它包括分析可以在先有的理论直觉和 QCA 生成的实证发现之间形成的不同交叉点。在这样做时,我们认为重要的是认识到解项常常无法实现完美的一致性和覆盖率。在关于案例选择的部分,我们的主要观点是,在进行 QCA 之后,有意义的案例选择必须考虑到因果复杂性的组成部分——对等性、联合因果性和非对称性——以及一致性和覆盖率之间的概念差异。这导致了对不同类型的异常和典型案例的定义,其选择用于后续的个案分析受到多种集合论案例选择原则的规范。

12.2　迷思和误解

我们的书往往隐含地,有时明确地回应了一些关于 QCA 的普遍迷思和误解。我们简要列出其中一些,以期进一步促进有益的对 QCA 的批判性辩论。这份列表虽然可能不完整,但包含了我们在教学活动和与同事的讨论中最常遇到的问题。

QCA 在默认情况下并不是一种确定性的方法。随着拟合参数的引入,尤其是一致性参数,QCA 可以准确地允许与完全充分性和完全必要性的偏离。此外,"使用模糊值而不仅仅是二分的清晰集合"可以看作对抗确定性的一种防御。当判断给定的子集关系偏离是否足以拒绝该子集关系时,研究人员当然可以使用统计显著性检验(例如,Ragin, 2000:ch.4; Braumoeller and Goertz, 2003; Eliason and Stryker, 2009)。除此之外,我们认同马奥尼(Mahoney, 2003: esp. 339—353)和阿德科克(Adcock, 2007)对确定性概念的深思熟虑的辩护。

清晰集 QCA 和模糊集 QCA 并没有很大的区别。对于 QCA 的这两个变体,所有关键的分析步骤同样有效。因此,我们强调以下几个观点:首先,我们不鼓励文献中有时遇到的人为区分。其次,它打消了选择 QCA 变体的驱动因素是现有案例数量的迷思。最后,在可能的情况下,我们应该尽量使用多值 QCA,因为它允许对案例之间进行更精细的区分,在子集关系评估中更保守,并且可以方便地在分析中整合出一些清晰集条件。

与案例数量相关的,还有两个误解需要消除。首先,QCA 不是一种小样本(small-N)方法。实际上,如果案例数量非常少,比如小于十个,那么 QCA 将失去其与传统比较案例研究相比的大部分优势。当案例数量非常少时,逻辑余数的数量将很高,我们几乎无法实现真值表的逻辑最小化,而且每个真值表行所确定的路径通常只涉及一个案例。简而言之,QCA 不能解决普遍存在的"少样本、多变量"问题(Lijphart,1971:687;King et al.,1994:ch.6)。我们建议,在样本数量很少的情况下,研究人员应将其实证证据排序并绘制成真值表。但在此之外,不需要将 QCA 的整个技术工具库提到前台。与案例数量相关的第二个问题是,QCA 可以成为一种大样本(large-N)方法。应用于相同的大样本数据集时,QCA 确实会产生与相关统计方法不同的结果。如果研究人员对因果复杂性有合理的兴趣,这些因果复杂性由对等性、联合因果性和非对称性定义,那么这些 QCA 结果可能揭示使用其他方法时可能隐藏的洞见(例如,Grendstad,2007;Ragin and Fiss,2008;Glaesser and Cooper,2010)。当然,大样本 QCA 可能需要对标准协议进行一些调整。最重要的是,在评估子集关系时可以应用统计显著性的概念,并且可以将焦点从具体案例转移到案例类型,特别是在分析个体层面数据时。

QCA 的结果并不是随意的。虽然同一个真值表存在多个解项。这是因为不同的解项主要来源于对逻辑余数的不同假设,而这些假设从未与现有的经验证据相矛盾,所以解公式虽然看起来不同,但彼此之间通常处于完全子集关系。

12.3　展望：未来几年的任务和发展

　　本书必然更多地关注 QCA 作为一种数据分析技术的各个方面，但 QCA 的第二个重要支柱——也是一种研究方法——不应被忽视（Rihoux and Lobe，2009；Rihoux and Ragin，2009）。如果仅被用作另一种现成的数据分析技术，并让用户误以为唯一重要的是搞清楚所有技术细节，然后追求一致性和覆盖率的高值，那么 QCA 将失去很多力量和吸引力。

　　我们在本书的多个章节都在强调把 QCA 看作研究方法是成功的关键，即使当我们将 QCA 作为技术方面进行深入讨论时也清楚显示了这一观点。这些对 QCA 作为研究方法的最直接的例子可以在第 11 章中找到，包括在案例选择的集合论原则（第 11.4 节）、理论评估（第 11.3 节）和稳健性测试（第 11.2 节）的讨论中都有涉及。所有这些主题都涉及将 QCA 作为一种技术与 QCA 作为研究方法联系起来时出现的问题，并且不能仅通过添加一些技术调整来解决。此外，在阐明避免潜在缺陷的解决方法时（第 8 章和第 9 章），我们超越了算法的纯应用，指出了研究人员对他们的案例更直接的理论和实质性的参与，这在其他更基本的步骤（如校准，第 1.2 节）中也非常重要。所有这些都表明，良好的 QCA 在分析前后必须仔细注意研究阶段，并将这些阶段与"思想和证据之间的对话"（Ragin，2000）适当地联系起来。

　　我们在本书中提出的几个其他问题是基于将 QCA 主要视为研究方法。例如，我们认为关于是否应用 QCA 的基本决策，与非集合论方法相比，应该基于理论和实质性的理由，而不是现有案例的数量。如果因果复杂性的假设在特定的研究领域中是有意义的，那么集合论方法是合理的方法选择——不论案例数量如何。如果这样的假设不合理，那么集合论方法将不是一个好的选择——无论案例数量如何。此外，我们再三强调，尽管应用 QCA 中的拟合参数非常有用，但研究人员不应忽视案例。简单地报告一致性和覆盖率的数值不如确定对一致性或覆盖率不完美有所贡献的案例,并对它们进行案例内分析。我们还明确指出,在良好的 QCA 中,数据不属于"不可触摸"的阶层。若要认真对待思想和证据之间的来回交流要求,研究人员在研究过程中必须被允许修改他们的数据。这通常是通过对案例选择、概念形成和校准以及模型规格的调整来实现的。从 QCA 作为一种技术和方法的双重性质可以清楚看出,QCA 本质上是一种多方法的研究。

延续第 11 章中的主题,我们想展望一下 QCA 未来的发展方向。未来的研究将开发更多关于稳健性检验的见解,并最终提出甚至旨在指导优秀 QCA 实践的标准程序。未来的研究也可以将时间作为一个相关的分析类别进行整合,既通过更好地利用已经存在的工具(如时间 QCA),也通过提供关于如何在不失去对属性空间的控制的情况下对与时间相关的特征提出因果相关性的观点。另一个研究方向是对集合论案例选择原则的进一步规范,这个方向已经在进行中(例如,Schneider and Rohlfing,in Press)。通过恢复和发展拉金(Ragin,1987)关于集合论理论评估的早期思想,我们希望激发读者更多地思考这个社会科学方法论中的重要而普遍的问题。

其他章节中也包含需要进一步思考的辩论。例如,我们对逻辑余数的深入思考,被压缩成了我们所谓的增强标准分析程序(第 8.2.4 节)。未来我们可以对增强标准分析程序进行更多实际测试。如果事实发现,在绝大多数情况下,当前的标准分析程序能够正确排除所有不可接受的假设,那么我们提出的改进建议将是多余的,尽管我们对此表示怀疑。同样地,我们围绕偏斜的集合隶属值的缺陷进行的辩论——涉及必要条件和充分性的同时子集关系——只有在足够多的研究人员发现在他们的研究中这些"缺陷"确实是有缺陷推论的潜在来源时,才具有实际的相关性。因此,我们希望更多应用 QCA 的研究人员能够利用 PRI 和 PRODUCT 参数,以及各种相关的必要条件公式,其中包括我们在第 9.2.1.2 节中提出的公式。

大部分未解决的方法论挑战是概念性的。一旦解决,它们需要在相关的软件包中进行实施用于集合论分析。过去几年,研究人员在这方面取得了很大的进展。由拉金开发的 fsQCA 2.5 软件通常是集合论分析创新的先驱者。该软件在过去几年中不断改进，并将继续是进行良好 QCA 的必备工具。然而，我们预见到一个趋势，越来越多的学者将把目光转向替代方案，尤其是 R 平台。R 是免费软件，具有灵活、强大、可靠、稳定、基于语法和开源的特征。随着 R 成为使用集合论方法的学者通用工具的数量增加，对开发允许最先进分析的软件包的需求变得越来越重要（Thiem and Dusa，2012）。Tosmana（不是开源）和 Stata（不免费）将继续是有用的附加工具，但我们预测它们不会成为 QCA 的主要软件包。我们的印象是，在 Stata 和 R 中实施 QCA 与社会科学中更具量化思维的学者对 QCA 的认可有关。作为间接证据，我们记得有位同事告诉我们（我们认为他只是半开玩笑地说），因为现在 Stata 中存在"模糊"的 ado 文件，所以他愿意将 QCA 视为真正的方法。总的来说，我们认为软件选项的扩展将对提高 QCA 的水平做出积极贡献。除了上述 R（和 Stata）的一般优点外，我们希望更多高级定量学者加入关于 QCA 的优点和缺点的辩论，以带来新鲜而建设性的见解。

这里可能涉及一个问题，即集合论方法（一般），特别是 QCA 方法，是如何与潜在的结果模型（也称为实验模板或 Neyman-Rubin-Holland 因果模型；参见，例如，Morgan and Winship，2007）相关的。现有研究在这个方向上已经进行了一些尝试（King and Powell，2008；Mahoney，2008；Goertz and Mahoney，2012；Yamamoto，2012），但还远远不够。我们怀疑，如果集合论特定于方法的概念（如一致性和覆盖率、简化假设等）能够转化为潜在结果框架，这将有助于来自不同研究传统的学者之间的交流——这永远是件好事。即使某些概念无法翻译，并且因此 QCA 和其他集合论方法无法归入潜在结果模板，这也将是一个积极的贡献，因为这将澄清差异和相似之处，并避免未来的误解。

对于社会科学方法论教材来说，最后这一段可能让读者感到奇怪，但我们希望利用这最后的机会警告那些有可能过于迷恋方法的读者。记住，方法只是进行良好社会科学研究的工具。方法论技能只是优秀社会科学家的一个特征；将它们提升以牺牲其他能力——语言技巧、理论知识和/或对外部世界中发生的事情的纯粹好奇心——是不可取的。方法论意识决定了高质量的学者,方法论偶像崇拜则不是。努力以正确的方式应用方法是一项义务,但不应以牺牲社会研究的其他相关目标为代价。无论如何,研究人员在研究的几乎每个阶段都会面临权衡,需要在标准的完美之间做出艰难的决策。由于它们依赖于理论思想和经验证据之间的不断对话,集合论方法(一般),特别是 QCA 方法,一方面关注技术问题,另一方面专注于研究案例,这样更能够实现更健康的平衡。我们希望本书有助于确定应用集合论方法时存在的权衡,并有助于找到做出明智决策的策略。如果是这样,那么 QCA 方法就使方法论过于追求完美的威胁得到避免,并为方法论和实证进展的事业提供了良好的服务。

术语表

加法,布尔/模糊	参见"逻辑或"。
算术余数	当逻辑上可能的条件组合的数量(另请参见"配置")超过现有的案例数量时发生的逻辑余数。
关联性	当操作符保持不变时,单个集合的组合顺序是无关紧要的。 $(A^* B)^* C = A^* (B^* C) = (A^* C)^* B$ $(A+B)+C = A+(B+C) = (A+C)+B$。
假设	声称给定的逻辑余数能够得出结论,因此随后将其包含在逻辑最小化过程中。另请参见"反事实"和"简化假设"。
非对称性	意味着(1)归因于条件的因果作用总是仅涉及条件集可能找到的两种定性状态之一——存在或不存在;(2)任何解决方案术语总是仅涉及结果集可能找到的两种定性状态之一——存在或不存在。这两种形式的非对称性是集合论方法中的一个事实的结果,即集合的存在和其否定表示两种定性不同的现象。充分性和必要性是典型的非对称关系。
校准	将集合隶属值分配给案例的过程。
因果复杂性	由对等性、联合因果性和非对称性组成。
聚集余数	逻辑余数是因为社会现实由历史、社会、文化和其他过程所构成。

交换律   两个或多个集合通过逻辑和与逻辑或连接的顺序无关紧要。

$A * B = B * A$

$A + B = B + A$。

这个规则不适用于否定和蕴涵。

补集   包含所有不属于原始集合的案例的集合。在模糊集中,同一个案例可以同时在集合和其补集中具有部分隶属值(参见"排中律"),但这种部分隶属值只会在两个集合中的一个中超过定性锚点 0.5。

复杂解项   与保守解项同义。注意:"复杂"可能会引起误解,因为复杂解项不是最复杂的术语,而是所有其他可能解项的子集。另请参见"最简约解项"和"超集解项"。

条件   用来解释结果的因素。在集合论方法中,有不同类型的条件,如必要条件、充分条件、SUIN 条件和 INUS 条件。

配置   描述一组经验观察或假设案例的条件组合(也称为逻辑余数)。

组合   当所有组成部分都可以观察到时,组合为"真";否则为"假"。另请参见"逻辑和"与"乘法","布尔/模糊"。

在不同的用法中,这个术语也经常用作将多个条件通过逻辑和组合的充分术语或路径的同义词。

联合因果关系   指一个单一条件的效果与其他准确指定的条件相结合展开的情况。

保守解项   指不基于逻辑余数的任何假设的解决方案。它仅基于被认为足以支持结果的真值表行。它是所有其他可能解项的子集。

一致性	表示两个集合中的案例隶属值与其中一个集合是另一个集合的子集（或超集）的陈述相一致的百分比。因此，它指示实证数据与假定的子集关系的一致程度。
矛盾的简单反事实	在对结果的补集进行分析时，简单反事实与已经做出的对同一逻辑余数的假设相矛盾。是不连贯简单反事实的一种子类型。另请参见"不可靠的假设"。
矛盾（简化）假设	在对结果的补集进行分析时，与已经做出的对同一逻辑余数的假设相矛盾的（简化）假设。当这些矛盾假设有助于简洁性时，它们是简化的。它们是不连贯假设的一种类型，而不连贯假设又是不可靠假设的一种形式。 对于确定集合，这些是真值表行或充分条件（X），其中包含具有不同隶属值的案例（参见"逻辑矛盾"）。
矛盾的真值表行/逻辑矛盾	对于模糊集，X 可以是不一致的而不是逻辑矛盾。前者是指一个或多个案例的隶属值在行中超过结果的案例（所谓的不一致案例）。后者是指在两个不一致案例位于定性锚点的两侧的行（行＞0.5；结果＜0.5）。所有逻辑矛盾的案例都是不一致的，但并非所有不一致的案例都是逻辑矛盾的。适用于必要性陈述的案例也是如此。如果某些案例在 X 中的隶属值小于在 Y 中的隶属值，则它们是不一致的。如果此外还有一个或多个案例在 X＜0.5 和 Y＞0.5 中具有隶属值，则它们在逻辑上是矛盾的。
反事实	常用作对逻辑余数的假设的同义词。

覆盖率	评估条件集与结果集之间的大小关系。覆盖率充分性表示充分条件覆盖结果的程度。覆盖率必要性更好地理解为必要条件的相关性和微不足道性。
清晰集	只允许完全成员资格(1)和完全非成员资格(0)的集合。可以看作模糊集的特殊情况。
清晰集 QCA	只能分析清晰集的 QCA 版本。
德摩根定律	提供计算复杂集合论表达式的否定的规则。
异常案例一致性	对于充分性:X>0.5 且 Y<0.5 的案例。对于必要性:X<0.5 且 Y>0.5 的案例。
异常案例覆盖率	仅适用于充分性陈述:X<0.5 且 Y>0.5 的案例。
困难的反事实	对于产生最简约解项有贡献但与定向期望不符的逻辑余数的假设。
直接(方法的)校准	校准程序,基于研究人员所确定的三个定性锚点 0、0.5 和 1 之间的 logit 函数。
定向期望	理论上推导和证明的观点,即在条件存在而不是不存在时,预期单一条件对结果的发生有贡献(反之亦然)。如果这样的期望是针对组合条件而制定的,则称为组合定向期望。
逻辑或	当所有组成部分都可观察时(至少有一个),逻辑或为"真";如果没有任何组成部分可观察,则为"假"。
分配率	如果在同一逻辑表达式中同时使用逻辑与和逻辑或运算符,则可以将各个组合条件进行因式分解:A*B+A*C=A*(B+C)。
简单的反事实	符合定向期望并有助于简约的逻辑余数假设。
增强最简约(中间)解项	不依赖不可行假设的最简约(中间)解项变体。
增强标准分析(ESA)	产生增强最简约解项和增强中间解项。

等终性	允许存在不同的、互不排斥的充分条件或路径来解释结果。
排中律	假设一个案例不能同时属于一个集合和它的补集。不适用于模糊集。
虚假必要条件	作为所有充分路径的一部分，但在必要条件的一致性测试中失败的条件。
功能上等效的必要条件	两个或多个条件表示相同的总体概念。每个条件本身不能通过必要性的一致性测试，但它们的逻辑或组合可以。
模糊化	有时用作模糊集的校准的同义词。
模糊集	允许部分成员资格的集合，除了完全成员资格和完全非成员资格之外。在社会科学中，它使研究人员能够处理概念，其中在定性相似案例之间建立程度差异在概念上是合理的，在经验上是可行的。
模糊集 QCA	能够分析模糊集合的 QCA 版本。由于清晰集合只是模糊集合的一种特殊版本，因此模糊集QCA 也可用于清晰集合。
模糊集隶属值	表示案例在模糊集合中的隶属值程度。
良好的反事实	声称经验上未观察到的条件组合足以导致结果。这种声明基于良好反事实的一组标准，与其是否有助于简洁性无关。一个良好的反事实不能是一个不合理或不连贯的假设。
隐藏的必要条件	作为必要条件一致的条件，但不是所有充分路径的一部分。
理想类型	条件的一种配置（也可参见"真值表行"）。对于清晰集，案例要么完全是理想类型的成员，要么完全不是成员。对于模糊集，案例可以在各种理想类型中具有部分成员资格。
不合理的假设	将不可能余数包含在逻辑最小化中。

不合理的简单反事实	基于不合理的剩余部分进行的简单反事实。
不可能的余数部分	描述一个违背纯形式逻辑(例如,富裕的贫穷国家)或关于世界的常识知识(例如,男性怀孕)的案例的逻辑余数部分。
不连贯的假设	将逻辑余数包含在逻辑最小化中,该逻辑余数要么与必要条件的陈述相矛盾,要么与对结果的补充分析中对同一剩余部分的假设相矛盾[也称为"矛盾(简化)假设"]。
不一致的案例	在集合 X 和 Y 中具有隶属值,但与对条件 X 的必要性或充分性陈述不一致。对于清晰集合,任何不一致的案例也自动成为逻辑矛盾的案例。对于模糊集合,案例可以不一致而不是逻辑矛盾的。
间接(校准方法)	半自动校准过程,建立研究人员强加的初步模糊集隶属值之间的分数逻辑模型。
个别不相关的案例	在 X<0.5 和 Y<0.5 的隶属值下的案例。仅与偏离案例一致性(必要性)或偏离案例覆盖(充分性)相比时,提供分析洞察力。
中间解项	仅基于简单的反事实的解项。它是最简约解项的子集,也比保守解项更复杂。它是保守解项的超集,也比保守解项更简单。
交集	包含那些是所有相交集合的(部分)成员的案例的集合。另请参见"逻辑和"。
INUS 条件	单个条件本身不足以产生结果,但它是一个组合的必要部分,而这个组合本身对于产生结果来说是不必要但充分的。任何至少包含一个逻辑和运算符和一个逻辑或运算符的充分性陈述都包含至少一个 INUS 条件。例如,在术语 $A^{*}B+C^{*}D \rightarrow Y$ 中,每个单一条件(A, B, C, D)都是一个 INUS 条件。

有限多样性	在分析中使用的条件的逻辑可能组合，然而，目前没有足够的经验证据。在真值表中，有限多样性由所有逻辑余数行的集合表示。
逻辑和	创建两个或多个集合之间的交集。案例在此交集中的隶属值由它们在这些集合中的最小值决定。
逻辑矛盾	在充分性框架中，成员属于充分条件或组合的情况下，比成员属于必要条件更多。在必要性框架中，成员属于结果的情况下，比成员属于必要条件更多。
逻辑最小化	根据布尔代数规则总结真值表中包含的信息。可以导出充分性的解公式，但不能导出必要性。参见"奎因-麦克卢斯基算法"。
逻辑或	创建两个或多个集合之间的并集。并集中的成员身份由这些集合中的最大值确定。
逻辑余数	真值表行中没有足够经验证据的案例。"足够的经验证据"是由真值表行中具有完全成员资格（清晰集）和隶属值高于 0.5（模糊集）的最低案例数定义的。
逻辑上冗余的素数蕴涵项	可以从解公式中省略的素数蕴涵项，而不会留下任何未覆盖的原始表达式，即不违反真值表中包含的真值。
最简约解项	在所有逻辑上可能的解项中，使用最少的条件和两个运算符逻辑和与逻辑或的解公式。在存在逻辑上冗余的主蕴涵项的情况下，可能有两个或更多个公式同样最简。
多终结性	同一个单个的 INUS 条件可能对产生结果 Y 的发生和其补集~Y 的发生都具有因果相关性。
乘法，布尔/模糊	参见"逻辑和"。
多值 QCA	在多值变量上操作的 QCA 版本。

必要条件	对于清晰集和日常语言：如果结果存在时条件也存在，则条件是必要的，但可能存在条件成员但不是结果成员的案例。更一般地（对于模糊集）：如果在所有情况下，集合隶属值在其中大于或等于每个案例的结果隶属值，则可以将条件解释为必要条件。
否定，逻辑	由原始集合中的成员值的补集确定。另请参见"互补"。
非发生（结果或条件）	集合（结果或条件）的逻辑否定。有时也称为集合的缺席。
结果	分析中要研究的现象。
简约性	应用于集合论解项，指条件和逻辑和与逻辑或运算符的数量。条件和运算符越少，解项越简约。
路径	对结果足够的条件的逻辑和组合。常用作充分条件的同义词。
PRI	比例减少不一致性的缩写。表示知道给定条件 X 是结果 Y 的子集，而不是 Y、其补集～Y 或 Y 和～Y 的交集的子集有多大帮助。
素数蕴涵式	通过成对比较合取式的逻辑最小化过程得到的最终结果。
PRODUCT	通过乘以原始一致性值和 PRI 值得到。小值表示真值表行既不是结果 Y 的子集，也是 Y 及其补集～Y 的子集。这样的行不应被认为对 Y 充分，因此不应包含在逻辑最小化中。
属性空间	在集合论分析中使用的 k 个条件定义了一个 k 维属性空间，有 2^k 个角。这些角对应于 2^k 个真值表行（也见理想类型）。对于清晰集，每个案例在一个角中具有完全隶属值，在其他角中具有完全非隶属值。对于模糊集，案例可以在所有角中具有部分隶属值，但只有一个角的隶属值高于 0.5。

定性锚点	它们确定了案例在一个集合中隶属值的定性差异，并且需要在校准过程中使用与实证信息无关的标准来建立。0.5 的定性锚点描述了中立点，在这个点上无法确定案例更像是集合的成员还是非成员；0 的定性锚点表示完全非成员资格；1 的定性锚点表示完全成员资格。另请参见"定性不同的集合隶属值"。
定性比较分析（QCA）	最正式的集合论方法，使用形式逻辑和布尔代数分析真值表，并旨在建立必要或充分条件，整合拟合参数（一致性和覆盖率）。存在多种变体：清晰集 QCA、模糊集 QCA、多值 QCA 和时间 QCA。
定性不同的集合隶属值	在定性锚点 0.5 上下的集合隶属值表示定性差异。对于清晰集，具有不同隶属值的案例总是定性不同的。对于模糊集，0.5 定性锚点的对立面上的案例是定性不同的。在 0.5 定性锚点的同一侧的案例在定性上是相同的，但在集合隶属值的程度上可能不同。
奎恩-麦克拉斯基算法	逻辑化简真值表的算法。首先逻辑化简那些足以产生结果且相似的合取式，然后排除逻辑上冗余的素数蕴涵项。
原始覆盖率	等最终解项中的单个充分路径所覆盖的所有案例的百分比。
原始一致性	单个真值表行的一致性。
相关必要性	衡量集合 X 不仅是 Y 的超集（因此表示必要条件），而且它在多大程度上不比 Y 或 ~X 大。如果 X 是 Y 的超集，但比 Y 或 ~X 大得多，或者两者都是，那么 X 不是一个相关的，而是一个微不足道的 Y 的必要条件。

集合隶属值	表示一个案例属于一个集合的数值表达式。对于清晰集合,只有完全成员和完全非成员是可能的。对于模糊集合,可以表示成员程度,然而,仍然保持在隶属值更高还是更低的案例之间的定性区别。
集合论方法	通过集合及其关系的概念来分析社会现实的方法。可以模拟因果复杂性,用对等性、联合因果性和非对等性来表达。QCA 是集合论的一种方法,但不是唯一的方法。
简化假设	对于逻辑余数的假设,得到的解项比保守解项更简单。
解覆盖率	解项所覆盖的所有案例的百分比。
解公式/项	真值表分析的结果(另请参见"逻辑最小化")。通常由多个路径组成(另请参见"等终性")。
标准分析	产生最简约解项、中间解项和保守解项。另请参见"增强标准分析"。
SUIN 条件	单个条件,是逻辑或组合中不必要的部分,反过来又是不充分的,但对结果是必要的。任何包含至少一个逻辑和与一个逻辑或运算符的必要性陈述都包含至少一个 SUIN 条件。在 $(A+B)^*(C+D) \leftarrow Y$ 中,条件 A、B、C 和 D 都是 SUIN 条件。
充分条件	对于清晰集和日常语言:如果条件存在,则结果也存在,但可能存在属于结果但不属于条件的案例。更一般地说(对于模糊集):如果在所有情况下,条件的集合隶属值小于或等于每个案例在结果中的隶属值,则条件可以被解释为充分条件。
超集解项	逻辑最小化的结果,包括所有逻辑余数。该公式是从真值表中推导出的所有逻辑可能解项的超集,而不违反其真值。

时间 QCA	传统 QCA 的修改版本,包括表示两个或多个单个条件的时间顺序的条件。例如,A/B 表示 A 发生在 B 之前。
可接受的假设	对于逻辑余数而言,无论是否有助于简约性,都不是不合理或不连贯的假设。
理论引导的增强标准分析(TESA)	增强标准分析(ESA)的扩展:还允许不对简约性有贡献的良好反事实。
相等的冗余素数蕴涵项	在两个或多个素数蕴含项在逻辑上冗余的情况下,有些素数蕴涵项需要保留以保持解公式的真值,而不是全部保留。
微不足道的必要性	参见"相关性的必要性"。
真正的逻辑矛盾案例	对于清晰集,所有在 X 和 Y 的隶属值与必要性或充分性的假定子集关系不一致的案例,都是真正的逻辑矛盾案例。对于模糊集,只有那些在 X 和 Y 中的隶属值不一致的案例,才是真正的逻辑矛盾的案例,它们在 X 和 Y 中分别具有不同的质量。
真值表	是任何 QCA 的核心。它包含研究人员根据 k 个条件的 2^k 个逻辑可能组合(也称为真值表行)将案例分类的经验证据。每一行与结果相关联的可以解释为充分性的陈述。
真值表算法	描述了充分性分析的顺序。首先,将案例的经验信息表示为真值表。其次,将行分类为充分、不充分或逻辑余数。最后,被视为充分的行包括在逻辑最小化中。适用于清晰集和模糊集。
两步 QCA	(清晰、模糊和多值)QCA 的变种,其中条件被分为远程因素和近程因素,然后在后续步骤中进行分析。

典型案例	对于充分性：X＞0.5 且 Y＞0.5，并且 X＜Y 的案例。对于必要性：X＞0.5 且 Y＞0.5，并且 X＞Y 的案例。
未覆盖的案例	对于充分性：Y＞0.5 且 X＜0.5 的案例。参见"异常案例覆盖"。
并集，布尔/模糊	参见"逻辑或"。
独特覆盖	由等终解项的单个路径唯一覆盖的所有案例中的结果的集合隶属值的百分比（参见"等终性"）。
独特的案例	在结果的隶属值大于 0.5 且只在一个隶属值大于 0.5 的充分路径中。
不可靠的假设	对逻辑余数的假设要么不可信，要么不连贯。
维恩图	使用重叠的圆表示集合及其关系的图形表示方法。
XY 图	在 X 轴上显示每个案例在（单一或联合的）条件上的模糊隶属值，在 Y 轴上显示结果的隶属值的图。通常在 X＝Y 处画一条对角线，以便检测子集关系。有助于评估充分和必要条件，以及识别案例类型（另请参见"典型案例""异常案例"和"个别无关案例"）。

参考文献

Abbott, Andrew 2001. *Time Matters: On Theory and Method*. University of Chicago Press.

Achen, Christopher 2005. "Let's Put Garbage-can Regressions and Garbage-can Probits Where They Belong." *Conflict Management and Peace Science* 22: 327—339.

— 2008. "Registration and Voting under Rational Expectations: The Econometric Implications." Paper presented at the Summer Meeting of the Society for Political Methodology, Ann Arbor, MI.

Adcock, Robert 2007. "Who's Afraid of Determinism? The Ambivalence of Macro-historical Inquiry." *Journal of the Philosophy of History* 1(3): 346—364.

Adcock, Robert, and Collier, David 2001. "Measurement Validity: A Shared Standard for Qualitative and Quantitative Research." *American Political Science Review* 95:529—546.

Altman, David, and Perez-Linan, Anibal 2002. "Assessing the Quality of Democracy: Freedom, Competitiveness and Participation in Eighteen Latin American Countries." *Democratization* 9:85—100.

Amenta, Edwin, and Poulsen, Jane D. 1994. "Where to Begin. A Survey of Five Approaches to Selecting Independent Variables for Qualitative Comparative Analysis." *Sociological Methods & Research* 23:22—53.

Amenta, Edwin, Caren, Neal, and Olasky, Sheera J. 2005. "Age for leisure? Political Mediation and the Impact of the Pension Movement on U.S. Old-age Policy." *American Sociological Review* 70:516—538.

Barton, Allen H. 1955. "The Concept of Property Space in Social Research." In Paul F. Lazarsfeld and Morris Rosenberg(eds.), *The Language of Social Research: A Reader in the Methodology of the Social Sciences*. New York and London: The Free Press, pp.40—53.

Baumgartner, Michael 2008. "Uncovering Deterministic Causal Structures: A

Boolean Approach." *Synthese* 170(1):71—96.

2009. "Inferring Causal Complexity." *Sociological Methods & Research* 38 (1):71—101.

Bennett, Andrew, and Elman, Colin 2006. "Complex Causal Relations and Case Study Methods: The Example of Path Dependence." *Political Analysis* 14: 250—267.

Berg-Schlosser, Dirk, and De Meur, Gisèle 1997. "Reduction of Complexity for Small-N Analysis: A Stepwise Multi-methodological Approach." *Comparative Social Research* 16:133—162.

2008. "Comparative Research Design: Case and Variable Selection." In Rihoux and Ragin(eds.), pp.19—32.

Berg-Schlosser, Dirk, De Meur, Gisèle, Rihoux, Benoît, and Ragin, Charles C. 2008. "Qualitative Comparative Analysis (QCA) as an Approach." In Rihoux and Ragin(eds.), pp.1—18.

Blatter, Joachim, Kreutzer, Matthias, Rent, Michela, and Thiele, Jan. 2009. "Preconditions for Foreign Activities of European Regions: Tracing Causal Configurations of Economic, Cultural, and Political Strategies." *Publius: The Journal of Federalism* 40:171—199.

Bollen, Kenneth A., Entwisle, Barbara, and Alderson, Arthur S. 1993. "Macro-comparative Research Methods." *Annual Review of Sociology* 19:321—351.

Brady, Henry E. 2008. "Causation and Explanation in Social Science." In Janet Box-Steffensmeier, Henry E. Brady, and David Collier(eds.), *The Oxford Handbook of Political Methodology*. Oxford University Press, pp.217—270.

2010. "Data-set Observations and Causal-process Observations: The 2000 U. S. Presidential Election." In Brady and Collier(eds.), pp.237—242.

Brady, Henry E., and Collier, David(eds.) 2004. *Rethinking Social Inquiry: Diverse Tools, Shared Standards*. Lanham, MD: Rowman & Littlefield.

Brady, Henry E., and Collier, David 2010. *Rethinking Social Inquiry: Diverse Tools, Shared Standards*, 2nd edn. Lanham, MD: Rowman & Littlefield.

Brady, Henry, Collier, David, and Seawright, Jason 2004. "Refocusing the Discussion of Methodology." In Brady and Collier(eds.), pp.3—20.

Brambor, Thomas, Clark, William, and Golder, Matt 2006. "Understanding Interaction Models: Improving Empirical Analyses." *Political Analysis* 14: 63—82.

Braumoeller, Bear F. 1999. "Statistical Estimation in the Presence of Multiple Causal Paths." Paper presented at the Annual Meeting of the Midwest Political Science Association, Chicago, IL.

2003. "Causal Complexity and the Study of Politics." *Political Analysis* 11: 209—233.

2004. "Hypothesis Testing and Multiplicative Interaction Terms." *International Organization* 58:807—820.

Braumoeller, Bear F., and Goertz, Gary 2000. "The Methodology of Necessary Conditions." *American Journal of Political Science* 44:844—858.

2002. "Watching Your Posterior: Sampling Assumptions, Falsification, and Necessary Conditions." *Political Analysis* 10:198—203.

2003. "The Statistical Methodology of Necessary Conditions." In Goertz and Starr(eds.), pp.197—223.

Cappocia, Giovanni, and Kelemen, Daniel 2007. "The Study of Critical Junctures, Theory, Narrative, and Counterfactuals in Historical Institutionalism." *World Politics* 59:341—369.

Caramani, Daniele 2009. *Introduction to the Comparative Method with Boolean Algebra*. Thousand Oaks, CA: Sage Publications.

Caren, Neal, and Panofsky, Aaron 2005. "TQCA. A Technique for Adding Temporality to Qualitative Comparative Analysis." *Sociological Methods & Research* 34:147—172.

Cioffi-Revilla, Claudio 1981. "Fuzzy Sets and Models of International Relations." *American Journal of Political Science* 25(1):129—159.

Clark, William R., Gilligan, Michael J., and Golder, Matt 2006. "A Simple Multivariate Test for Asymmetric Hypotheses." *Political Analysis* 14: 311—331.

Clarke, Kevin A. 2002. "The Reverend and the Ravens: A Response to 'Testing for Necessary and/or Sufficient Causation: Which Cases Are Relevant?'" *Political Analysis* 10:194—197.

Collier, David 1998. "Comparative Method in the 1990s." *CP: Newsletter of the Comparative Politics Organized Section of the American Political Science Association* 9:1—5.

2011. "Understanding Process Tracing." *PS: Political Science & Politics* 44:823—830.

Collier, David, and Levitsky, Steven 1997. "Democracy with Adjectives: Conceptual Innovation in Comparative Research." *World Politics* 49:430—451.

Collier-Berins, Ruth, and Collier, David 1991. *Shaping the Political Arena Critical Junctures, the Labor Movement, and Regime Dynamics in Latin America*. University of Notre Dame Press.

Cooper, Barry, and Glaesser, Judith 2011a. "Paradoxes and Pitfalls in Using

Fuzzy Set QCA: Illustrations from a Critical Review of a Study of Educational Inequality." *Sociological Research Online* 16, www.socresonline.org.uk/16/3/8.html.

2011b. "Using Case-based Approaches to Analyse Large Datasets: A Comparison of Ragin's fsQCA and Fuzzy Cluster Analysis." *International Journal of Social Research Methodology* 14:31—48.

Cronqvist, Lasse 2005. "Introduction to Multi-value Qualitative Comparative Analysis(MVQCA)." *COMPASSS working paper No.4.*

2006. "Tosmana—Tool for Small-N Analysis [SE Version 1.25]."

Cronqvist, Lasse, and Berg-Schlosser, Dirk 2006. "Determining the Conditions of HIV/AIDS Prevalence in Sub-Saharan Africa. Employing New Tools of Macro-Qualitative Analysis." In Rihoux and Grimm(eds.), pp.145—166.

2008. "Multi-value QCA(mvQCA)." In Rihoux and Ragin(eds.), pp.69—86.

De Meur, Gisèle, and Rihoux, Benoît 2002. *L'Analyse Quali-Quantitative Comparèe. Approche, Techniques et Applications en Sciences Humaines.* Louvain-La-Neuve: Bruylant Academia.

De Meur, Gisèle, Rihoux, Benoît, and Yamasaki, Sakura 2009. "Addressing the Critiques of CCA." In Rihoux and Ragin(eds.), pp.147—165.

Dion, Douglas 2003. "Evidence and Inference in the Comparative Case Study." In Gary Goertz and Harvey Starr (eds.), *Necessary Conditions: Theory, Methodology, and Applications.* Lanham, MD: Rowman & Littlefield, pp.127—145.

Dogan, Mattei 1994. "Use and Misuse of Statistics in Comparative Research. Limits to Quantification in Comparative Politics: The Gap between Substance and Method." In Ali Kazancigil and Mattei Dogan(eds.), *Comparing Nations: Concepts, Strategies, Substance.* Oxford: Blackwell, pp.35—71.

Dunning, Thad 2010. "Design-based Inference: Beyond the Pitfalls of Regression Analysis?" In Brady and Collier(eds.), pp.273—311.

Dusa, Adrian 2009. "QCAGUI: QCA Graphical User Interface." R package version 1.3—7. http://CRAN.R-project.org/package=QCAGUI.

2010. "QCA: Qualitative Comparative Analysis." R package version 0.6—5. http://CRAN.R-project.org/package=QCA.

Eckstein, Harry 1975. "Case Study and Theory in Political Science." In Fred Greenstein and Nelson W. Polsby(eds.), *Handbook of Political Science.* Reading, MA: Addison-Wesley, pp.79—137.

Eliason, Scott R., and Stryker, Robin 2009. "Goodness-of-fit Tests and Descriptive Measures in Fuzzy-set Analysis." *Sociological Methods & Research* 38: 102—146.

Elman, Colin 2005. "Explanatory Typologies in Qualitative Studies of International Politics." *International Organization* 59:293—326.

Emmenegger, Patrick 2011. "Job Security Regulations in Western Democracies: A Fuzzy Set Analysis." *European Journal of Political Research* 50:1—29.

2012. "How Good Are Your Counterfactuals? Assessing Quantitative Macro-comparative Welfare State Research with Qualitative Criteria." *Journal of European Social Policy* 21(4):365—380.

Fiss, Peer C. 2007. "A Set-theoretic Approach to Organizational Configurations." *Academy of Management Review* 32:1180—1198.

2011. "Building Better Causal Theories: A Fuzzy Set Approach to Typologies in Organization Research." *Academy of Management Journal* 54:393—420.

Freitag, Markus, and Schlicht, Raphaela 2009. "Educational Federalism in Germany: Foundations of Social Inequality in Education." *Governance* 22:47—72.

Geddes, Barbara 2003. *Paradigms and Sand Castles. Theory Building and Research Design in Comparative Politics.* Ann Arbor, MI: University of Michigan Press.

George, Alexander L., and Bennett, Andrew 2005. *Case Studies and Theory Development in the Social Sciences.* Cambridge, MA: MIT Press.

Gerring, John 2001. *Social Science Methodology. A Criterial Framework.* Cambridge University Press.

2007. *Social Science Case Study Research. Principles and Practices.* Cambridge University Press.

2010. "Causal Mechanisms: Yes, But..." *Comparative Political Studies* 43:1499—1526.

2012. *Social Science Methodology. A Unified Framework*, 2nd edn. Cambridge University Press.

Glaesser, Judith, and Cooper, Barry 2010. "Selectivity and Flexibility in the German Secondary School System: A Configurational Analysis of Recent Data from the German Socio-economic Panel." *European Sociological Review* 27:570—585.

Goertz, Gary 2003. "The Substantive Importance of Necessary Condition Hypotheses." In Goertz and Starr(eds.), pp.65—94.

2006a. "Assessing the Trivialness, Relevance, and Relative Importance of Necessary and Sufficient Conditions in Social Science." *Studies in Comparative International Development* 41:88—109.

2006b. *Social Science Concepts: A User's Guide.* Princeton University Press.

2008. "Choosing Cases for Case Studies: A Qualitative Logic." *Qualitative and Multi-Method Research Newsletter*: 11—14.

Goertz, Gary, and Dixon, William F. 2006. "Substitutability, Aggregation, and Weakest-link Measures." In Goertz, *Social Science Concepts*, pp.129—155.

Goertz, Gary, and Mahoney, James 2010. "A Tale of Two Cultures: Causal Mechanisms and Process Tracing." *Qualitative and Multi-Method Research Newsletter* 8: 24—30.

2012. *A Tale of Two Cultures: Contrasting Qualitative and Quantitative Paradigms.* Princeton University Press.

Goertz, Gary, and Starr, Harvey 2003. *Necessary Conditions: Theory, Methodology, and Applications.* Lanham, MD: Rowman & Littlefield.

Goldthorpe, John H. 1997. "Current Issues in Comparative Macrosociology: A Debate on Methodological Issues." *Comparative Social Research* 16: 1—26.

Grendstad, Gunnar 2007. "Causal Complexity and Party Preference." *European Journal of Political Research* 46: 121—149.

Grofman, Bernard, and Schneider, Carsten Q. 2009. "An Introduction to Crisp-set QCA with, with a Comparison to Binary Logistic Regression." *Political Research Quarterly* 62: 662—672.

Grzymala-Busse, Anna 2010. "Time Will Tell? Temporality and the Analysis of Causal Mechanisms and Processes." *Comparative Political Studies* 44: 1267—1297.

Hall, Peter A. 2003. "Aligning Ontology and Methodology in Comparative Politics." In Mahoney and Rueschemeyer(eds.), pp.373—404.

2006. "Systematic Process Analysis: When and How to Use It." *European Management Review* 3(1): 24—31.

Herrmann, Andrea, and Cronqvist, Lasse 2009. "When Dichotomisation Becomes a Problem for the Analysis of Middle-sized Datasets." *International Journal of Social Research Methodology* 12: 33—50.

Ho, Daniel E., Imai, Kosuke, King, Gary, and Stuart, Elizabeth 2007. "Matching as Nonparametric Preprocessing for Reducing Model Dependence in Parametric Causal Inference." *Political Analysis* 15: 199—236.

Huang, Ronggui(2011). "QCA3: Yet Another Package for Qualitative Comparative Analysis." R package version 0.0—4. http://asrr.r-forge.r-project.org/.

Kam, Cindy, and Franzese, Robert 2007. *Modeling and Interpreting Interactive Hypotheses in Regression Analysis.* Ann Arbor, MI: University of Michigan Press.

King, Gary, and Neff Powell, Eleanor 2008. "How Not to Lie without Statistics." Mimeo, Harvard University, http://gking.harvard.edu.

King, Gary, and Zeng, Langche 2007a. "When Can History Be Our Guide? The Pitfalls of Counterfactual Inference." *International Studies Quarterly* 51: 183—210.

2007b. "Detecting Model Dependence in Statistical Inference: A Response." *International Studies Quarterly* 51:231—241.

King, Gary, Keohane, Robert O., and Verba, Sidney 1994. *Designing Social Inquiry. Scientific Inference in Qualitative Research*. Princeton University Press.

Kitschelt, Herbert 1999. "Accounting for Outcomes of Post-communist Regime Change. Causal Depth or Shallowness in Rival Explanations." Paper presented at the Annual Meeting of the American Political Science Association, Atlanta, GA.

2003. "Accounting for Postcommunist Regime Diversity: What Counts as a Good Cause?" In Grzegorz Ekiert and Stephen E. Hanson(eds.), *Capitalism and Democracy in Central and Eastern Europe: Assessing the Legacy of Communist Rule*. Cambridge University Press, pp.49—87.

Klir, George J., St. Clair, Ute H., and Yuan, Bo 1997. *Fuzzy Set Theory. Foundations and Applications*. Upper Saddle River, NJ: Prentice Hall.

Koenig-Archibugi, Mathias 2004. "Explaining Government Preferences for Institutional Change in EU Foreign and Security Policy." *International Organization* 58:137—174.

Kosko, Bart 1993. *Fuzzy Thinking: The New Science of Fuzzy Logic*. New York: Hyperion.

1996. *Fuzzy Engineering*. Upper Saddle River, NJ: Prentice Hall.

Kux, Stephan and Sverdrup, Ulf 2000. "Fuzzy Borders and Adaptive Outsiders: Norway, Switzerland and the EU." *European Integration* 22(3):237—270.

Kvist, Jon 2006. "Diversity, Ideal Types and Fuzzy Sets in Comparative Welfare State Research." In Grimm and Rihoux(eds.), pp.167—184.

2007. "Fuzzy Set Ideal Type Analysis." *Journal of Business Research* 60: 474—481.

Lazarsfeld, Paul 1937. "Some Remarks on Typological Procedures in Social Research." *Zeitschrift für Sozialforschung* 6:119—139.

Lebow, Richard N. 2010. *Forbidden Fruit: Counterfactuals and International Relations*. Princeton University Press.

Lewis, David K. 1973. *Counterfactuals*. Cambridge, MA: Harvard University Press.

Lieberson, Stanley 1985. *Making It Count: The Improvement of Social Re-*

search and Theory. Berkeley: University of California Press.

2004. "Comments on the Use and Utility of QCA." *Qualitative Methods. Newsletter of the American Political Science Association Organized Section on Qualitative Methods* 2:13—14.

Lijphart, Arendt 1971. "Comparative Politics and Comparative Method." *American Political Science Review* 65:682—693.

1999. *Patterns of Democracy: Government Forms and Performance in Thirty-Six Countries*. New Haven: Yale University Press.

Lipset, Seymour M. 1959. "Some Social Requisites of Democracy: Economic Development and Political Legitimacy." *American Political Science Review* 53:69—105.

Longest, Kyle C., and Vaisey, Stephen 2008. "Fuzzy: A Program for Performing Qualitative Comparative Analyses(QCA) in Stata." *Stata Journal* 8: 79—104.

Lott, John R. 2000. "Gore Might Lose a Second Round: Media Suppressed the Bush Vote." *Philadelphia Inquirer* November 14:23A.

Mackie, John L. 1965. "Causes and Conditions." *American Philosophical Quarterly* 2:245—264.

1974. *The Cement of the Universe*. Oxford University Press.

Maggetti, Martino 2007. "De Facto Independence after Delegation: A Fuzzy-set Analysis." *Regulation & Governance* 1:271—294.

Mahoney, James 1999. "Nominal, Ordinal, and Narrative Appraisal in Macro-causal Analysis." *American Journal of Sociology* 104:1154—1196.

2000. "Path Dependence in Historical Sociology." *Theory and Society* 29: 507—548.

2003. "Strategies of Causal Assessment in Comparative Historical Analysis." In Mahoney and Rueschemeyer(eds.), pp.337—372.

2004. "Comparative-historical Methodology." *Annual Review of Sociology* 30:81—101.

2007. "Qualitative Methodology and Comparative Politics." *Comparative Political Studies* 40:122—144.

2008. "Toward a Unified Theory of Causality." *Comparative Political Studies* 41:412—436.

2010. "What Is a Concept? Two Definitions and Their Research Implications." Mimeo, Northwestern University, Evanston, IL.

Mahoney, James, and Goertz, Gary 2006. "A Tale of Two Cultures: Contrasting Quantitative and Qualitative Research." *Political Analysis* 14:227—249.

Mahoney, James, and Rueschemeyer, Dietrich(eds.) 2003. *Comparative Historical Analysis in the Social Sciences*. Cambridge University Press.

Mahoney, James, Kimball, Erin, and Koivu, Kendra L. 2009. "The Logic of Historical Explanation in the Social Sciences." *Comparative Political Studies* 42(1):114—146.

Mannewitz, Tom 2011. "Two-level Theories in QCA: A Discussion of Schneider and Wagemann's Two-step Approach." *COMPASSS working paper No.64*.

Marx, Axel 2006. "Towards More Robust Model Specification in QCA. Results from a Methodological Experiment." *COMPASSS working paper No.43*.

McKeown, Timothy J. 1999. "Case Studies and the Statistical Worldview." *International Organization* 53:161—190.

McNeill, Daniel, and Freiberger, Paul 1993. *Fuzzy Logic*. New York: Touchstone.

Mendel, Jerry M., and Ragin, Charles C. 2011. "fsQCA: Dialog between Jerry M. Mendel and Charles C. Ragin." *USC-SIPI REPORT ♯411*.

Mill, John Stuart 1843. *A System of Logic: Ratiocinative and Inductive*. New York and London: Harper & Brothers.

Morgan, Stephen L., and Winship, Christopher 2007. *Counterfactuals and Causal Inference: Methods and Principles for Social Research*. Cambridge University Press.

Morrow, James D. 2007. "Officers King and Zeng and the Case of the Unsupported Counterfactual." *International Studies Quarterly* 51:227—229.

Munck, Gerardo L. 1998. "Canons of Research Design in Qualitative Research." *Studies in Comparative International Development* 33:18—45.

Munck, Gerardo L., and Verkuilen, Jay 2002. "Conceptualizing and Measuring Democracy. Evaluating Alternative Indices." *Comparative Political Studies* 35:5—34.

Pennings, Paul 2003. "Beyond Dichotomous Explanations: Explaining Constitutional Control fo the Executive with Fuzzy-sets." *European Journal of Political Research* 42(4):541—567.

Pierson, Paul 2000. "Increasing Returns, Path Dependence, and the Study of Politics." *American Political Science Journal* 94:251—267.

———2003. "Big, Slow-moving, and ... Invisible: Macro-social Processes in the Study of Comparative Politics." In Mahoney and Rueschemeyer(eds.), pp. 177—207.

———2004. *Politics in Time: History, Institutions, and Social Analysis*. Princeton University Press.

Political Analysis 2006. Special issue, *Causal Complexity and Qualitative Methods*, 14(3)(Summer).

Przeworski, Adam, and Teune, Henry 1970. *The Logic of Comparative Social Inquiry*. New York: Wiley Interscience.

Ragin, Charles C. 1987. *The Comparative Method: Moving Beyond Qualitative and Quantitative Strategies*. Berkeley: University of California Press.

———— 2000. *Fuzzy-Set Social Science*. University of Chicago Press.

———— 2004. "Turning the Tables: How Case-oriented Methods Challenge variable-oriented methods." In Brady and Collier(eds.), pp.123—138.

———— 2006. "Set Relations in Social Research: Evaluating Their Consistency and Coverage." *Political Analysis* 14:291—310.

———— 2008a. *Redesigning Social Inquiry: Fuzzy Sets and Beyond*. University of Chicago Press.

———— 2008b. "Fuzzy Sets: Calibration Versus Measurement." In Janet Box-Steffensmeier, Henry E. Brady, and David Collier(eds.), *The Oxford Handbook of Political Methodology*. Oxford University Press, pp.174—198.

———— 2009. "Qualitative Comparative Analysis. Using Fuzzy Sets(fsQCA)." In Rihoux and Ragin(eds.), pp.87—121.

Ragin, Charles C., and Becker, Howard S. 1992. *What Is a Case? Exploring the Foundations of Social Inquiry*. Cambridge University Press.

Ragin, Charles C., and Fiss, Peer 2008. "Net Effects Versus Configurations: An Empirical Demonstration." In Ragin(2008a), pp.190—212.

Ragin, Charles C., and Rihoux, Benoît 2004. "Qualitative Comparative Analysis (QCA): State of the Art and Prospects." *Qualitative Methods. Newsletter of the American Political Science Association Organized Section on Qualitative Methods* 2:3—12.

Ragin, Charles C., and Sonnett, John 2004. "Between Complexity and Parsimony: Limited Diversity, Counterfactual Cases and Comparative Analysis." In Sabine Kropp and Michael Minkenberg(eds.), *Vergleichen in der Politikwissenschaft*. Wiesbaden: VS Verlag für Sozialwissenschaften, pp. 180—197.

Ragin, Charles C., and Strand, Sarah I. 2008. "Using Qualitative Comparative Analysis to Study Causal Order. Comment on Caren and Panofsky(2005)." *Sociological Methods & Research* 36:431—441.

Ragin, Charles C., Drass, Kriss A., and Davey, Sean 2006. "Fuzzy-Set/Qualitative Comparative Analysis 2.0." Tucson, AZ: Department of Sociology, University of Arizona.

Ragin, Charles C., Shulman, David, Weinberg, Adam, and Gran, Brian 2003.

"Complexity, Generality, and Qualitative Comparative Analysis." *Field Methods* 15:323—340.

Rihoux, Benoît, and De Meur, Gisèle 2009. "Crisp-set Qualitative Comparative Analysis(csQCA)." In Rihoux and Ragin(eds.), pp.33—68.

Rihoux, Benoît, and Grimm, Heike 2006. *Innovative Comparative Methods for Policy Analysis. Beyond the Quantitative-Qualitative Divide.* New York: Springer.

Rihoux, Benoît, and Lobe, Bojana 2009. "The Case for Qualitative Comparative Analysis(QCA): Adding Leverage for Thick Cross-case Comparison." In David Byrne and Charles C. Ragin(eds.), *Sage Handbook of Case-Based Methods.* London: Sage, pp.222—242.

Rihoux, Benoît, and Ragin, Charles C. 2009. *Configurational Comparative Methods. Qualitative Comparative Analysis (QCA) and Related Techniques.* Thousand Oaks, CA and London: Sage.

Rihoux, Benoît, Alamos, P., Bol, D., Marx, A., and Rezsohany, I. in press. "From Niche to Mainstream Method? A Comprehensive mapping of QCA Applications in Journal Articles from 1984 to 2011." *Political Research Quarterly.*

Roehner, Nora 2011. "UN Peacebuilding-Light Footprint or Friendly Take-over?" Dissertation, Politik- und Sozialwissenschaften, Freie Universität Berlin.

Rohlfing, Ingo 2012. *Case Studies and Causal Inference: An Integrative Framework.* Houndmills: Palgrave Macmillan.

Rohlfing, Ingo, and Schneider, Carsten Q. in press. "Combining QCA with Process Tracing in Analyses of Necessity." *Political Research Quarterly.*

Rokkan, Stein 1999. *State Formation, Nation-Building and Mass Politics in Europe. The Theory of Stein Rokkan.* Oxford University Press.

Sambanis, Nicholas, and Doyle, Michael W. 2007. "No Easy Choices: Estimating the Effects of United Nations Peacekeeping (response to King and Zeng)." *International Studies Quarterly* 51:217—226.

Samford, Steven 2010. "Averting 'Disruption and Reversal': Reassessing the Logic of Rapid Trade Reform in Latin America." *Politics & Society* 38: 373—404.

Sartori, Giovanni 1970. "Concept Misformation in Comparative Politics." *American Political Science Review* 64:1033—1053.

Schneider, Carsten Q. 2009. *The Consolidation of Democracy: Comparing Europe and Latin America.* London: Routledge.

Schneider, Carsten Q. and Grofman, Bernard 2006. "It Might Look Like a Regression ... But It's Not! An Intuitive Approach to the Presentation of QCA and fs/QCA Results." *COMPASSS working paper No.32*.

Schneider, Carsten Q., and Rohlfing, Ingo in press. "Set-theoretic Methods and Process Tracing in Multi-method Research: Principles of Case Selection after QCA."

Schneider, Carsten Q., and Wagemann, Claudius 2006. "Reducing Complexity in Qualitative Comparative Analysis(QCA): Remote and Proximate Factors and the Consolidation of Democracy." *European Journal of Political Research* 45:751—786.

2007. *Qualitative Comparative Analysis(QCA) und Fuzzy Sets. Ein Lehrbuch für Anwender und alle, die es werden wollen*. Opladen and Farmington Hills, MI: Verlag Barbara Budrich.

2010. "Standards of Good Practice in Qualitative Comparative Analysis(QCA) and Fuzzy-sets." *Comparative Sociology* 9:397—418.

Schneider, Martin R., Schulze-Bentrop, Conrad, and Paunescu, Mihai 2010. "Mapping the Institutional Capital of High-tech Firms: A Fuzzy-set Analysis of Capitalist Variety and Export Performance." *Journal of International Business Studies* 41(2):246—266.

Schrodt, Philip A. 2006. "Beyond the Linear Frequentist Orthodoxy." *Political Analysis* 14:335—339.

2007. "Of Dinosaurs and Barbecue Sauce: A Comment on King and Zeng." *International Studies Quarterly* 51:211—215.

Seawright, Jason 2002a. "Testing for Necessary and/or Sufficient Causation: Which Cases Are Relevant?" *Political Analysis* 10:178—193.

2002b. "What Counts as Evidence? Prior Probabilities, Posterior Distributions, and Causal Inference." *Political Analysis* 10:204—207.

2005. "Qualitative Comparative Analysis vis-à-vis Regression." *Studies in International Comparative Development* 40:3—26.

Seising, Rudolf 2007. *The Fuzzification of Systems. The Genesis of Fuzzy Set Theory and Its Initial Applications: Developments up to the 1970s*. Berlin: Springer.

Sekhon, Jasjeet S. 2008. "The Neyman-Rubin Model of Causal Inference and Estimation via Matching Methods." In Janet Box-Steffensmeier, Henry E. Brady, and David Collier(eds.), *The Oxford Handbook of Political Methodology*. Oxford University Press, pp.271—299.

Shalev, Michael 2007. "Limits and Alternatives to Multiple Regression in Comparative Research." *Comparative Social Research* 24:261—308.

Shively, Phillips W. 2006. "Case Selection: Insights from *Rethinking Social In-*

quiry." *Political Analysis* 14：344—347.

Skaaning, Svend-Erik 2011. "Assessing the Robustness of Crisp-set and Fuzzy-set QCA Results." *Sociological Methods & Research* 40：391—408.

Smithson, Michael 1987. *Fuzzy Set Analysis for Behavioral and Social Sciences.* Berlin：Springer.

　2005. "Fuzzy Set Inclusion. Linking Fuzzy Set Methods with Mainstream Techniques." *Sociological Methods & Research* 33(4)：431—461.

Smithson, Michael, and Verkuilen, Jay 2006. *Fuzzy Set Theory：Applications in the Social Sciences.* Thousand Oaks, CA：Sage.

Somers, Margaret R. 1998. "We're No Angels：Realism, Rational Choice, and Relationality in Social Science." *American Journal of Sociology* 104：722—784.

Stokke, Olav S. 2004. "Boolean Analysis, Mechanisms, and the Study of Regime Effectiveness." In Arild Underdal and Oran R. Young(eds.), *Regime Consequences. Methodological Challenges and Research Strategies.* Dordrecht：Kluwer Academic, pp.87—119.

　2007. "Qualitative Comparative Analysis, Shaming, and International Regime Effectiveness." *Journal of Business Research* 60：501—511.

Tarrow, Sidney 2010. "The Strategy of Paired Comparison：Toward a Theory of Practice." *Comparative Political Studies* 43：230—259.

Tetlock, Philip E., and Belkin, Aaron 1996. *Counterfactual Thought Experiments in World Politics.* Princeton University Press.

Thiem, Alrik 2010. "Set-Relational Fit and the Formulation of Transformational Rules in fsQCA." *COMPASSS working paper No.61.*

Thiem, Alrik, and Dusa, Adrian 2012. QCA：A Package for Qualitative Comparative Analysis, *R Journal.*

Timpone, Richard J. 1998. "Structure, Behavior, and Voter Turnout in the United States." *American Political Science Review* 92：145—158.

Vink, Maarten P., and van Vliet, Olaf 2009. "Not Quite Crisp, Not yet Fuzzy? Assessing the Potentials and Pitfalls of Multi-value QCA." *Field Methods* 21：265—289.

Vis, Barbara 2009. "Governments and Unpopular Social Policy Reform：Biting the Bullet or Steering Clear?" *European Journal of Political Research* 48：31—57.

Wagemann, Claudius, and Schneider, Carsten Q. 2010. "Qualitative Comparative Analysis(QCA) and Fuzzy-sets：Agenda for a Research Approach and a Data Analysis Technique." *Comparative Sociology* 9：376—396.

Walker, Henry A., and Cohen, Bernard P. 1985. "Scope Statements：Imperatives for Evaluating Theory." *American Sociological Review* 50:288—301.

Weber, Max 1906. "Objektive Möglichkeit und adäquate Verursachung in der historischen Kausalbetrachtung." *Archiv für Sozialwissenschaft und Sozialpolitk* 22:143—204.

Western, Bruce 2001. "Bayesian Thinking about Macrosociology." *American Journal of Sociology* 107:353—378.

Yamamoto, Teppei 2012. "Understanding the Past: Statistical Analysis of Causal Attribution." *American Journal of Political Science* 56:237—256.

Yamasaki, Sakura, and Rihoux, Benoît 2009. "A Commented Review of Applications." In Rihoux and Ragin(eds.), pp.123—145.

Zadeh, Lofti A. 1965. "Fuzzy Sets." *Information and Control* 8:338—353.

1968. "Fuzzy Algorithms." *Information and Control* 12:99—102.

1995. "Probability Theory and Fuzzy Logic Are Complementary Rather than Competitive." *Technometrics* 37:271—276.

2002. "From Computing with Numbers to Computing with Words." *Applied Mathematics and Computer Science* 12(2):307—332.

Zimmermann, Hans-Jürgen 2001. *Fuzzy Set Theory and Its Applications*, 4th edn. Boston: Kluwer Academic.

图书在版编目(CIP)数据

社会科学集合论方法：定性比较分析指南 ／（德）
卡斯滕·Q.施奈德，（德）克劳迪乌斯·瓦格曼著 ； 刘丽
娜译. -- 上海 ： 格致出版社 ： 上海人民出版社，2024.
（格致方法）. -- ISBN 978-7-5432-3600-4

Ⅰ. C3

中国国家版本馆 CIP 数据核字第 2024AK7079 号

责任编辑 王亚丽
装帧设计 路 静

格致方法·社会科学研究方法译丛
社会科学集合论方法:定性比较分析指南
［德］卡斯滕·Q.施奈德 克劳迪乌斯·瓦格曼 著
刘丽娜 译

出 版 格致出版社
上海人民出版社
（201101 上海市闵行区号景路 159 弄 C 座）
发 行 上海人民出版社发行中心
印 刷 浙江临安曙光印务有限公司
开 本 635×965 1/16
印 张 22.75
插 页 2
字 数 323,000
版 次 2024 年 10 月第 1 版
印 次 2024 年 10 月第 1 次印刷
ISBN 978 - 7 - 5432 - 3600 - 4/C·317
定 价 108.00 元

上海市版权局著作权合同登记号:图字 09-2022-0271

格致方法·社会科学研究方法译丛